考古有意思

秦始皇的兵与城

许卫红 著

中信出版集团 | 北京

图书在版编目（CIP）数据

考古有意思：秦始皇的兵与城 / 许卫红著. -- 北京：中信出版社，2020.11（2025.7重印）
ISBN 978-7-5217-2117-1

Ⅰ. ①考… Ⅱ. ①许… Ⅲ. ①秦俑—考古发现—咸阳 Ⅳ. ① K878.9

中国版本图书馆 CIP 数据核字 (2020) 第 151206 号

考古有意思：秦始皇的兵与城

著　　者：许卫红
出版发行：中信出版集团股份有限公司
（北京市朝阳区东三环北路 27 号嘉铭中心　邮编　100020）
承 印 者：北京联兴盛业印刷股份有限公司

开　　本：660mm × 970mm　1/16　　印　　张：28.75　　字　　数：310千字
版　　次：2020年11月第1版　　印　　次：2025年7月第8次印刷
书　　号：ISBN 978-7-5217-2117-1
定　　价：108.00元

目錄

第六章
传奇宝剑的神话

第七章
地下宝库秦始皇陵

第八章
咸阳城迷雾

第十八章
一条穿越时空的隧道

推荐序

卫红女士在继《说说秦俑那些事》（三秦出版社，2015 年）之后，又有这本面向公众的新著问世，可喜可贺。她约我这个本家同行写几句话，当然恭敬不如从命啦。

其实这位曾主持秦始皇陵兵马俑坑发掘的考古领队、微博圈里著名的“探方里的资深美人”，已有相当的知名度，不必由我来赘言。但她后来的举动与收获，真的令人敬重有加。

我一直自诩是考古界搞“不动产”的，执掌“最早的中国”、最可能的夏都——二里头遗址 20 年，最得意的成果是发现了中国最早的“紫禁城”、最早的城市主干道网（井字形大道）、最早的中轴线布局的宫室建筑群、最早的多进院落宫室建筑、最早的围垣官营手工业作坊区……这些搬不走的遗产，其珍罕程度和历史意义，甚至远超国宝级文物。但这又往往是令考古人望而生畏的。谁都知道如以此为志业，有投入大、周期长、见效慢这些在“性价比”上显见的问题。事倍功半的事儿，没有点情怀支撑，是很难做下去的，尤其在我们这个伟大而浮躁的时代。

如果说本人的决意，还来自而立之年初任领队时的那股锐气，那么，当听说俺的本家卫红女士竟然在不惑之年，从秦始皇陵兵马俑博物馆又转战咸阳城，吃惊之余是叹服，叹服之余，也为她捏了一把汗。在本人梳理出的中国上古时代“大都无城”这一文化现象中，秦咸阳城是一个典范，由于没有大城圈，也是最说不清楚、最不易捋清结构布局的。但后来我们欣喜地看到，卫红女士接手之后，率其团队一步一个脚印，踏踏实实地去探寻，秦咸阳城考古有了如此收获和突破性的进展，令人刮目相看。功夫不负有心人啊。

这本书从秦始皇身后的“兵”说起，而后转向了秦始皇生前的“城”，向我们展现了一代秦都“不动产”和遗物两大类文化遗产之美，以及考古人的探索足迹与心路历程。我们能从中感受到她的执着，她的投入，她的挚爱，她的温度。

这样，我跟卫红女士就有了进一步的缘分。我在论文、讲座中多次提及自己的中国古史观和文明观。整个中国古代文明史可分三大期，其间有两大节点。第一个大的节点是二里头，那是从“满天星斗”的多元古国（邦国）时代，演变为“月明星稀”的广域王权国家的时代；第二个大的节点，则是秦王朝，它开启了“皓月凌空”的一体一统化的帝国时代。而我和卫红女士就是二里头和秦咸阳城这两大历史节点上的“大都”考古人。惺惺相惜。

扯远了。说到这本新书，你能看到作者这枚考古“女汉子”婉约的一面。她在书中娓娓道来：“我在兵马俑坑里，看到皮盾、战鼓和木车，在咸阳城骨器工厂里，找到了带具、圆环。这些考古发现使我看到了别样的秦人，有不一样的平和、有序、耐心、细腻，不乏生活的情趣。”是的，机遇属于有准备者。髹漆绘彩的竹、木、皮器及织物等的清理，在理念和技术层面毫无准备的情况下，是根本无法让其“复活”，重见天日的。捧读这本书，你能从考古清理之细、描述之细，感受到学者之细和女性之细，感受到二者相加之后，在书中处处显现出的细节、细心、细腻之美。

“脑洞”，是卫红女士书中出现频度特高的一个词儿，既用作名词，更是很时尚地活用为动词：“我发现自己对考古发现的细节真的很喜欢脑洞。”是的，考古需要想象力！这种想象力，的确像作者说的那样，可以将考古发现“提升到情境研究的高度”。作者在严谨求实的基础上，又经常带我们走进轻松诙谐、时空穿越的“脑洞”世界。“考古其实就是给现实生活找原宗。”这在细腻之外，又让作品平添了某种宏阔的、贯通古今的大气。

读卫红女士的文字，我想起了著名女学者扬之水老师的名物研究。其作品信息量大，知识点多，旁征博引，让人应接不暇，当然受益匪浅啦。读这本书的感受也一样。

要之，这是一本有意思的书，一本有用的书。

是为序。

許宏

中国社会科学院考古研究所 研究员

《最早的中国》《何以中国》《大都无城》作者

2020 年初秋

推荐序

我和许老师的缘分，要追溯到 2019 年的夏季。

当时因为机缘巧合，我获准前往秦宫六号宫殿遗址去考察，接待我的，正是许老师和她的学生。许老师极为健谈，先在办公室打开电脑为我们深入浅出地讲解了一番概况，然后又不辞辛苦冒着烈日带我们去考古现场，亲身体验一把秦宫六号宫殿的壮观与博大。

说是考察，其实更像是一个学习的过程。许老师一路侃侃而谈，讲了许多不为公众熟知的考古细节，兼具专业性和趣味性，几乎每一个知识点都让我浮想联翩，涌现出想写篇小说的冲动。她的讲解有一个特点：细致。从不潦草地讲讲套话，也不动辄上升到高屋建瓴的层次，每一处都扎扎实实地深入到极微小的细节，同时又能从这些极微小的细节出发，推演出一个宏大的场景，使之真切可信。比如我们曾参观秦宫里的一处浴池，许老师从鹅卵石的铺设方向讲到陶管下水道的布局，无数细节拼凑在一块，古代帝王泡澡的日常生活状态便浮影而出，充满动感。

事实上，考古和推理破案有点像，两者都是从细枝末节的线索出发，用逻辑与想象力将其串联在一块，还原出事情的真相。某种意义上来说，她很像是一位福尔摩斯或波洛。

除了过硬的专业见解之外，许老师给我留下的印象还有一种澎湃的激情。我至今还记得她办公室前贴的那一副对联：大秦博望证一统，后赵丰货显传承。横批：留住文明。因为她们曾经挖到过一件秦代铜饰，上有“博望”二字；又在秦宫遗址的沟渠里挖出过一枚“丰货”铜钱，乃是后赵时期的产物。两件文物不大，但都颇有文化价值。以这两件文物来写对联，足见许老师对于考古事业以及传统文化那种深切的热爱，以及博大的情怀。考古对她来说，不只是一项工作，更是一个值得花一生去守护的理想。

参观结束之后，许老师送了我一本她写的《说说秦俑那些事》，说是讲秦始皇陵兵马俑一号坑第三次发掘的。我本以为是考古报告，心想着哪天闲了再看。没想到就在从西安飞北京的飞机上，我一口气把它给读完了。

它确实是一本考古现场挖掘报告，但文字处理得相当轻松，深入浅出，既保留了报告的严谨，同时还掺杂了一些基本的常识普及，再加上许老师个性十足的议论风格，可读性非常强，干货十足。

比如为控制环境突变所采取的措施，比如层位甄别发生的错误，都是很细致的工作描述。更有趣的是兵马俑的许多小彩蛋：彩俑怎么被一刀刀剔出来？秦军军服的徽章是如何被发现的？出土兵器柄上的重英绘彩样式如何？甚至有些陶俑的胳肢窝里居然还写着字，这都是什么字？干吗用的？这些有趣的小细节，是别的书里所看不到的，非亲身经历者写不出来。

可惜那本书的印数不多，许老师只是偶尔拿出来送朋友。我读完之后，不免有些遗憾。明珠璀璨，岂该蒙尘，应该让更多人领略到它的风采。幸亏中信出版社慧眼识珠，与许老师约稿，请她将三十年的考古经历娓娓道来，出版了这本《考古有意思：秦始皇的兵与城》，算是一件大功德了。

按许老师的话说："希望所有人能读懂挖掘的精髓，与挖掘人一起分享赴约两千年前的特权。"

是为序。

马伯庸

2020 年 9 月

自序

秦始皇是一位饱受争议的人物，秦国是一支逆境中崛起的部族，秦代标志着一个东方大国的巅峰时刻。

作为一名专注于秦汉时期考古研究的田野工作者，认识秦始皇，了解秦国及秦代，此生以考古这个职业与它们相会是幸事，但绝非易事。

1989 年，尘土飞扬的公交车在骊山脚下的村口撇下我和同班同学申先生。拎着行李，我俩心不甘，情不愿。那时，秦始皇兵马俑博物馆并不十分著名，距离临潼县城还有近十公里，荒郊僻壤的，很少有大学生能接受这种组织派遣。我们这些自认“炙手可热势绝伦”的天之骄子都觉得至少应该留在省城。

那个时候，博物馆里的科研氛围并不浓厚，有些人甚至认为大学生的存在价值不如水工、电工。在这些人看来，学生娃还没戒除“骄娇”二气，又带着不谙世事的秉性，早已养成的各种习惯与农村生活格格不入。村中的宿舍、不分男女的厕所、每天辘轳吊水的日子和想要而不可得的独立办公桌，每一样都让我们想削尖了脑袋往大城市里钻。不得不说，最终留下来，憾事变幸事，依靠的是“熬”。

值得熬，因为这里是考古工作者的天堂，与“秦”相关的人和事在时间这口锅里熬出来的内容太丰富、太精彩、太令人着迷。

岁月如白驹过隙。在参加并领衔过一些考古发掘项目之后，兵马俑这群秦始皇地下王国的“兵”使我们的人生拥有了充实的满足感。地下自有黄金屋，以此为平台，以“兵”为媒介，我们尝试结识秦始皇这个人、秦国这支部族和秦这个朝代。

这个过程有难有易。初始容易，初生牛犊不怕虎，再肤浅的认识也敢洋洋洒洒写出来。后面则越来越难，随着对秦帝国的了解逐渐丰富，我明白了所要探究的对象是聚集的多维体，也就不知道该如何继续把专业研究进行下去。

是时候走了。在秦始皇兵马俑博物馆工作了二十五年后，在担任兵马俑一号坑考古发掘领衔人时，我选择了离开这里。

离别总是让人伤感，因为有很多遗憾和不甘。欣慰的是离开之前我写成两本书，其一《秦始皇帝陵一号兵马俑陪葬坑发掘报告（2009 ~ 2011 年）》是专业的考古发掘报告，为学术研究提供基础资料；其二《说说秦俑那些事——第三次发掘记事》是科普型的考古读物，以讲述的口吻与公众分享考古发掘过程。两本书体裁不同，但说的都是秦始皇的“兵”的那点事，算是“同卵双生子”，共同的“母体”是 2009 年启动的秦始皇陵一号兵马俑陪葬坑发掘行动。

2014 年，穿过七拐八拐的建筑围挡，我心甘情愿地来到了秦都咸阳城。这里远不如兵马俑坑的名气大，但它才是秦始皇平天下之地。在这里，秦始皇发出一道又一道的政令；在这里，秦帝国的大一统机制高速运转，成为东方文明的一颗巨星；在这里，楚人一炬三月不绝，短祚时代就此结束。

在这里，我们可以贴近秦始皇、追踪秦部族、体会秦帝国，如同畅饮一坛老酒，余味悠长。曾在这里“渐行渐远渐无书”的秦帝国，将“西风残照”留给了“汉家陵阙”，留给了细狗撵兔的“五陵少年”。

我又想写一本书了，关于秦始皇的城。动意一起，深知其难。1959—1961 年，渭水考古队开始对咸阳城进行探查，却在 1973—1982 年发掘三座建筑遗址之后渐渐停止了对城的考古工作，转而为配合经济建设发掘了数百座墓葬。一堆资料看起来分量很足，实则很散，缺乏串起来的主线。

但我想，有些故事不写可能就来不及了。现在新区的开发建设已上升为国家战略，再建一座理想城的热潮正在冲击两千多年的历史遗存，文物保护迫在眉睫。

从秦始皇的“兵”到秦始皇的“城”，这是本书所记录的第一次逆行，一位普通考古人的工作经历。第二次逆行，则是分享考古发现，介绍“如何考古”。

考古讲究透物见人。真正的秦帝国是什么样子？真正的秦始皇是怎样的一位君王？正是因为中国人“事死如事生”的文化传统，正是因为作为偶人的俑“有似于生人”，在考古人眼中，秦始皇的这支“兵”是破译秦帝国、秦始皇的摩斯密码。兵马俑陪葬坑属于秦始皇陵；陵若都邑，秦始皇陵属于秦都咸阳城，而秦都咸阳城也只是代表了秦国的巅峰瞬间。层层隶属关系展开，兵马俑显然属于末端。因而，以兵马俑为起点破译“摩斯密码”犹如逆行。

以我个人的学识，没法以准确的文字写出破译结果。到最后，字里行间只记录了当时的某些片段，尝试着梳扒了一些历史的前因后果。那就只能再通过个人的考古经历的回顾，看看历史如何有趣、考古如何烧脑吧。

第一章

世界奇迹 兵马俑

都说秦军骁勇善战，横扫六合，但在1974年之前，没人知道秦始皇的兵到底是什么样，直到兵马俑陪葬坑被发现。1979年10月1日，秦始皇兵马俑博物馆对外开放，每年的游客也在井喷式增长。但是以博物馆为景点的旅游，很难愉快地玩耍。自由行吧，历史知识薄弱，走一圈下来云里雾里，基本看不懂门道；请导游吧，讲解词千篇一律，有时还被忽悠购物。最终走马观花、蜻蜓点水，发发朋友圈，显摆一下“曾来过”。

关于兵马俑，我们到底又知道多少？

^ 光影·秦始皇兵马俑
（摄影：赵震）

01

千古一帝的仪式感

秦始皇是中国历史上无论如何也抹不掉的人物。两千年来，虽然历史学家和政治学家一直从各种角度评价他，但在普通百姓心中，他不过就是一位很厉害的皇帝。

历史的时钟嘀嗒嘀嗒走到了 1974 年，在陕西临潼骊山脚下，距秦始皇陵园 1.5 公里处，数千件泥塑兵马俑横空出世了。

这是秦始皇的地下军队，是横扫六合、被称为虎狼之师的秦军象征。因其数量多、形体大、雕塑写实及历史意义，兵马俑被列入世界遗产名录、世界十大古墓稀世珍宝之一，法国前总统希拉克参观后称其为“世界第八大奇迹”。震惊世界的考古发现就像一味催化剂，唤醒了人们尘封的记忆，也使秦帝国、秦始皇、秦文化成为显学。于是，秦始皇在中国古代皇帝圈中脱颖而出，并持续荣登热搜排行榜，秦帝国在世界文明史上留下的奇迹，跟随各种以兵马俑为主题的展览走向了五大洲。

渐渐地，“秦俑”成为秦始皇陵陪葬陶俑的专用词，而考古发现的其他秦国的俑不论时代早晚统统匿其身后；“兵马俑坑”也成为秦始皇陵园陪葬坑的统称，尽管在同一座陵园内屡有发现其他类型的陪葬坑，游客依然大汗淋漓地挤在兵马俑展厅。

毋庸置疑，秦始皇陵兵马俑拥有诸多美誉，可以说是有点“子凭母贵”——它们是中国第一位皇帝秦始皇的御用品。可俑不过就是偶人，兵马俑即是兵、马形状的陪葬偶人，黄土为泥，经火烧制，不是真人。西汉学者郑玄对俑的描述更为精准：“有面目肌发，有似于生人。”

事死如事生，这是中国人传统的丧葬观念。生者为了表达对逝者的情感，幻想生命的消失不过是存在方式发生了变化，只是从地上转移到了地下而已。于是竭尽所能，给逝者提供生前所需的一切，俑则因为像人而被用于丧葬。给逝者安排上冥间使用的物件，这种理念，时至今日仍大量存在。

既然是竭尽所能，秦始皇陵内也就理所当然有了各种各样的陪葬坑。从用途上看，兵马俑当然与纸糊的童男童女别无二致，不过是哄鬼罢了。

中国人重视礼义廉耻，尤其倡导百善孝为先。什么是孝，如何去孝？这与千古一帝的殡葬“仪式感”又有什么关系？《论语》说：“生，事之以礼。死，葬之以礼，祭之以礼。”（《论语·为政》）对于死亡，“孝”分为丧、葬、祭三大部分。“丧”规定活人在丧期内的行为规范，活人穿丧服，披麻戴孝；“葬”规定死者的应享待遇，给逝者准备符合身份的服饰、明器、棺椁及仪式，确定封土高度、墓穴形制及墓区设施；“祭”规定活人与死人之间的联系怎样依靠“报丧、出殡、下葬”继续下去，并延续数年。

丧葬仪式也要讲“礼”，其重要地位可见一斑。在《周礼》中，礼仪制度被划分为吉礼、凶礼、宾礼、军礼、嘉礼，其中与丧葬有关的“吉礼”位列“五礼”之首。天地为大，吉礼是对天神、地祇、人鬼的祭祀典礼；天有不测风云，人有旦夕祸福，赈灾、舍粥、安抚是为凶礼；泱泱大国，礼仪之邦，对天子的朝觐及邦国间的外交依照宾礼；国家征集、调动、检阅军队或役使民众也得有仪式，是为军礼；结婚、过寿、朋友聚会、大众乐乐则按嘉礼。人死不能复生，该行的礼，该置办的物件却一个都不能少。生活真是处处需要仪式感。

嬴政是始皇帝，更是“千古一帝”，生活仪式感必定与众不同。秦始皇作为一个新时代的创始人，不仅将生前吃喝用度悉数照搬，遵从了事死如事生的旧制礼俗，更是别出心裁地在死后以三军集结的陶俑、陶马雕塑群作为陪葬，仪式感的细节出现了一个重要的变化。这也告诉了我们另一件事：兵马俑代表了秦始皇的兵，实际并不能与秦始皇的兵画等号。

兵马俑建筑结构示意图[1]（绘图：狄明）

∧　一号坑实景（摄影：赵震）

1　据《秦始皇陵兵马俑坑一号坑发掘报告（1974 ~ 1984）》图一九改绘。

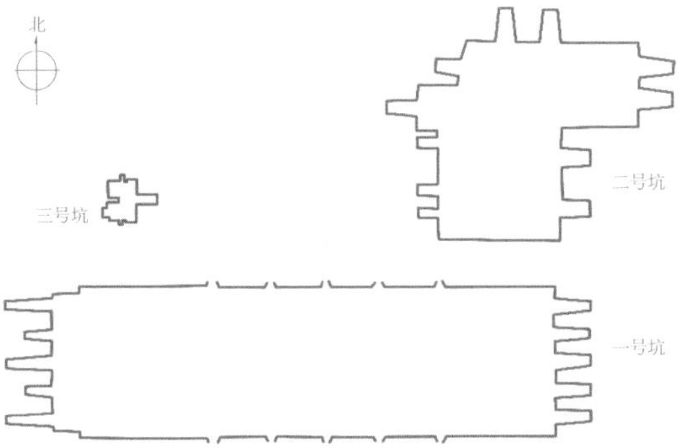

三座兵马俑坑平面布局图（绘图：吴红艳）

02

两千多年的三座“营房”

现出土的兵马俑坑共有三座，分别是一号坑、二号坑和三号坑，按照发现顺序依次编号，并无特殊意义。尽管被称为“坑”，实际上它们是三座由不同房间组成的地下室建筑。

建筑通向地面有斜坡式通道。一号坑门道共有 20 处，其中东西侧的为主门道，南北侧的为侧门道。二号坑门道共有 11 处，东西侧的仍为主门道。三号坑面积小，只有东侧居中的一处门道。门道，顾名思义，就是门对着的、通往坑内的过道，在陶俑、陶马和兵器等所有物品摆放结束后，以土或木柱封堵，除了可供通行，其数量和位置与内部陶俑编组、古代军队排兵布阵的形式息息相关。建筑结构和内容，在营建之前即有明确规划。

俑坑内有面积不等的房室若干。按照建筑结构，间断性挖出深沟，形成巷道般的“室”和“走廊”，巷道之间相互贯通，再以秦砖铺地，这里就是陶俑待了两千多年的“营房”了。不挖的地方自然形成了一道又一道的墙，穿插在巷道中，使得陶俑无法翻墙越界。

墙只起到分隔作用，真正起承重作用的部件是木框架。整个建造过程与盖房子相似，沿墙根铺设如铁轨下枕木一般的地栿，再架立柱、横梁及棚木，形成“工”字形框，框上铺席，整体覆土掩盖。代表军

∧
一号坑 轻装武士俑
（摄影：赵震）

< 刚出土的一号坑
指挥车的残存车轮

∧
一号坑 铠甲武士俑
（摄影：赵震）

∧ 头发丝也清晰可见

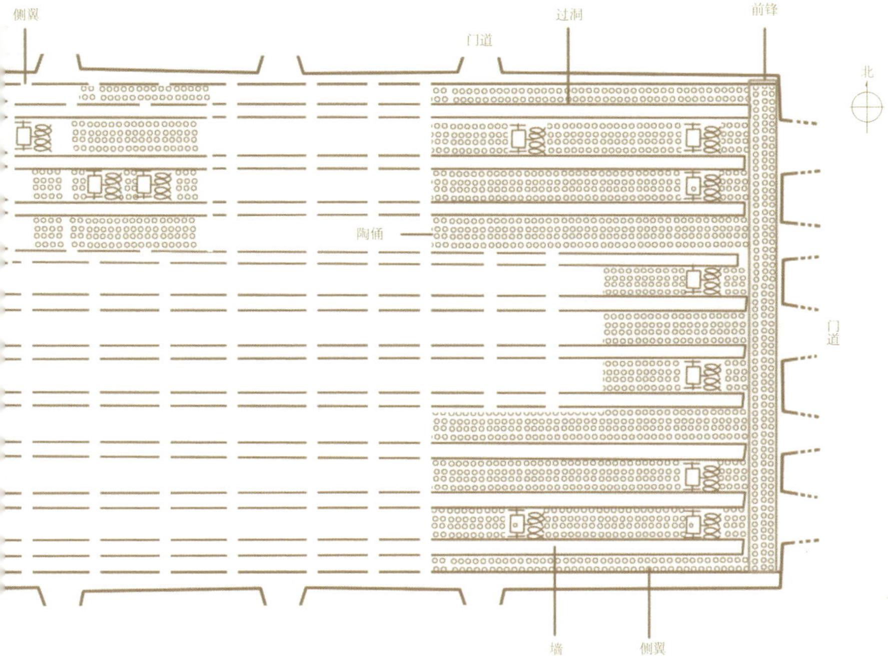

一号坑平面图[1]
（绘图：狄明）

事内容的物品按照陶俑编组陈列于三座俑坑的不同房间[2]。

一号坑大约有步兵俑 6000 余件。最东端有三横排武士，穿战袍，轻装上场，是前锋；南、北、西三侧各有一排披甲武士面外而立，是侧翼和后卫；中心有指挥车和披甲武士纵队。前锋、后卫、左右翼及纵队形成长方形阵形。方阵是军队集结屯聚的常见形式，特点是前锋尖锐，内心稳固，四面八方“密不透风”。

二号坑预计有各类武士俑 900 余件、陶马 470 余匹、战车 80 余辆，涵盖步、骑、车三兵种。东北部是弓弩步兵，或跪坐或站立，或披甲或轻装，横两纵六，列队分布在前后。廊道和通道内，是“步兵机枪手”；弩兵后接骑兵 108 骑，一马配一骑士，四骑并列为一组，骑士手挽马缰绳，站在马的左前方，是“火箭军”。中部是由 19 乘车兵、264 件步兵、8 骑骑兵组成的混编，是“集团军”。南半部有 64 乘木质战车及跟随的陶俑

1 据《秦始皇帝陵一号兵马俑陪葬坑发掘报告（2009~2011 年）》图九改绘。
2 陕西省考古研究所：《秦始皇陵兵马俑坑一号坑发掘报告（1974~1984）》，文物出版社，1988 年；袁仲一：《秦始皇兵马俑研究》，文物出版社，1990 年；秦俑坑考古队：《秦始皇陵东侧第三号兵马俑坑清理简报》，《文物》1979 年第 12 期等。

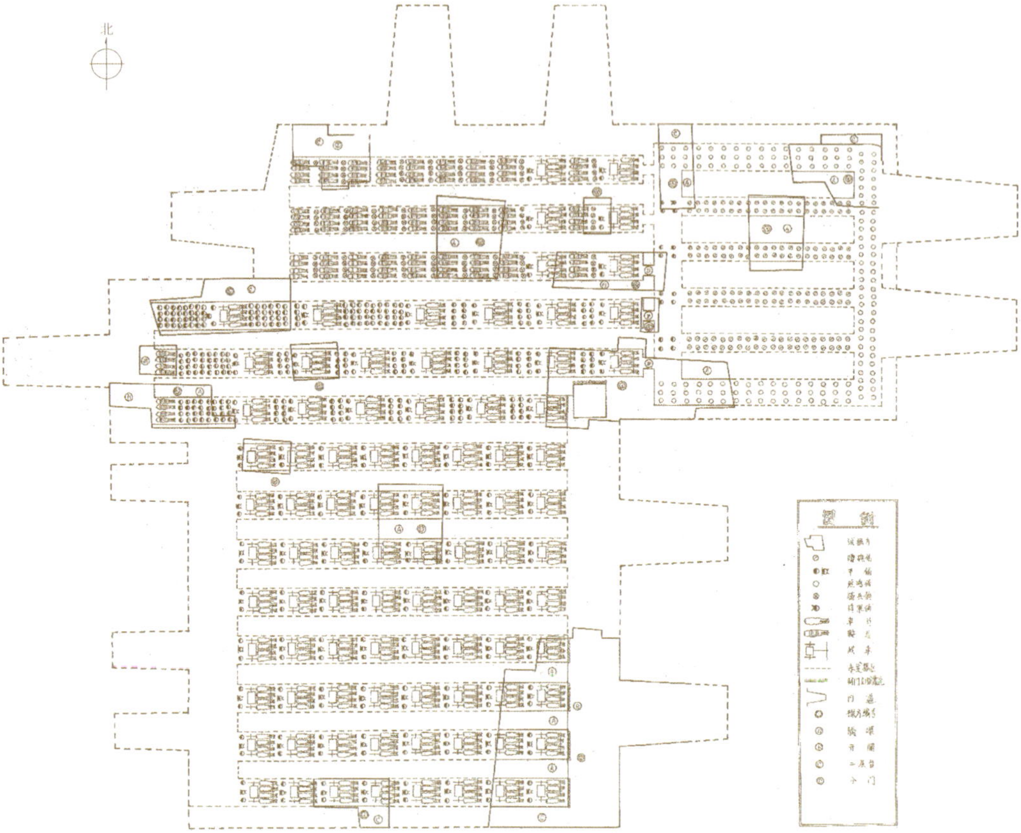

二号坑平面图[1]（绘图：吴红艳）

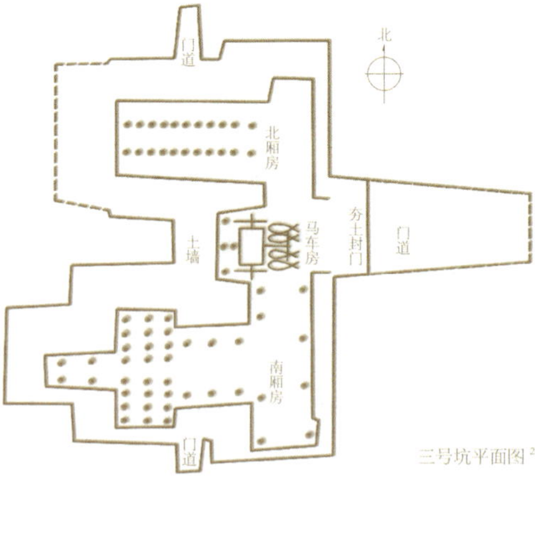

三号坑平面图[2]（绘图：赵震）

1　引自《秦始皇帝陵一号兵马俑陪葬坑发掘报告（2009~2011 年）》图六。

2　据《秦始皇陵东侧第三号兵马俑坑清理简报》图五改绘。

^ 二号坑 鞍马俑（摄影：赵震）

^ 二号坑 车兵御手俑（摄影：赵震）

3 件首尾相接，排布于 8 条过洞内，是“装甲兵”。三军独立为营，联合为军，类似“海、陆、空”多军种作战阵形。

三号坑有披甲武士 68 件、木车 1 辆。中部前凸，木车正对门道，似有出行寓意。车后随军吏 4 件，比一、二号俑坑搭车人数多了一位，附近还有难辨形状的腐朽物，估计是华盖。这样看来，此车应该是为大人物所备；南部有武士俑 42 件，分布在形似汉字“且”的室内（将房屋修建为“且”字形，缘于古代的男性生殖崇拜）；北部有武士俑 22 件，两纵队排列，有腐朽的织物帷帐、鹿骨，被认为是举行占卜、祷战仪式的场所。南、北两部分共有武士俑 64 件，均披甲，面对面列队，似是军中的仪仗队兼卫队。决胜千里需运筹帷幄，三号坑虽面积小、陶俑少，地位却非常重要。

除三号坑以外，一、二号坑并未被完全发掘，只能按照已知的分布密度和布局大致推算，总结下来，几个关键词足矣：一号坑是步兵，二号坑是多兵种混编，三号坑是指挥部。显然从体量来看一号坑最大，埋藏物最多，当是参观打卡的第一个站点，但一号坑并不是老大。

除了总数约 8000 件的兵马俑之外，三座坑中还有披挂齐备的指挥车和冲锋车、寒光毕现的兵器，以及偃旗息鼓和鸣金收兵的指挥器具[1]。总之，秦始皇生前的军队里有什么，三座坑里就有什么。

1 王学理：《指挥系统与指挥权——秦俑阵营里透漏的信息》，《文博》1988 年 03 期。

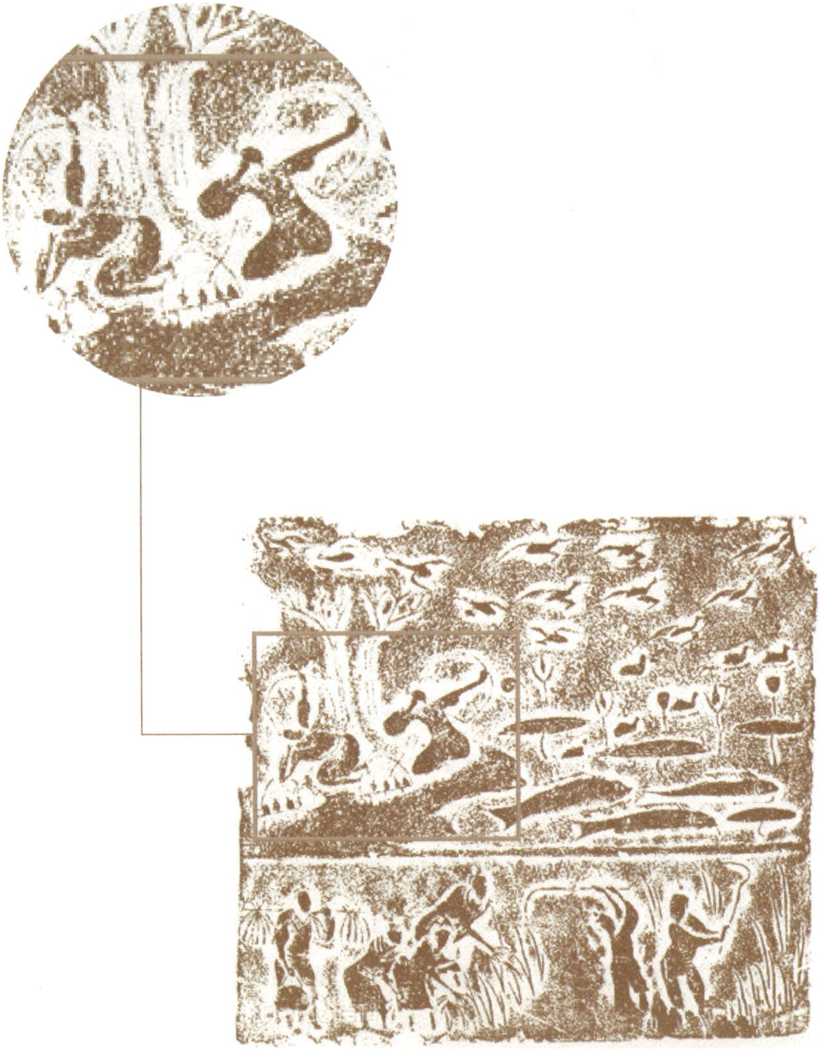

东汉收获弋射画像砖[1]

1　引自俞伟超、信立祥：《中国画像砖全集》第 84 页，四川美术出版社，2006 年。

“阵”字拆解图

03
揭秘 地下军阵

兵马俑的军阵是只待战鼓捶响，立即冲锋陷阵、直捣敌营的实战阵容吗?

拆开篆书“阵”字来看，其实是由左竖旗、中有车、右立持戈的武士组成。兵马俑的三座坑里不难发现旗、车、武士的不同排列组合，因此将兵马俑定性为“地下军阵”有一定的道理。

对于阵的了解，我是从《射雕英雄传》开始的。黄老邪按照奇门遁甲的方法，布置了五行桃花阵，建成一座玄幻的桃花岛。外人一旦踏入桃花岛，催命连环阵，一阵接一阵。作家金庸先生是布阵的高手，他的小说主要情节就是如何布阵和破阵。《射雕英雄传》终归是文学作品，认识古人排兵布阵还得依靠兵书。兵书说“凡车以密固，徒以坐固”(《司马法 · 严位》)，重装部队的车兵布置得密集才好，轻装部队的步兵摆成坐阵才最坚固。

事实上，古代军队打仗的布阵有立阵和坐阵两种常态，分别对应进攻和防守[1]。立姿为行，即在运动中进攻；坐姿为原地防守，蹲、跪、

1 《尉缭子》：立阵，所以行也；坐阵，所以止也。立坐之阵，相参进止。
《管子》：一曰鼓，鼓所以任也，所以起也，所以进也；二曰金，金所以坐也，所以退也，所以免也。
《吴子》：坐而起之，行而止之。

^ 二号坑 立姿弩兵俑（摄影：赵震）

^ 二号坑 坐姿弩兵俑（摄影：赵震）

趴皆可做到。将士们冲锋前低头猫在掩体里是打仗，号声响起后跃出战壕扑向敌营也是打仗。

从坐阵到立阵，步兵打仗不外乎五个动作：立、坐、跪、曲踊、距跃。“立”可以有腿、臂的不同变化，左勾拳，右踢腿，摆出各种立的姿势。曲踊、距跃是“立”和“坐”的中间环节，都是跳起来。“跃踊者，皆绝地而起，所谓跳也。”敏捷、麻利在这个动作中体现出来了，也逐渐演变出了另一个汉语词：踊跃。

而对于“坐”和“跪”的具体形态，现代人似乎有点难理解。上身挨脚跟的叫“坐”，上身离开脚跟直立的叫“跪”“踞”，区别就在于臀部是否挨脚。无论“跪”还是“坐”，向上、下、左、右四面开弓时，做到腰身扭起来随射击方向转动，双手、武器、眼神达到点线一致才是标准姿势。四川博物院藏有东汉画像砖，画面上部弋射大雁的两人都是坐姿。

具体到兵马俑坑，二号坑南部是“装甲部队”车兵，战车首尾相连，军阵坚固密实。战斗进入防御阶段，最需要的是阵形不乱，步兵当用坐姿，因此坐姿俑被摆在了二号坑东北部的突出位置上。虽然是跪坐的状态，其实是在严阵以待，没比立姿俑轻松多少。战斗进入冲锋阶段，需要四面出击搏杀敌军，当用立姿，因此陷阵之军的立姿俑被摆在了一号坑最外围。

打仗还能坐着？这可和我们想象的不一样。影视剧中但凡有守城门、戍卫王宫的场景，都是武士持械笔挺站立。战士严阵以待时顶天立地、昂首挺胸，我们觉得这样才对。

这让我想到了我曾经努力脑补的一出大戏。秦始皇兵马俑博物馆东北方向约 2.5 公里处的鸿门堡村有鸿门宴遗址景区，我和申先生一同拿着《史记》去访古。对照书中描述的情节，我脑补项羽、刘邦、樊哙、张良、项庄等人的站位。读到宴席上项羽无心处置刘邦，范增只能“出召项庄”时，我想项庄一定是站在门道上待命。又读到项庄舞剑意在沛公的危急之时，张良至军门见樊哙，我想樊哙也一定站立在军门口待命。但事实也许并非如此。

在秦末的鸿门宴之前，春秋时期的吴国也有一场类似的宴会。公元前 514 年，吴王僚趁楚平王驾崩之际，趁火打劫兴兵伐楚。战事失利，楚国反而出兵断了吴军的退路。吴国内部空虚，吴王僚的堂兄弟公子光一看翻身的机会来了，设宴款待他。接到请帖，吴王僚心里明白是怎么一回事，做了必要的防备，“使甲坐于道”，必经之处设满守卫。二人一见面，公子光说脚痛，引吴王僚入旁室招呼上菜。侍卫端上一盘鱼，美味飘香。吴王僚哪能料到鱼腹里竟然藏着一把短剑，也就命丧剑下，公子光一跃成为吴王阖闾。出于职业习惯，我对“使甲坐于道”始终印象深刻。

警戒行为有军事性质，这种“坐”也见于守城门[1]。四位士兵分掌左右两扇城门的启合工作，百名士兵带甲坐守防御。接待外宾时，内、外门之间设立坐守士兵，宴会厅内则有带武器站立的士兵。

因此，守的状态下，坐下来才符合历史情境。鸿门宴上项庄可以坐在门道上待命，樊哙也可以坐在军门口待命。山西省侯马出土的佩剑坐姿俑陶范[2]属于春秋时期晋国的遗物，就是坐道卫士的形象。

坐阵、坐守，并不是干坐着无所事事，直到现在语意未变。可“坐班”一词却带了点嘲谑的意味，暗指喝茶看报混时间。博物馆实行朝九晚五坐班制度，在兵马俑坑里进行考古挖掘，只要下班时间一到就得回家，谜底即将揭晓却不得不停，回到家里百爪挠心，我实在不喜欢。

1 《墨子·迎敌祠》：二人掌右阉，二人掌左阉，四人掌闭，百甲坐之。《墨子·号令》：四人夹令门内坐，二人夹散门外坐，客见，持兵立前。

2 亦称“印模”，模、范是制作器物的模具，有陶、石和金属等多种质地，多用于金属器物的铸造。

04

秦始皇“手办”的诸多秘密

考古学研究只能无限接近真相，永远不可能百分之百还原真相。结论一般都要加上“疑似”或“可能”，以体现严谨性和严肃性。但无论真相还原到何种程度，合理思辨才称得上是探索；脑洞乱开，以讹传讹，则是捣乱。

对兵马俑之谜的破解，切忌把俑和人完全画等号，不能太较真。所有关于兵马俑用途的说法，比如丧葬礼仪、练兵场景、实战三军的模拟，没有对与错。1974 年以来，考古探索一直保持进行时的状态，确定了很多已知，也尚存许多未知，就连已知中也包含着一些细节上的未知。

我们已知的是，兵马俑曾遭受严重的损坏。一号坑遭烈火焚烧，后代人在这里埋过墓，挖过洞，建筑堪称千疮百孔，现在看到的大量黑炭，正是木材缺氧不完全燃烧的结果；二号坑不仅有局部燃烧点，也有后代人挖的洞，北部的一处门道被两次开挖；三号坑顶部自然塌陷，虽未被烧但人为扰动严重，武士俑的头大量遗失。三座俑坑被破坏的时间很早，那时木材、车上挂的麻布织物和弓弩弦都尚未腐朽，地下室还未完全坍塌。

三座俑坑完工后的高度超过秦代地面 2 米左右，这个发现很重要。

现在我们看到建筑低于视野，一是由于墙体下陷；二是两千多年后的今天，我们的站位高于秦代地面。这说明在一段时期内，明眼人只要路过，三座坑的准确位置一目了然，破坏者根本不需要费劲寻找坑界。无论是谁，要想进入室内，可能破屋门，也可能揭房顶，具体方式有很多种。从秦末至今，两千多年来都有谁直接或间接、蓄意或无意对俑坑造成了破坏，也有多种可能。

在这个“已知”中，我们“不知”的是焚烧前颇多的扰洞[1]是否为同一群人在同一时间所为；秦始皇入葬四年后，地下室建筑是不是都已经封闭并保持密封；坑内不管是修建时还是完工后，是否阴暗潮湿，多少根火把能引发熊熊烈火；战乱时多少人奉命蓄意实施破坏，还有多少人趁火打劫胁从了破坏。

战乱时摧毁秦帝国大厦的推手，项羽为首。可认定项羽是破坏俑坑的元凶，并不是说这些事就是他一个人所为——我们常说，雪崩的时候没有一片雪花是无辜的。这点事统帅不必亲躬，也不可能亲躬。俑坑被毁之因基本清楚，不存在疑窦连连，霸王项羽倒是没背黑锅[2]。

造型逼真、体型高大的陶制兵马俑站立在过洞之中，仿佛是建筑的主人，实际上不过是秦始皇的“手办”。俑坑的位置距离秦始皇陵园最近，出土兵器戟上刻有文字“十九年丞相吕不韦”（吕不韦是秦王嬴政的义父，“十九年”是嬴政的年号），所有信息都指明其主是秦始皇。

随着电视剧《芈月传》热播，兵马俑的主人是宣太后的老调重弹，一个刻在陶俑身上的“脾”字被释读为“芈月”。为尊者讳，宣太后如此高高在上，名字怎么可能被刻在一件俑上？此字左边是“月”，读音应为“ròu”（大月氏是汉代北方民族，很多人经常弄错读音）；右边

1　干扰考古工作者准确判断原始遗迹现象的挖掘现象。可为人为，也可为其他生物所造成。
2　刘占成：《“项羽焚烧秦俑坑”说质疑》，《秦文化论丛》第十二辑，三秦出版社，2005 年。

脾字陶文[1]

^ 脾字陶文

上部残缺，但笔画可辨。宣太后陵所在地距兵马俑坑近 8 公里，二者之间有秦始皇陵相隔。仅此，兵马俑的主人是宣太后这个判断就不成立。

从 2009 年起兵马俑坑进行了新一轮发掘，成绩斐然。其中一号坑第三次发掘的面积仅有 400 平方米，却耗时 10 年，堪称精工细作。对过去的许多认知，比如俑坑建筑方式、被毁时间和元凶、兵马俑的主人、陶俑制作水平等很多问题，都有了不同程度的修正和补充。

研究认定，俑坑真不是坑。这些“地下室”的建造是按照建筑原定布局，挖出放置物品的空间，其余部分自动隔离成墙。不幸的是，自然土梁容易垮塌，所以不得不局部夯打或用砖进行修补。如此一来，建筑营造更加省工、省钱。

研究发现，陶俑有瑕。首先是“先天不足”。有些俑头面部左边大、右边小，鼻梁、嘴唇歪斜得像得了中风；同一件陶俑，两腿粗细不一；有的陶俑上肢比例严重失调，甚至少了小臂，大臂下直接安插手腕。其次是在搬运过程中发生过“交通事故”。陶俑、陶马形体巨大，烧成

1　袁仲一、刘钰：《秦陶文新编》图 184，文物出版社，2009 年。

∧ 脚踝“骨折”

∧ 陶俑残断处可见的粘接物

^ 雕塑瑕疵：裤腿长短不一

^ 雕塑瑕疵：臂长不合比例

之后要出窑、施彩、入坑摆放，大量陶俑的手臂、脚踝处断裂“骨折”，马腿断裂比例甚至接近百分之百。有意思的是，对这些问题，秦代的工匠们也努力作了巧妙的纠正：缠上麻布固定后又糊上了厚厚的膏状物，再涂抹彩绘遮盖起来。也许秦始皇根本想不到，他的这些外表看起来非常健壮的武士，竟然早已是伤痕累累。

研究认定弓弩中有檠。檠是矫正弓弩的器具，位于弦与弓干之间，是两个长方体木条，每个木条上均匀分布 3 个小圆孔。绳子通过小孔将檠与弓绑在一起，檠与弓之间再撑木条将弓固定。一直是张弓状态，弓弦和弓干太累了。而在平时不用弓时，如果保护不好，弓弩容易变形，

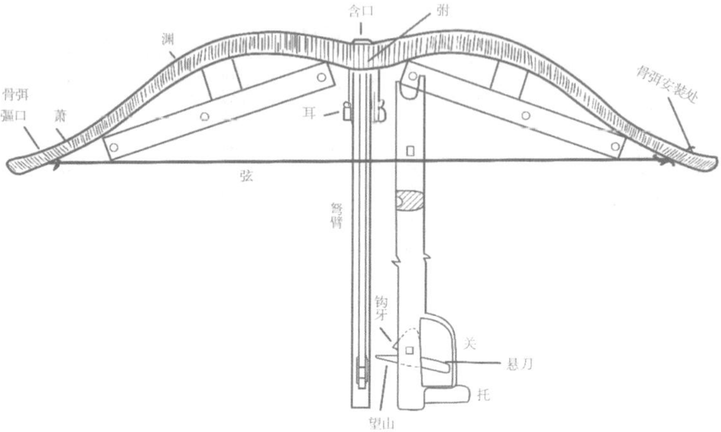

弓弩及檠[1]（绘图：狄明）

会影响弓的威力。檠起到保护弓弩的作用。绑上檠木稍事休息，方能实现“张弛有度”[2]。反过来说，绑有檠的弓弩处于休战状态。

未知的秘密还有很多，而探索未知永远是考古学的魅力所在。

1　据朱思红：《秦始皇陵一号铜车出土铜弩研究》图六改绘，《秦文化论丛》第七辑，西北大学出版社，1999 年。
2　《仪礼·既夕礼》郑注：柲，弓檠，弛则缚之于弓里，备损伤，以竹为之。

05

真相 再遇挑战

八千兵俑，千人千面，之前普遍认为这印证了义务兵役制。秦代实行普遍征兵制，男子从十六岁到六十岁，都需要为国家义务服兵役，兵源来自全国各地，因此陶俑造型少有雷同。

然而新的考古发现，却使这一结论遭遇反转。

秦国有非义务的招募兵，“募人丞印”封泥是一个例证。封泥，即钤有印文的泥块，用来封缄信件、公文和物件，以防私拆。募人丞隶属募人府，办公厅设在秦都咸阳，职责是招募有偿服役军士。湖南里耶出土的秦简[1]记载，迁陵县“冗募群戍族百卌[2]三人”，即一次招募戍边人员143人。湖北云梦秦律竹简[3]上刻有专门针对徭役问题的《司空律》。律文说，如果你母亲是隶妾，政府又没有征你去谪戍，那么申请自愿从军“冗边”，能帮助母亲恢复自由。竹简中募兵被称为“冗募”，服役时间较长，至少为五年。

后代同样如此。汉代有“陷阵募人”印章[4]，汉景帝阳陵俑坑出土

1　里耶秦简，共计37000枚，出土于湖南湘西龙山县的里耶镇秦代水井。约有20余万字。

2　卌，读音为xì，四十的意思。

3　云梦竹简，出土于湖北云梦睡虎地的墓葬中。共1155枚，残片80枚，分类整理为十部分内容，包括《秦律十八种》、《效律》、《秦律杂抄》、《法律答问》、《封诊式》、《编年记》、《语书》、《为吏之道》、甲种与乙种《日书》。

4　陈直：《汉书新证》，中华书局，2008年。

^ 石甲胄（摄影：张大柱）

有“募当百印”，汉代文献有“遣楼船将军杨仆、左将军荀彘将应募罪人击朝鲜”的记载[1]。

东汉末年曹操手下的一员大将典韦，曾大战吕布。兴平元年（公元 194 年），吕布与曹操战于濮阳，典韦挺身而出，率募人陷阵。前线告急，箭如雨下，典韦很淡定，甚至闭目养神，只告诉募人们说：靠近再打。敌人冲上来了，只有五步的距离了，典韦手持长戟大呼“起，冲锋！”直打得吕布一伙抱头鼠窜。典韦也因为濮阳之战表现英勇而被拜为校尉，宿卫曹操。(《三国志·魏书》) 募人兵广泛充当尖刀部队，有点像美国大片《加里森敢死队》。

其实，所有事情的发展都有一个循序渐进的过程。吴王阖闾和越王勾践开战，勾践发动“死士”反攻，所谓“死士”已经有点募人的意思了。

更有意思的是，在遥远的欧洲，拜占庭帝国（又称东罗马帝国）也有雇佣军。这个帝国始建时间比秦帝国晚，存国时间很长。和秦国

1 周晓陆、路东之、刘瑞、陈晓捷：《秦封泥再读》，《考古与文物》2002 年第 5 期。

一样，拜占庭帝国一路走来也是打打杀杀，胜败交加。从辅助力量到支柱力量，由“蛮族人”组成的雇佣军在拜占庭帝国的征战中扮演了重要的角色，也伴随着帝国从强盛走向衰亡。由于依靠雇佣军作战，巨额军费负担加剧了国家的财政危机，雇佣军易于哗变的不稳定性则加速了帝国的衰亡。雇佣军的诸种弊端在中国同样不可避免，阵前倒戈的事件屡有发生。

到了这个时候，我不敢再提陶俑“千人千面”对应义务兵役制。那一号坑前三排不穿铠甲轻装上阵的前锋，他们会不会是雇佣军?

看兵马俑有的轻装上阵，不着铠甲，我们坚定地认为秦军打仗太勇猛了，不需要采用防护装备，至少不用戴头盔。秦军采用军功制，只要一个士兵斩杀一个敌军，就能升爵、得赏。杀敌越多爵位越高，政府奖励的动产和不动产就会多不可数，鸡犬升天。在这种奖励机制的刺激下，于战场拼杀当然着装越轻便越好。有人说，秦军没有头盔，敢死队索性连铠甲也省了，简直就是赤膊上阵。

这一推测再遇反转。

1998—1999 年秦始皇陵外城东南部发现了石铠甲陪葬坑[1]，坑内出土的主要是铠甲和头盔。甲胄均由青灰色石片组成，用扁铜条连缀在一起。其中石胄由圆形顶片和各种形状的侧片组成，设置有开合的铜环和铜钩，顶片中央有一个圆形孔，中间穿铜环，可能原来有顶缨。

一两件铠甲的现身也许是偶然，说不定是秦始皇脑子一热，临时起意。可这里出土的甲约有 90 领，胄约有 36 顶，只能说秦军打仗确实是戴盔披甲的。当然，石甲胄也是陪葬品，模拟了实战铠甲——一顶头盔的重量超过 5 公斤，打仗的时候真戴上确实有点沉。

1　陕西省考古研究所、秦始皇兵马俑博物馆：《秦始皇帝陵园考古报告（1999）》，科学出版社，2000 年。

∧ 穿上旗袍去领奖

06

考古四十载
终获国际大奖

1974 年 7 月，为了赶在国庆节兵马俑博物馆如期开馆，陕西省文管会组建了兵马俑坑考古队，缘起颇似“救火”。四十多年过去了，尽管队名和行政隶属屡有变化，几代人秉承的考古人情怀，一直不改。在回顾兵马俑工作的历程时，袁仲一先生曾有诗《长相思》缅怀和他并肩工作的队友。

1989 年，我成为兵马俑坑考古队的一员，从三号坑开始“蹲坑”。2009 年挑起大梁，任一号坑第三次发掘领队。领导嘱咐我，整体工作分两部分走，秦始皇陵内的考古需要面对很多外围事务，女同志不便，你先从一号坑开始做起来。做起来才发现变化颇多，困难重重。咬牙坚持中逐渐发现，经过近二十年的耳濡目染，一种情怀早已浸入心底。

我们把清理出来的土全部过筛、水洗，洗土寻宝，不是为了淘金，而是寻找秦国的植物颗粒和动物遗骸；为了保护兵马俑，挖掘现场无法用电，桑拿天我们坚守在湿热的坑下，汗水湿透衣背；我们开启发掘、展出、保护的三同步模式，取得了科研和普及的双赢。

2010 年 5 月，秦始皇兵马俑考古项目入选西班牙“阿斯图里亚斯王子奖·社会科学奖”[1]评选名单，最终从27个项目中脱颖而出。我作为团队代表接过费利佩王储手中的奖杯，站在奥维耶多大厅，自豪感爆棚。

兵马俑从发现至成名，成为世界文化遗产，几代考古人无限的耐心、认真与精益求精，和为人类福祉所奉献的数十年努力应该得到认可。就我个人而言，我一直认为考古工作者以发现为快乐，古语说“书中自有颜如玉”，我更觉得“地下更有黄金屋”。考古发现的快乐，以及跨越千年和古人面对面约会的特权，远比金钱、荣誉难得。

朋友们诧异我平日灰头土脸竟然能穿旗袍，还有人私下打听奖金如何分配。支票在我手上只停留了几分钟，金额都没来得及看清。同行的领导觉得我大大咧咧，说先由他保管比较好，回国后奖金就上缴给了财政部门。

在第三次发掘的考古队伍中，我第一个做了逃兵。一年后爱荣姐离世，其他人有的退休，有的离职，有的调岗。如此状况下，60余万字的发掘报告仍然于2018年正式发行[2]。四十年，我们不再是我们；十年，我们依然是我们。

1 阿斯图里亚斯王子奖于1980年设立，在欧洲和美洲具有较高知名度，被欧美科学文化界视为极其重要的国际奖，有“小诺贝尔奖”之称。其中，社会科学奖旨在表彰在经济、地理、历史、心理、社会和其他社科领域，为人类福祉创造性工作并做出特殊贡献的个人或团体，兵马俑考古项目是中国首次获得该奖项。

2 秦始皇帝陵博物院：《秦始皇帝陵一号兵马俑陪葬坑发掘报告（2009~2011年）》，文物出版社，2018年。

彩绘兵马俑的本来面目

站在兵马俑一号坑高处俯视，整齐的军阵扑面而来，气势碾压一切。

现在我们看到的灰头土脸的陶俑、陶马在当初都绘有彩色。陶俑个体因“人”施“彩”，肤色或粉白或粉红，服饰用色各有不同，衣袖亦有多重色彩镶边。遗憾的是，这个五彩斑斓的场面至多只维持了十几分钟，有的甚至只有十几秒。须臾之间，彩绘便纷纷起翘、卷曲并脱落，精彩永失。

有人说，兵马俑竟然原来都是彩绘的！据说兵马俑出土后十分钟内颜色都脱落了！于是乎，公众一致指责：别再挖了。但是，皮之不存，毛将焉附，希望能别再把板子打到考古人身上。

有人说，兵马俑竟然有人工合成的颜料，秦代真是一个创造奇迹的时代！这又错了。不能割裂历史发展变化的过程而夸大中国蓝和中国紫的出现和使用，了解有关施彩工艺、颜料产地以及其中所包含的文化意义，才能体会陶俑有“彩”的深远价值。

∧ 自订色卡

01

别问彩绘俑有多少件

“你亲手发掘过多少件彩绘兵马俑？”这个提问让我有点生气。三座俑坑八千多件陶俑、陶马原本都是通体绘彩，残留下来的部分即使再少、再零星也不能不算作彩绘俑。

涉及秦始皇陵兵马俑的彩绘问题有三个关键词：大漆、调和剂、颜料。

大漆涂抹在陶俑彩绘的最底层。大漆，又称天然漆、生漆、土漆、国漆，属于中国特产，由割开漆树树皮，从韧皮内流出的白色黏性乳液经加工制成。大漆一般由漆酚、漆酶、树胶质和水分组成，各种成分的含量因产地而有异。

秦国有漆树。《诗经》说“阪有漆，隰有栗”[1]，阪是秦国的一个地名，漆树是当地一种常见树种。秦咸阳为都城期间从四川地区引进漆树十株，种植在渭河以南的皇家园林上林苑里。作为国有林场，漆园管理办法列入法律。管理不善，考核被评为下等，相关责任人逐级处罚。罚负责人啬夫一甲，罚县令、丞、佐各一盾，一般群众少罚点，就罚编绳一类的络组各二十根；如果连续三年被评为下等，罚负责人啬夫

1 《诗经·秦风·车邻》：阪有漆，隰有栗。

二甲并撤职永不叙用，罚县令、丞各一甲[1]。

和泥、揉面需要加水，粉末状的颜料调制成液态也需要加水，水即调和剂。为了拥有更大的黏性，调和剂不能用纯水，而需要掺入胶，以动物的皮、骨或筋为原料，将其中所含的胶原经过水解、萃取和干燥，形成蛋白质固形物。有外国学者在彩绘样品中检测出两类十多种氨基酸成分，他们推断调和剂中含有蛋清成分[2]。

如果这个推断无误，蛋清应该采自鸡蛋。秦代有没有可能提供如此大量的鸡蛋？关于国家养鸡这点小事，秦律里能找到相关规定。养鸡首先应离开粮仓；还需要“警犬”，具体数量够用就行；繁衍的猪崽、小鸡，不需要的应卖掉，卖掉的钱要单独记账（《秦律 · 仓律》）。这样看来，国有养鸡、养猪营生在秦代确有其事。此条律文的重要性还在于，强调了鸡毛蒜皮的收入要入账。我们在指责秦法严苛的同时，更要佩服其国家管理办法的严谨。

大漆上，陶俑颜料的颜色主要有红、绿、蓝、黄、紫、褐、白、黑 8 种。再加上复色，如朱红、粉红、枣红、中黄、粉紫、粉绿……数量够编写一本色表。红色由朱砂、铅丹、赭石合成，绿色来自孔雀石，蓝色来自蓝铜矿，紫色由铅丹与蓝铜矿合成，褐色来自褐铁矿，白色由铅白、骨白和高岭土合成，黑色来自无定形碳。这些都是中国绘画常见的颜料，像骨白，在秦都咸阳城宫殿壁画中就出现过。这些颜料既有天然矿物如孔雀石，也有动植物成分如骨白、木炭，紫色和一部分蓝色颜料则属于人造合成物。

三种物质备齐了，工匠们开始给陶俑“化彩妆”。陶俑面部绘彩的

1　睡虎地秦简《秦律杂抄》：髹园殿，赀啬夫一甲，令、丞及佐各一盾，徒络组各廿给。髹园三岁比殿，赀啬夫二甲而法（废），令、丞各一甲。

2　转引自周铁：《秦俑彩绘保护研究综述》，《文博》2009 年第 6 期。

具体步骤和现在美女化妆一样。先上“底妆”——给眼、鼻孔、唇以生漆作隔离，改善陶俑“肌肤”状态，提高亮度和柔软感，再打一层白色“粉底”遮瑕，而后刷上各种色度的红彩，宛如定妆；再上“眼妆”——用棕色或红色颜料圈出眼珠，笔尖稍顿，画一个小黑点，表示瞳孔；最后上“唇妆”——先打底，再涂朱色。

我问学生，化妆是先画眼睛还是先涂嘴唇？她们说，先上后下。描眼线、刷睫毛膏，之后涂唇彩，不然手会蹭着嘴唇。秦代陶工和丫头们的思路如出一辙。

把彩绘相关的三种物质罗列出来，明眼人就能看出它们包含有机物成分。烧后施彩这个过程如同美女上妆，一旦脱粉就成了素颜。调和剂和生漆中有机物成分随着时间推移自然退化，颜料层丧失了黏合力，无论采取怎样的人工干预，使用怎样的“定妆喷雾”都无法做到“永不脱妆”。皮之不存，毛将焉附？灰突突的陶俑不再光彩照人，颜料脱落成为千古憾事。

$$SiO^{4}_{4} \rightarrow Si_2O^{6}_{7}\ (BaCu_2Si_2O_7) \rightarrow Si_4O^{8}_{12}\ (BaCuSi_2O_6) \rightarrow Si_8O^{8}_{20}\ (BaCuSi_4O_{10})$$

深蓝	汉紫	汉蓝
⇩	⇩	⇩
经常与白色混用	视觉最神秘	性能最稳定

从深蓝、汉紫到汉蓝的合成过程

∧　秦墓出土料珠[1]

1　引自陕西省考古研究所：《西安北郊秦墓》彩版一二，1，三秦出版社，2006 年。

02

合成颜料的专利属于谁

陶俑颜料的人造合成物中，紫色定名为汉紫，亦称中国紫，其分子结构是 $BaCuSi_2O_6$。它的“孪生色”还有两种，一是汉蓝，亦称中国蓝，成分是 $BaCuSi_4O_{10}$；第二种未定名，色为深蓝，成分是 $BaCu_2Si_2O_7$。此三色属于硅酸铜钡类物质，在自然界中并不普遍存在，需要人工合成，属于中国特产。两千多年前竟然有人工合成颜料！这一发现旋即成为重点科研对象。研究结果显示，三种颜料有共同的生产过程，从深蓝到汉紫，再到汉蓝，依次合成[1]。

科研人员发现，在不同时期的彩绘文物中，蓝和紫经常如影随形，同时出现。化学结构的微小差异使得蓝色分子结构最稳定，汉紫视觉效果最炫酷，深蓝色经常与铅白混搭，呈现淡蓝色基调。

我喜欢紫色，紫气东来，不乏神秘感。以前我以为紫色颜料到秦始皇时期才有，他迷恋求仙长生，也许有一批“太上老君”帮他炼制仙丹时无意合成了这种新物质。参加过更多野外考古发掘之后，再听到有人和我从前一样认识肤浅，我总止不住多嘴纠正：“这种物质不是秦始皇的首创。”弄得对方一脸尴尬。

1 夏寅等：《遗彩寻微·中国古代颜料偏光显微分析研究》，科学出版社，2017 年。

汉蓝和汉紫的使用，从甘肃礼县到陕西咸阳，在秦国曾经的势力范围内的发现比例最为突出，但并不意味着秦国人就是两种颜料的创造者，以嬴政的名义申请专利更有侵权之嫌。

春秋战国时期，蓝和紫的合成物质更常被用于制作装饰串珠或博戏器具。串珠出土量很大，被称为“料珠”，其表面凸凹不平，样貌诡异，像蜻蜓的眼睛，故又称“蜻蜓眼”。古埃及的费昂斯具有与之相似的外形，据说古代西亚或印度人相信佩戴它可以避邪。往来于漫漫中西亚沙漠地带的游牧民族将它们由西亚带入中国，后来中原地区开始利用本地原料对其进行仿制，以氧化铅和氧化钡替代西亚、地中海东岸地区的制作配方中常见的苏打，制造出不同的铅钡产品。

博戏是争胜负、赌输赢的游戏，玩法是两人轮流掷茕行棋，以获得算筹多者为胜，具体玩法今已失传，主要用具包括棋盘、棋子、算筹、茕。棋子分别为圆形和长方形，个数不等，长方形很像今天的麻将牌；算筹是长条片，用以计数；茕即骰子，多面体。2017 年，我在咸阳城发掘战国晚期贵族墓，发现的十余枚棋子，颜色有紫有蓝，烧成温度很低，质地一碰即碎。

秦始皇陵偏殿曾经出土过一枚石茕，14 面体，一面刻有“骄”，一面刻有“媿”，另外 12 面则依次刻有数字 1 到 12。有人猜想这是给秦始皇提供的博戏之物。其实，先秦至两汉时期，博戏遍布街头巷尾，如同今天人们在街头打麻将一般，守陵人业余时间也玩得不亦乐乎。

汉蓝和汉紫的制作与使用被汉代继承。汉代神仙思想甚嚣尘上，长生不死、羽化而登仙的说法风靡于整个社会。大量陶器表面使用汉蓝和汉紫进行彩绘，还增加了云气纹饰，显得缥缈神秘，仙味十足。在公元前 1 世纪到公元 2 世纪，汉蓝和汉紫甚至输出到了日本。

03

刀下留“俑”

兵马俑彩绘保护团队的水平非常了不起。相比于他们所研究的彩绘成分，作为考古发掘的负责人，我更关心彩绘怎样清理才能不被“沾”下去。只有彩绘在清理中被留住，后期保护才有可能保住。

兵马俑坑的考古发掘耗材大多是医用品。棉签、药棉、纱布、石膏及各种型号、规格的手术刀消耗量都很大。仅手术刀，刀片就分为圆形、弯形及三角形，先是请后勤部采买了 12 号刀片和 7 号刀柄，适合在土层较厚的区域开展深部割切，后来又换成了 20 号手术刀片和 4 号刀柄，适合在土层薄的区域开展浅部割切。

手术刀的拿握方式马虎不得。为了让徒弟们尽快掌握彩绘清理技巧，我从网上下载了一张专业医生的持刀姿势图，又观察了资深老技工的操作，挑选了执笔式、握持式、反挑式三种姿势的图片，打印出来发给他们，大家都觉得挺好玩。尤其是反挑式，操作时先刺入，刀刃向上挑开，动点在手指，可以避免损伤到陶片的深部。

“像不像鸡叨米？不能使蛮劲，那样米就叨碎了。”

“手术刀得保持一定的倾斜度，越接近彩绘层，用力的角度就得越小。这块儿粘得结实，刀尖挑不下来，得用刀刃轻轻刮。”

老师傅一边示范，一边解说，口授相传。

∧　一号坑第三次发掘现场（摄影：张天柱）

∧　用手术刀清理彩绘（摄影：夏居宪）

∧ “跪得容易”（摄影：赵震）

∧ 呵护（摄影：张天柱）

观众很难看到清理彩绘的全部细节。2010 年 4 月 2 日，我们正在清理第十过洞 24 号陶俑。它有着白色足面，系着橘红色的鞋带，腿匝红色花结，小腿褐色底漆上再涂黑漆，裤管下部和表面均为淡紫色，下半身的颜色很全乎。

当天是星期五，博物馆上班时间是朝九晚五，周末双休。所有清理、照相和彩绘保护工作必须赶在下班前告一段落。时间紧，任务重，我们一行四人从进入工作面起就双膝跪地，顾不上歇口气、喝口水。发掘区内充斥着紧张和疲倦，栏杆外却传来一阵喧嚣。一位导游唠唠叨叨反复给游客解释："他们干活很慢，几天也挖不出来一件。"真让人恼火。

让人恼火的不只是公众的不理解，还有发掘区恶劣的环境条件。兵马俑坑的发掘没有野外的风吹日晒，看似挺舒适，但室内空气流通不畅，夏季闷热，冬季阴冷。考虑到彩绘保护问题，又不能随意使用电扇、取暖器，痱子、湿疹、关节炎，这些大大小小的毛病经常闹得人心焦。因此，我们的工具包里必备的物品除了各种医用器具，还有人丹、风湿药膏、正气丸。学生们还贴心地捡回一块泡沫板给我做垫子，说这是还珠格格小燕子的"跪得容易"。

清理彩绘遗痕，必须要有绣花一样的耐心。初次下刀前，首先要保持发掘面的湿度合适，唯一的办法是喷水，即在距彩绘遗迹表层 10~15 厘米处，对大土的土层表面进行多次间断性喷水，直至湿度达到 RH83.5 左右，含水量达到 18.7%。再使用 12 号镰刀形手术刀，每次下割 3 厘米左右，再喷水，如此一层一层掘进。

在这里，我的用词"彩绘遗痕"是考古学中，相对于"遗物"而言的。陶俑、陶马和各种兵器能拿走，就是遗物；而很多原本是具体的物体，但如今却再也无法移动拿走，就是遗痕。显然，我们所面临的“彩”不仅仅只有彩绘陶俑一类。

大土清理过后，就迎来更为精细的清理工作。喷水依然大有技巧，即在距彩绘表面 1~2 厘米处喷雾化水，使清理面湿度达到 RH80~85，土壤含水量必须达到 18%~19%。如果喷水量过大，间隔时间太短，彩绘层就会被泡膨起翘；喷水量过小，间隔时间太长，土层得不到浸润，一来手术刀割不动，二来下刀处两边的土被刀刃挤压分离，彩绘会黏附在土层上“跑”了，造成彩绘与遗痕主体脱离。

作为多年来兵马俑彩绘清理的必需程序，喷水保湿也曾遭受舆论攻击。2019 年 12 月 22 日，键盘侠发声指责:为什么给兵马俑坑浇水?不会破坏兵马俑吗?话题越传越玄乎，评论中有一半是谩骂。尽管那时我已经不属于兵马俑发掘团队，但还是心疼曾经的队友，他们委实不易。自媒体时代，键盘侠们发帖、跟帖，一通操作后上床睡觉；考古人员却要不停地接媒体和上级“了解一下情况”的电话，还得写“情况说明”。

虽然要求是“简单点”,但怎么简单?没法简单。喷水的原因好解释，可喷多少量合适?喷多长时间合适?有无必要喷蒸馏水?一两句话根本说不清。老师傅说，水喷了之后，“闷”的时间不能太长，不能叫水全部渗透，得让表面土像稀泥，下边还得有点干，这样下边的土是“硬硬儿的”。手术刀不能一下子深到彩绘的“底底儿”,要留点。抽刀要快，上边的稀泥粘在刀刃上一带就出来了，下边土硬带不上来，就得用棉签蘸水，一点一点搌，不能再用刀。这些话转述成公文，若非亲身体验，谁能看明白呢?

陶俑彩绘结构复杂，表面是生漆层，生漆层之上为彩绘颜料层。大部分颜料层为单层，有少部分为双层，颜料分布的厚度不一样，清理的具体方式也不一样。

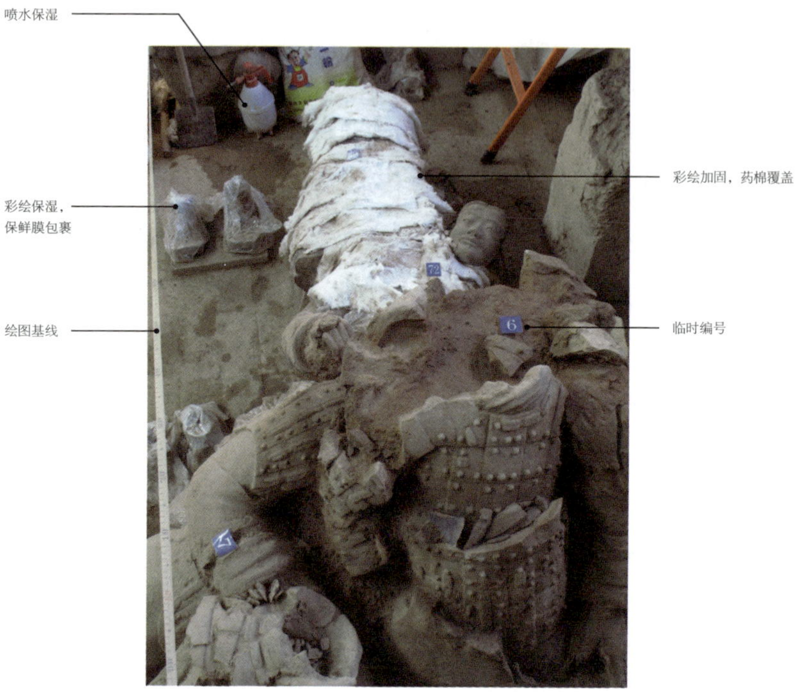

^ 彩绘陶片的现场保护（“给爷盖被儿”）

铠甲部分会有沟沟渠渠的纹路，里面的土必须用“蘸”和“点”的办法去除，棉签蘸水一下一下地点。衣袖、襦摆部分陶体比较平整，颜料层稀薄，只能用 20 号尖刃刀片斜扎，刀刃出土的瞬间要有“滑过”的小动作，再换圆弧形刃刀片轻刮。

彩绘遗痕、遗物初步清理后，文保人员开始喷涂保护药水。药水的主要成分是聚乙二醇（PEG），文保方面的专家解释说这种物质可以保湿，有效改善大漆的脱水，女士们的美妆护肤品大多含有这种物质。保湿处理后用白色药棉和保鲜膜包裹的陶俑，像才下战场的伤员。

裹药棉这件事，在我称呼为姐的考古队员口中是“给爷盖被儿”。爷，即瓦神爷，在真正意识到其价值之前，村里的人都这样称呼打井时意外发现的陶俑。

04

这个陶俑有睫毛

陶俑千人千面，更是千人千色。发色有的漆黑，有的棕褐；肤色则是粉红、肉红或牙白；就连眼珠部分的颜色，不同个体也有暗红、漆黑、淡棕等诸多变化，有一例竟是红色，我调侃他是熬夜太多。

人眼睛的颜色由虹膜决定，基色只有褐色、蓝色和绿色三种。褐色最常见，而百分之百的黑色根本就没有，谁要是夸你“有一双乌黑发亮的大眼睛”千万别信，充其量是虹膜含黑色素多一点，因为黑色素很少的时候，眼睛看起来像棕色或更浅的琥珀色。

彩绘犹如画龙点睛，为陶俑增添了神韵。手术刀剔出彩绘后，我们要给陶俑相面——对其面部特征做文字记录。也许有点身在福中不知福，彩绘陶俑看多了竟有些乏倦，下意识地有点敷衍。

比如这尊俑头，拥有“田”字形脸庞，额宽，面阔丰腴；右眉斜挑，颧骨丰满，短鼻，薄唇；唇上有一字胡，须角下折，下颌有一缕长胡。再端详，施彩也妙，丰腴的脸蛋上涂饰粉白，隐隐地透着点红，给人一种粉嫩的感觉；眼睛外圈涂染白色，眼球黑白分明，目光炯炯有神。

我以为观察到此应该差不多了，就转入了小白同学负责的拍摄程序。“你来看，这家伙有眼毛！”小白惊呼，满脸惊喜和惊奇。通过照相机微距镜头，他捕捉到陶俑下眼睑有睫毛，墨迹如丝，用细笔根根

^ 千人千色（摄影：张天柱）

描绘。那一刻，我想到了一个充满柔情的故事——张敞画眉。

《汉书》记载，西汉时期京兆尹张敞颇有政绩，但他每天都仔细帮妻子画眉，不免早朝迟到，政敌因而上书宣帝告张敞“风流、轻浮”。张敞非常坦然地说：“臣闻闺房之内，夫妇之私，有过于画眉者。”闺房内夫妻之间的隐私太多了，画眉只是小事一桩。皇帝想想也对，一笑了之。

∧ 陶俑有睫毛（摄影：赵震）

君臣，父子，兄弟，夫妇，长幼之序，此五者天下之通道也。（《史记 · 平津侯主父列传》）

中国社会强调礼制和等次，夫妻关系中也存在尊卑有序。张敞竟然不守规矩，于是被政敌抓住了把柄。一段小事载入史册，对于惜墨如金的史学家来说，也许这是一处伏笔。张敞画眉初看是说夫妻和睦，而宣帝问清原委之后能表示谅解，和当时的社会背景有很大的关系。汉代社会整体和平稳定，国泰民安。国家无大战，小家也不能动不动就闹矛盾。小心经营婚姻，夫妻琴瑟和鸣，阴阳平衡，才是万物的正统。（《史记 · 外戚世家》）

陶马的涂色与陶俑类似，只是其彩绘层很薄，脱落一点就所剩无几。陶马彩绘层上残留了大量类似今日油漆工使用板刷的痕迹，说明陶工们施绘时不再是“描”，而是“刷”，可谓是畅快淋漓。对比陶俑和陶马的彩绘效果，感觉陶俑有工笔画的细致，陶马则如泼墨山水画。整个发掘面出土色彩数量之多让人心生“绕行惊地赤，移坐觉衣红”的幻觉，其中“惊”字最能体现受到的视觉刺激。

除此之外，我们是不是还需要像分析张敞逸事一样深入探究点什

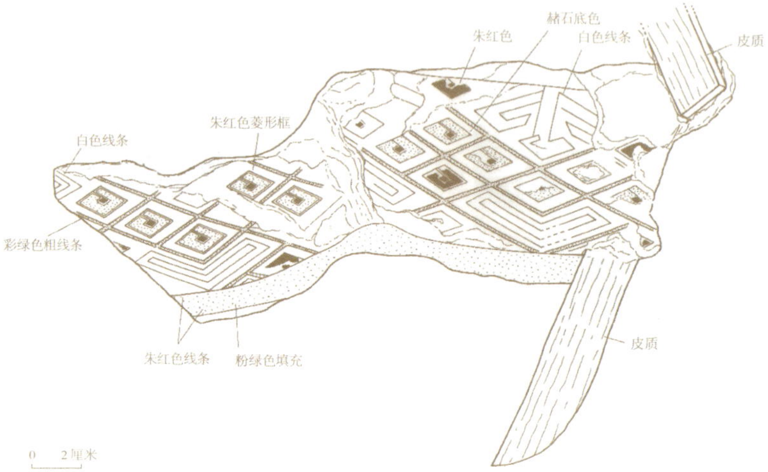

陶马肚子下皮带的彩绘图案（绘图：吴红艳）

∧ 陶马彩绘

么？这些彩绘背后的故事对于考古学研究另有意义，比如明确施彩技法，探索工具渊源。

中国古代书画同源，绘画与写字的工具、材料基本一样。遥远时代有半坡史前遗址的彩陶，商代甲骨文有“笔”这样一个字，西周有“贻我彤管”的爱情诗歌。

现代书画家强调一支好毛笔要“尖圆齐健”。尖，即笔尖尖锐才能写画出精细的线条；圆，即笔头圆锥需为正圆，用毛笔的任何一个面都能做到写画效果一致；齐，即笔尖前端的毫颖需整齐，反之写画出来的线条就粗细不一；健，即笔头要有弹性。

显然，泼墨般的陶马彩绘使用的是排刷，而能画出纤细睫毛的应该是一支细笔。眼珠轮廓整齐，无晕染，说明笔锋尖圆齐健，是一支好毛笔。女士们购买眼线笔可以此为据。

∧ 服色及刷痕

05

因为颜色引发的争吵

事实上，清理出的彩绘以服色为大宗。服装残留的颜色虽然多数已经脱落反贴于土上，但红、绿、蓝、紫、雪青……缤纷的印痕，常常让工作人员双脚无处可踏，双手无处可摸。

陶俑服饰均有施色，以红、绿、蓝、紫为基本色，如绿色衣袖基本对应绿色裳摆，说明衣料主材是绿色[1]。绿色最受欢迎，白、黑很少，黄色几乎没有，袖口则以多种颜色包镶。

事实上，给陶俑服色定名非常困难，记录颜色是一件令人挠头的事。“我看是白色。”“明明是淡蓝色。”队员之间经常争论不休，互相指责对方有色盲症。每位观察者对色彩的视觉感受不一样，如果没有一个量化的标准，绿到什么程度是粉绿？何种蓝是天蓝？谁也说服不了谁。加上颜料的涂抹薄厚、脱落程度、观察角度、光线、时间等因素的不同，都会引起色差变化。

粉白一般是红加白，颜料涂抹厚的地方看起来就比较接近肉红色，

1 据袁仲一先生统计，277 件陶俑上衣中，有绿色 118 件（42.6%）、红色 88 件（31.8%）、粉紫色 52 件（18.8%）、天蓝色 16 件（6%）、白色 2 件（0.7%）、褐黑色 1 件（0.4%）。425 件下衣中，有绿色 223 件（52.5%）、红色 78 件（18.4%）、天蓝色 61 件（14.4%）、粉紫色 50 件（11.8%）、白色 13 件（3.1%）。177 件胫衣中，有粉绿色 102 件（57.6%）、粉紫色 29 件、红色 20 件、天蓝色 19 件、白色 7 件。182 件壅颈中，有绿色 68 件（37.4%）、粉紫色 60 件、朱红色 26 件、白色 18 件、天蓝色 10 件。239 件袖口中，有绿色 99 件（41.4%）、粉紫色 80 件、朱红色 47 件、天蓝色 8 件、白色 5 件。（袁仲一：《秦兵马俑的考古发现与研究》，第 296~297 页，文物出版社，2014 年）

∧ 服色印痕

涂抹得薄些，就比较接近肉粉色。如果保存条件不好，脱落部分变多，颜料层变薄，粉嫩的感觉就出来了；脱落得少，红色则会占了上风。

况且还有多种颜料混合使用的情况。比如陶俑衣摆部位，有的灰白中掺杂黑，有的淡蓝中掺杂绿，还有的蓝中带紫，整体呈斑驳、混沌状，真不知道该怎样描述。对于这件事，我制作过色彩与称谓的对应图供大家参照以期达成比较统一的标准，还仔细思考过形成杂色的原因。

是无意而为？施彩陶俑毕竟是美术作品，虽整体有较强的写实风格，但不能和真实生活完全画等号。有可能调好的颜料用完了，工匠来不及再调制，利用其他涂料左涂一下，右补一下，只要保证最后表面都有颜色就行了。

是特意而为？为了表现色中套色、似是而非的效果，工匠们或许是故意把几种颜色混合涂抹。这种施色方法有可能受到衣料织物染色工艺的启发。真实生活中，古代用于织物的着色材料可分为矿物颜料和植物染料，以后者为主，常常是多种物质按照不同比例混合起来使用。

染料品种和工艺方法的多样性，使得古代印染行业的色谱十分丰富，古籍中记载的就有几百种。同一种色调有几十种近似色，举例来说，就像是现在流行的雾霾蓝与淡蓝。还有色中色，如黑中扬赤即为“玄”，赤与黄合即是“纁”。有时还专门在一块衣料上通过蜡染、夹结等方法染出图案。秦代工匠们用几种基调比较一致的颜料涂抹，或许就是为了表现“近似色”或“色中色”的印染工艺。

其实，我还想过，是不是有民俗方面的原因。在陕西农村，小孩满月时姑姑、姨姨要给娃娃送一些用碎布头和各色绒线拼缝、刺绣而成的衣服，人们相信孩子穿上这样的衣服能消灭疾病，逢凶化吉。这是不是与陶俑服色庞杂的现象有同理之处呢？毕竟，俑埋入地下也承担守护主人的职责。

此外，秦军服装并不都是统一配发的。1975 年，湖北省云梦县睡虎地四号秦墓出土了两件家信，写信人黑夫和惊两兄弟当兵在外，写信管家里人要衣服和钱。黑夫说，如果家乡安陆布价低廉，可以做成衣服捎来；如果价高，就把钱捎来由我自购。惊说，老妈，给我几百块钱，给我寄两丈五尺布，不然我活不成了。这两封信清楚地表明了衣服由士兵自备。而自己没钱买只得求助家人这一点，说明他们是义务兵，不发军饷，和招募兵待遇不一样。

自备服装不仅导致服色不统一，服装长短也不一致。身高基本一样的陶俑外衣长长短短，有的近膝，有的刚遮臀。再看看二号坑出土的骑兵俑，款式、长度基本一致。让人不禁联想到现在国旗班的旗手，个头一米八，统一配发军服，穿出来绝对都是一样靓、一样整齐。这样看来，兵马俑中有一部分可能只是“基层民兵”。

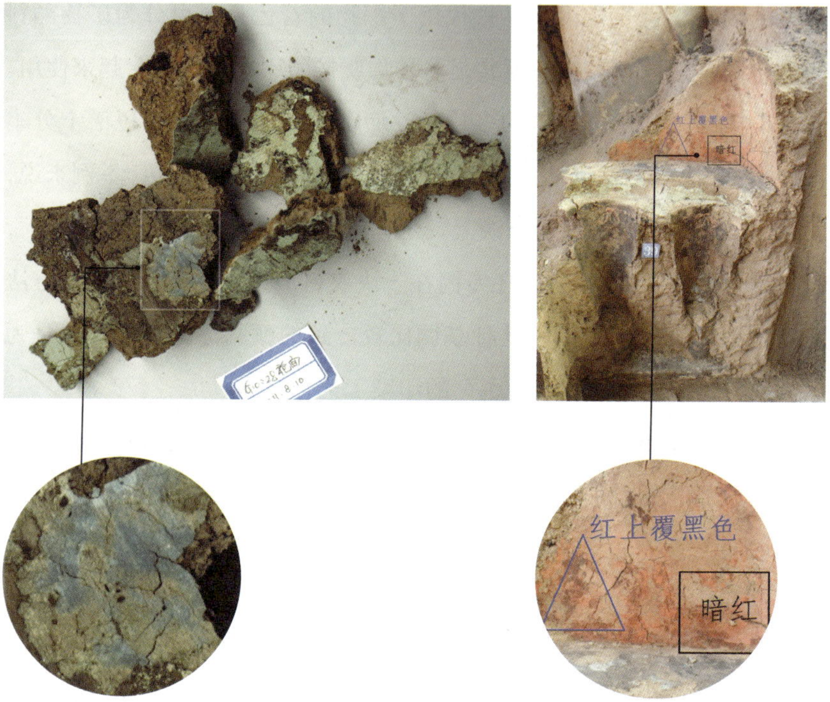

∧ 混合色

陶俑服色五彩缤纷，杂色多，于是有人发出了一种声音：看，这不符合秦制啊，秦国的衣服、旗子、符节这些都是黑色的。所以兵马俑的主人根本就不是秦始皇。这帮“砖”家，竟然连这都不知道。

阴阳五行学说认为德行与颜色有搭配关系：土德尚黄，火德尚赤，金德尚白，水德尚黑，木德尚青。秦始皇规定秦德为水，崇尚黑色，以黑色为贵[1]。影视剧中，秦军铁骑、满朝文武，铺天盖地的黑压压一

1 《史记·秦始皇本纪》：改年始，朝贺皆自十月朔。衣服旄旌节旗皆上黑。数以六为纪，符、法冠皆六寸，而舆六尺，六尺为步，乘六马。

大片，质疑声听起来似乎蛮有道理。

“水德”和“尚黑”只是秦始皇规定的前半句。后半句还有“数字以六为单位”“天子才能驾六马”等一系列内容。而这条“尚黑”的规定，限定的对象是正式场合的高层人群，所谓“刑不上大夫，礼不下庶人”，秦始皇肯定不能穿花裤衩临朝，大臣们也不能随便找一片竹简写奏章。

秦君西祀少昊时牲尚白。（《史记·封禅书》）

秦人不仅尚黑，更尚白。祭祀西方少昊帝，专门选择白色为毛色的动物做祭祀品。秦人源于东夷，与殷商一样继承了东夷的尚白传统。后来楚人反秦灭秦，刘邦的“赤帝子斩白帝子”之梦兆，就是暗合“秦俗尚白、楚俗尚赤”，象征他将取而代之。尚色的“尚”到底是“崇尚、尊尚”还是“风尚”？若为尊尚，那就不是谁都可用，是天子王侯的尊贵特权；若为风尚，才会有漫天席地的气势。我想，“尚”在此处应当是尊尚的意思，不然非黑即白，天下苍生难道都成了围棋弈子不成？

兵马俑彩绘层很薄，最薄的不足一根发丝，最厚的也不过一页 A4 纸。即使没有年代久远的影响，颗粒间的结合力也很弱。脱落在土上的彩绘就像一件外衣，随时等着主人来穿。

记不清有多少次，看着这些脱离战士躯体的战袍、铠甲，我感慨“徒使忠臣苌士魂魄，遗憾千古耳”。我思考能不能放下手中的医用手术刀，放缓甚至停下发掘的脚步，再找找其他办法进行提前干预，让他们在地下先穿好衣服，收拾齐整，再出门见客。

第二章

无彩之中更精彩

大家都关注陶俑出彩，事实上，这只是俑坑发掘过程中最简单层面的“出彩”。大量竹、木、皮质遗物，原本广施彩绘，奈何已经全部腐朽。其纹样的统一性体现了时代的审美，也延续了中国的传统。

灰突突的遗迹、遗物也诉说着精彩的秦代历史。这里不仅有武士的英勇厮杀，也有女人的机杼声声。线丝缕缕，刀光剑影，不过是为帝王卖命的草根生活而已，但这就是活着的秦帝国，陪葬坑中有俑，有塑俑之人，有秦朝的徭役赋税，有暗藏的生活，有“无彩之彩”。

01

脆弱的
彩绘文物

兵马俑是秦代军队的象征，当初埋入地下时个个都有彩绘。除了陶俑之外，俑坑内大量的指挥器、防御器和木车，也少有不绘彩的。这些器具质地为竹、木、皮，比陶质的兵马更容易腐朽，被称为“脆弱文物”。

脆弱文物像娇滴滴的千金小姐，弱不禁风。两千多年时光的侵蚀，“小姐”的内脏、肌肤香消玉殒，只剩外皮。刷漆形成的外壳只有薄薄的一层，吓得人不敢操持手术刀，不敢喘粗气，猝不及防打个喷嚏都能立马换来队友们谴责和鄙视的目光。清理难度大，保护难度更大，公开展示几乎不可能，一般人无法目睹真容。

由于工作侧重点不同，早期发掘时对此类痕迹往往简单略过。纵然它们脆弱不堪，也弥足珍贵，我们再次碰到它们竟然有捡漏般的窃喜与庆幸。它们一改兵马俑坑刀枪剑戟的肃杀之气，一改人们对秦人粗狂、野蛮的认识，像春风吹出的缕缕暖意，于点滴间带来了秦风、秦俗的柔美，使得三座俑坑成为秦代军队的真景。

击鼓其镗，踊跃用兵……死生契阔，与子成说。执子之手，与子偕老。（《诗经·邶风·击鼓》）

∧ 沾在土块上的鼓面纹饰

无情未必真豪杰，怜子如何不丈夫？铿锵的鼓点，点燃了虎贲[1]热血，也勾起了他们对爱人的思念。读一遍诗歌，好像是在体会怎样才能做一个有情有义的人。

秦军征战六国的沙场上当然需要“踊跃用兵”的战鼓。可俑坑出土战鼓的木质胎体几乎不存，内腔亦淤满泥土。我们用手术刀甚至大头针一点点地将其剥开，能看到扁圆的外形、桶壁上交错分布的骨质钉子和等距离安插的铜环，战鼓的结构、制法就这样得到确认。

一边用手术刀尖压住腐朽的漆壳，一边手持毛刷，几乎完全零距离地俯身用嘴轻轻吹去泥土，发现鼓面和桶壁上装饰的彩绘依然鲜艳、浓烈；胎壁内层和环柄缝隙里，填塞织物的经纬线依然清晰可见——为了确保铜鼓环能牢固地插入鼓壁，铜孔内缠绕了麻线，缝隙处揳了木条，还加塞了麻布。老杨告诉我们，不光古时，现在安锄头也得在

1　指军中勇士。

∧ 柲及其纹样复原图（摄影及绘图：赵震）

铁锄头和木把之间的缝隙间塞上布条，“布条还得弄湿呢”。

战鼓的彩绘基调以红、绿为重，图案以枝蔓、卷云等曲线为主。手法是红漆铁线描，如同用铁丝划过。线丝分隔出变化的几何条带，规矩却不拘谨；条框内天蓝色、白色、绿色多重套合，平涂渲染的手法好似小姐姐们化妆时打腮红，伸展出了蔓延的枝条和飘逸的云朵；黑色圆点填充空隙，增添了稳重和神圣。尤其是铁线描的红漆线条，细如发丝，流畅无停顿，一笔而就，可见画工性格沉静，技艺精湛。

试想画工若秉性似猛张飞，绝对画不出来这样的效果。

既然是秦始皇的兵，必须配备实战兵器。戈、矛、戟这几种兵器尾部的长柄，古称柲，有三种材质。铜矛的柄是单独一根木棍，直刺时刚劲有力；铜戈的柄由多根细竹子捆在一起制成，钩杀时有弹性；铜戟本来就是矛、戈合体，柄是内有木芯外裹竹片，柔中带刚。不过这都不是重点。重点是柲的上下两端，有双重画饰。

清人在彭，驷介旁旁。二矛重英，河上乎翱翔。（《诗·郑风·清人》）

∧ 清理兵器柲（摄影：赵震）

军队战间休整，河边竖立的戈与矛，竟然构成一道欢畅祥和的风景线。设想一下，陶俑一列列排队站好，手中紧握的兵器是不是也有诗歌描述的情景？

这些画饰分上、下两段。木或竹柲的表面涂黑色或褐色漆，成为彩绘的底色，再用鲜艳的红漆描绘出连续图案。图案元素以大云朵为中心，两侧配以小小的水涡。颜色鲜红，用色时而铺张，时而收敛，穿插在底色中，打破了深色的禁锢与沉闷。形成的效果是云朵翻卷、勾连延续，上下左右又有呼应。

我亲手清理了十四处兵器柲，其中十处有绘彩。纹饰大体相同，却在电镜下发现它们的刷漆次数不一样，有的漆层只有一层，很薄。多年来，无论是学者还是游客都只重视兵器的青光凛凛，暴戾的气味过于浓烈，这不太好。

在木车上的舆板和桄木条上都能看到彩绘。长条状的彩绘带，满布枝叶、云朵和连续回旋的折线。纹样构图较兵器柲更加散漫、随意。

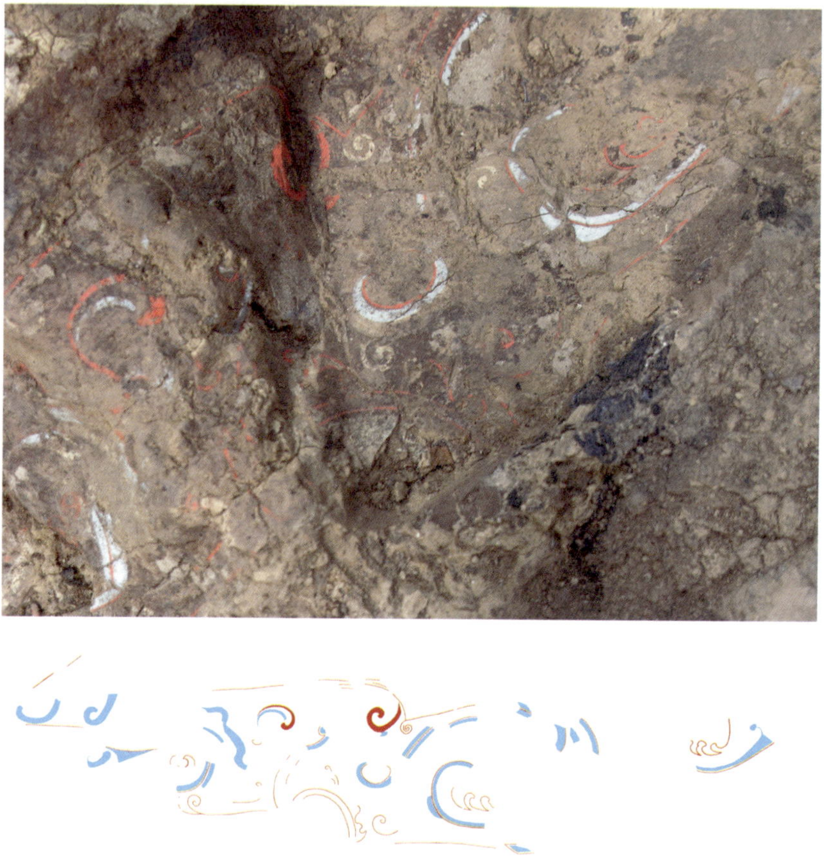

∧ 木车的彩绘纹饰（绘图：赵震）

其主体部分的线条细、硬、直，是铁线描的技法，形成流畅、细腻、鲜红浓烈的效果；主体的外围又用蓝色平涂渲染，枝蔓、云朵更有了一分浪漫变幻，恬静雅致;白色的折线，盈盈不过黄豆大，却无处不在，像跳动的音符。三者随意搭配，充满云卷云舒的素净。

想象一下，经过一天厮杀，秦军将士们在凯旋途中倚栏远眺，余霞散绮与车体上跳动的纹样交相辉映，天地间似乎也有了轻歌曼舞的惬意。从屈原的《离骚》到俗语“江南的才子，北方的将”，人们认为浪漫主义气韵似乎只属于长江边的楚人，生、冷、硬的关中冷娃哪能懂得这些情调。由此看来，这想法实则谬矣。

秦国实行军功授爵制度。传说中的关中冷娃打仗猛、不怕死，几乎所有人都认为秦人在战争中不重视个人防御，不戴头盔也不拿盾[1]，嫌这些防护性的装备拼杀起来累赘。然而古话说得好，以子之矛，攻子之盾（《韩非子 · 难一》）。矛、盾是一对儿亲兄弟，不能因为打仗勇敢就不准备防护用品。退一步讲，即使认为步兵带盾搏杀起来不灵便，车兵站在车上可没有这种担忧，犯不着以身涉险。

2010 年 9 月 1 日，兵马俑坑第一件皮盾出土。盾已经腐朽，根据出土位置判断此物应是车上配备的皮质防护器具，髹漆[2]绘彩，称孑盾。每当写到“孑”，都令人想到喂鱼吃的小虫。

孑盾外缘一圈画了流云状的彩绘。先用宽约 1.2 厘米的淡绿色勾勒彩绘边框，框内用朱红色的细线延展出连续不间断的菱形或卷曲形骨架，再用天蓝色或白色围绕骨架向外平涂。大幅铺开的平涂形状，有的刚硬直折，有的轻软似垂蔓。弧圆齿状的垂蔓边缘起起伏伏，每齿的宽度不足 0.4 厘米，颜料拘于红线界外无一丁点漫溢。平涂之外，空

1 朱学文：《从秦俑看秦军防护装备的某些问题》，《咸阳师范学报》2009 年第 1 期。
2 髹〔xiū〕漆：把漆涂在器物上。

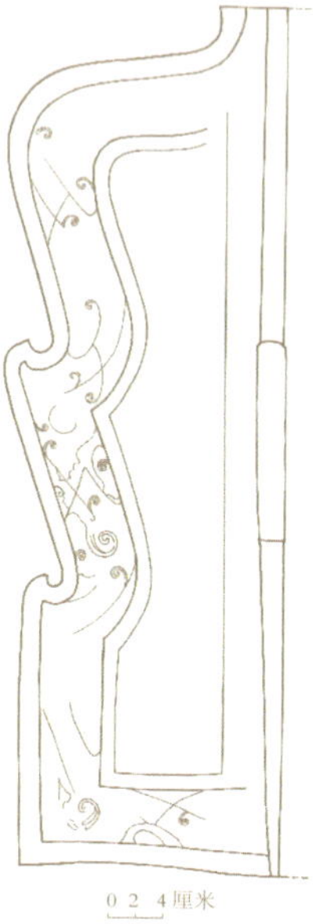

盾迹平面图（绘图：吴红艳）

∧ 皮盾的彩绘纹饰（摄影：张天柱）

隙间随意添加了大小不一的卷云状漩涡。

截至目前，三座兵马俑坑中的防护性装备仅此一件。细数整个陕西地区，考古出土的秦盾实物确实不多。究其原因，秦人打仗勇敢，防护装备少是其一，其二则考虑是埋藏环境的问题。竹、木、皮易于腐烂，在西北地区可以通过自然风干迅速脱水，在南方地区可因水浸泡而隔绝空气，唯独陕西地区没有这两种保存环境。

清理这些彩绘比清理陶俑更难，文字记录更需要绞尽脑汁去筛选适当的措辞。我想，观赏这些纹样可能更需要凝神静气。

∧ 秦陵出土铜盾[1]（摄影：张天柱）

1 引自《秦始皇陵铜车马发掘报告》图七九，文物出版社，1998 年。

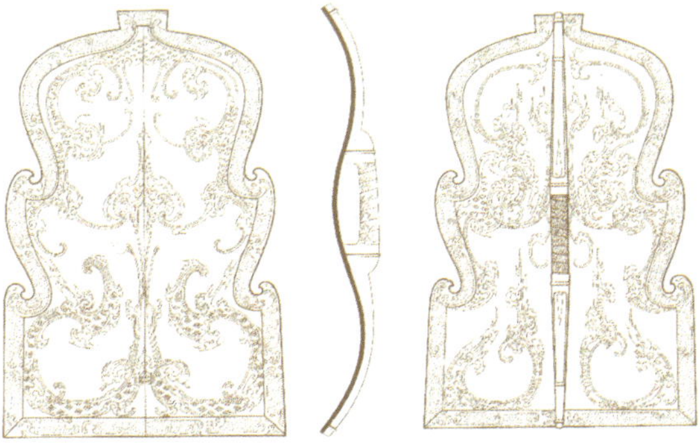

秦陵出土铜盾

02

万事都有原宗

兵马俑出土的第一件皮盾属于孑盾，专用于车上。给出这样一个定位，首先是依据其出现的位置，其次是大小、外形。

狭而长者曰步盾，步兵所持，与刀相配者也；狭而短者曰孑盾，车上所持者也。孑，小称也。(《释名 · 释兵》)

步盾，即步兵的盾，外形狭长，坐阵打仗能遮盖全身。长可蔽身的大盾，在《周礼》中名橹，在《释名 · 释兵》中名彭排[1]。可车上不能配大盾，没地方搁，而且车兵腰以下的部分有车帮挡着，也用不着大盾。所以这件孑盾不能等同于一般意义上的盾牌。

还有比孑盾更小的盾，小到只能护臂。

秦始皇陵出土的铜车上有一件铜盾，外形像坎肩，被认为是在模拟真实的皮盾[2]。俑坑出土的实物皮盾外形和铜盾相同，验证了“铜盾模拟皮盾”这一说法。两盾的各项数值对比大约相差一倍，又验证了铜车马的制作比例基本是原物一半的说法。

虽然外形相符，但铜盾和俑坑出土的皮盾的彩绘纹样却有明显区别。铜车马是皇帝銮驾的副车。铜盾通体上下、正反双面都有彩绘，

1 “排”即“牌”，是通假字。通假即通用、借代，用读音相同或者相近的字代替本字。
2 秦始皇兵马俑博物馆等 :《秦始皇陵铜车马发掘报告》，文物出版社，1998 年。

纹样除了云纹之外，主体是至高无上的龙，可以称为龙盾。俑坑出土的皮盾只在正面局部绘图，纹样只有云纹，没有也不能有龙的影子。

二者使用者尊卑等级亦有别。尽管副车是“备胎”，盾也只是备不时之需，但使用者级别高。而俑坑盾只供车兵使用，与铜盾相比自然难以望其项背。实际上，即使是铜车上的盾，单从精致度上看，比起南方楚人使用的皮盾还是差点意思。

湖北省荆门市包山楚墓出土的皮盾，其彩绘远比秦始皇陵所见的要精美得多。这件皮盾墓主的身份是比国君差一点点的“上大夫”。盾面居中位置有一首双身的卷龙，四角则分布舞凤。执盾的手握柄，两端安置铜鼻钩住盾面，加强了与盾面结合的牢实程度[1]。如此一比，再不能说秦始皇陪葬的物品个顶个都是极品了。

兵马俑坑里的脆弱文物的绘彩纹样、颜色运用、构图方式都表现出了鲜明的一致性。构图都有边框；颜色以鲜艳的绿色、红色、蓝色、白色为主；纹饰元素集中于两类，一类是云纹，一类是几何纹；技法有平涂渲染、铁线细描。这些特点与陶俑服色、军吏铠甲四周包边的构图也是一致的。

这种一致性与当时的社会环境紧密相连。从七国争霸到秦始皇一统天下，各种整齐划一的政令下，社会趋于稳定，各自为政的局面消失，此前百花齐放的装饰图案或被融化糅合，或遭遗弃而消失。所谓大一统局面，渗透在各种细节中。

大方面的“一统”并不妨碍小方面的个性。绘画师的思想不可能完全一致，审美观念也不尽相同。陶俑千人千色，车、盾、鼓的绘彩也是如此。无论是几何纹还是云纹，每种纹饰都衍生出了各种各样的

1　孙机：《中国古代物质文化》第380页，中华书局，2015年。

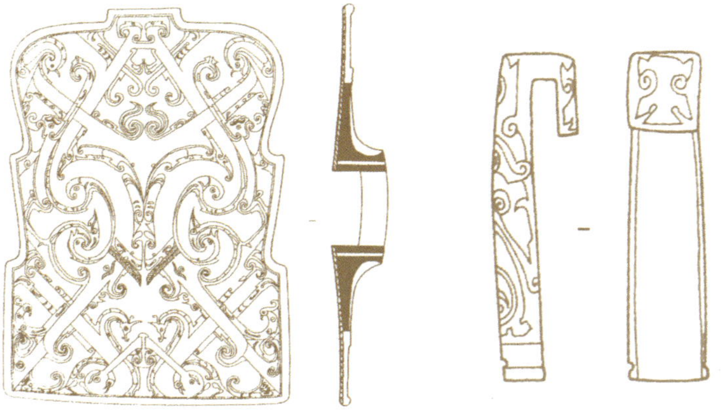

包山及长沙五里牌楚墓出土皮盾、铜鼻钩[1]（绘图：狄明）

变异。折线有菱形、矩形、三角形；云朵或对卷，或外翻。总之是想办法进行变通，形成大同小异的各种绘彩。

兵器柲、车、盾、鼓中，最常见的图案就是千变万化的云朵。有的起自红边线，云朵小，线条纤细，但因从边线分枝，好似生根；有的首段是白色平涂的直线，渐渐延展出曲卷的尾，原本规矩的折角由刚硬变得柔软；有的顺着云头回转，又骤然间不经意地添加了一些湖蓝色作为点衬，成为蓝天白云的缩版。放眼欣赏画面，整体色彩鲜亮，图案繁复却不杂乱。真可谓是多变却不离主题，随意却万变不离其宗。

考古其实就是给现实生活找原宗。从新石器时代的漩涡纹，到明清时代的蝙蝠捧寿，再到 2008 年北京奥运会的火炬，云朵无处不在，直指民族文化传统的本源。

纤细的彩绘云朵，是我们用手术刀和棉签一点点地从土里清理出来的。那一刻，云朵中透出的秦人的浪漫、精致，只有亲历发掘的人

1　引自《中国古代物质文化》图 9–25。

才能知道；云朵中蕴含的历史沿革、文化传承，只有亲历发掘的人能第一时间捕捉；同样，该怎样定义它们，也是亲历发掘的人责无旁贷需要思考的事。

原来秦人不是生、冷、蹭、倔，只会打仗。

原来秦俗也讲礼。

原来秦代只是中华文明长河中的一朵浪花。

03

腐朽织物里的大发现

俑坑出土的麻织物多已腐朽，但数量很多。车上遮挡尘土的幕帘、弓韬、鼓环缝隙填塞和陶俑“骨折”断裂处的修补缠匝，都使用了织物。

弓韬是装弓弩的袋子，由织物缝合而成，外形似一个狭长的河蚌。复原后全长 150 厘米，大小超过一张办公桌。中段宽 26.5 厘米，两端为圆弧角。织物以平纹织成，外表髹漆，有白色缝合针脚，针脚长 0.2 厘米。历时半月，一件完整的弓韬朽迹终于清理完毕，我如释重负，长出一口气。

清理完毕不是研究完毕。和剑已入鞘一样，弓弩有韬说明军阵是非战状态。非战状态这四个字关系到俑坑属性的定位：葬俗而已，不能完全和实战的秦军画等号。

根据腐朽痕迹统计织物的经线和纬线数量是一件苦差事，搭档春华默默承担了这些工作。她一丝一丝清点、记录，有耐心有韧劲，换成男同志真不一定能胜任。之后需要进一步的科技检测，小卓子就像照看初生婴儿一般，把样品里外包裹严实，亲自送到杭州的中国丝绸博物馆。

周旸女士的团队完成检测后告知：鼓环柄内的织物样品，成分与现代苎麻纤维接近，弓韬是平纹苎麻织物。韬的经纬线密度不一，四个

∧ 弓韬

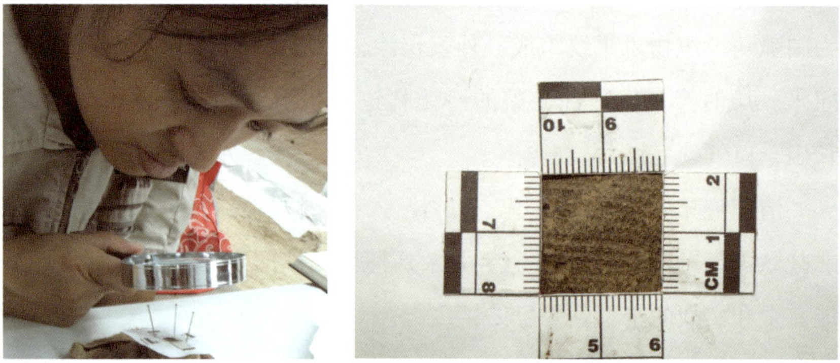

∧ 织物密度统计

样本分别是每平方厘米 8~16 根、6~13 根、11 根和 6 根。

苎麻也是中国的特产，中国人说纺线织布，大多是织麻布。长沙马王堆有西汉初期长沙国丞相利苍的家族墓园，一号墓主人是夫人辛追。墓葬密闭性非常好，保存了大量的丝、麻织衣物，仅仅辛追夫人身上就裹了 20 层衣物，有丝绸、麻织品，秋衣夏装一应俱全。随葬的衣物则以素纱禅衣最为知名。重量仅为 49 克的素纱禅衣，除去衣领、衣袖、衣襟缘的绢，重量只有 20 多克，真可谓是“轻纱薄如空”，现代专家经过 13 年才织出一件同样重量的复制品。其实墓葬中出土的麻织物也不逊色，经线、纬线密度分别是每平方厘米 37 根和 44 根，质感可与丝帛媲美。

马王堆汉墓出土的苎麻织物，质地柔软，线丝细密。这也实属情理之中，毕竟墓主是贵夫人，粗疏的麻布太扎皮肤。而兵马俑坑出土的弓韬、悬挂在车上遮挡风尘的幕帘，均为粗布缝制，线丝粗疏，考虑的是经济实惠，厚实坚固。

除了麻织物之外，让人惊掉下巴的大发现是兵马俑坑中竟然有丝绸。相比于较为常见的麻织物，丝绸织物仅发现于漆器夹层，是十足的小众产品。蚕丝制品也是中国特产，起源于史前时期，直至今日仍是高端、大气、上档次的服装面料。

2009 年 10 月 25 日，袁仲一先生来单位巡查发掘情况，他问：“最近情况怎样？”“好着呢，您放心。”实际上，发掘停工已有半月。因为有些工作上的诉求得不到解决，我率众停工以“逼宫”。“车上清理的那片遗痕属性定了吗？去现场看看。”袁先生挂牵的车上遗痕，位于两辆木车的车厢附近，一辆有一件，另外一辆有两件，平面长方形，大小如二十四寸行李箱，器壁很薄。

我只能佯装平静，陪袁先生同去，下到坑底用手术刀尖挑起器壁

^　电镜下的丝织组织（摄影：王树芝）

残片，碎片里层有织物，示意袁先生自己看。我气不顺，没有太多话。袁先生取下眼镜，对着灯光，左右观看。沉默片刻，说："可能是车茵吧。"车茵就是车上铺设的垫子，供人坐卧舒适。

"咋可能！这么薄的器壁，一坐肯定压塌了。"发掘中大家互相讨论本来很正常，可我反驳袁先生的语气非常不恭，话一出口就很后悔。11 月 5 日再次见到袁先生，他蹒跚地爬下梯子，趴在地上，手微微颤抖，拿起手术刀开始剥离腐朽痕迹，我举着灯跟在他身旁，满心歉意。我仍记得，1989 年 7 月我入坑参加发掘的第一天，袁先生就是以同样的姿势在清理三号坑的木车。20 年过去，这个身影却一如当年，虔诚炽热，只有考古，再无其他。

遗迹底层出土的东西对器物定性非常重要。上层遗物有可能是后期扰入，而底层遗物很有可能就是原来容器内盛放的物品。2011 年 11 月 24 日，“一个箱子”的底层清理出摆放整齐的箭镞多件，我马上打电话向袁先生汇报。他很快回电话告知结论：此为箙箙，木车上配备的容器，盛储武器之用。后来我家买车，我对客服人员说，“送我一个整理箱”，客服不解，我和申先生莞尔。

笼箙胎质取样送检后，中国社会科学院考古研究所王树芝女士在发来的检测报告中写道：这是一个大惊喜！将表面漆皮轻轻剥离后，看到在炭块上贴着一层规则的纵横交叉织痕，织痕线丝有蚕丝的特点。通过金相显微镜观察其结构，发现纺织物由清晰交织的经线和纬线织成，每厘米约有 30 根经线和 30 根纬线。丝线平均直径约 0.38 毫米，几十根蚕丝合成一股丝线。炭迹夹层里的丝织物，推测为绉纱，是夹纻胎质的组成部分，器物的内壁还有丝织物作为里衬。

蚕丝几十根合成一股线、绉纱夹层、丝织物里衬……这是兵马俑甚至整个秦始皇陵发掘 30 多年来，第一次得到有关蚕丝的信息。有这么大的发现，受了天大的委屈也破涕为笑了。

夹层谜底揭晓的意义不只在于织物材质是奢侈的真丝。秦汉时期为了漆器的轻薄，广泛使用夹经胎体和夹纻胎体。夹经胎体可以是织物，也可以只是一根根的线，夹纻胎体则只是漆层、织物和起粘接作用的“浆糊”组成的漆灰。不管是夹经胎还是夹纻胎，有了一层层的织物，相当于胎壁有了筋骨，强度加大，漆器变得坚固结实。以往考古发掘所见的夹纻漆器都是盘、壶、杯之类，如此大型的夹纻漆器，既要保证结实又要做到轻薄，制作难度委实不小。直至今日，以绉纱为夹层的漆器在考古发现还没有第二例，这种少见应该与科技考古手段的运用有关。

还要泄个密。在清理笼箙的过程中，我还剥离到几根细长的竹质腐朽物，宽度 1~1.5 厘米，很薄，最长的一根 70 多厘米，最短的也有

20多厘米，竹皮光滑，可见白色竹节，高度疑似竹简或地图。

汉代书写律令的竹简长三尺，相当于如今的70厘米[1]，甘肃居延汉简缀合后的尺寸为67.5厘米，内容正是诏令的目录。由此看来，笼箙内最长的竹条长度并不出格。确实，真丝内衬的整理箱仅仅放置箭镞有点大材小用。但由于竹条腐朽太严重，车又整体被火烧过，到处是黑炭灰，趴在地上使劲看也看不出墨迹，所以除了在正式发掘报告中如实记录，我没把这个细节公开给更多人。

由此可见，做考古研究，一定要看记录第一手资料的发掘报告或简报，文字再枯涩也得读。秘密往往隐匿在大众热点背后了。

1 《汉书·朱博传》：如太守汉吏，奉三尺律令以从事耳，亡奈生所言圣人道何也！

04

女人的故事

考古行业以前经常有性别歧视，单位都乐意招录男生。有男士曾自豪地举例说：把兵马俑转过来，两三个男生就能做到，女生则不行。女生在考古系统的不少，也就干点轻体力活，拍拍照，测测数据，有点太皮毛。

这话说得有点直男癌。一号坑第三次发掘的主力一直是娘子军，年近六旬的杨老汉被我们戏称为"党代表"。为了不影响参观的正常秩序，回填土只能在晚上游人散尽才能清运出坑，但展厅里机械进不去，每晚拉土 400 多袋，来回 5 趟，全靠人背车推。无论是发掘现场的清理还是后期的实验室检测，女性考古工作者的贡献何止是皮毛？当然，女性在职场上自己也得争气，同一级别工资待遇一致，确实不能要求每天过三八妇女节。

织布、缝纫都属女红。以陕西的自然条件，古代织物根本不可能保存下来，没关系，痕迹、朽迹也同样可以解决问题。也许正是性别的原因，每天面对雄赳赳、气昂昂的秦军，我总想另辟蹊径做点被大家忽略的事情，挖掘一些秦国女人们的故事，麻布、弓韬、"整理箱"的丝质里衬正好提供了契机。

僇力本业，耕织致粟帛多者复其身。事末利及怠而贫者，举以为

收孥。（《史记 · 商君列传》）

一夫不耕，或受之饥，一女不织，或受之寒。男耕女织不仅是中国古代小家庭内部最基本的性别分工，也是国家本业。战国晚期，秦国政治家商鞅为复苏国家经济做了一个谋划：种地织布发展本业。勤于耕织、吃穿富足的人免除徭役或赋税，弃农经商或生性懒惰的贫困户举家收为官奴。

狼烟四起之时，勤于耕织的局面很难实现。商鞅制定了战争中守城的基本原则：假如有敌人来犯，就要马上整理户口登记的簿册，发出征兵文告，召集男女老少，组成壮男、壮女和老弱混编的三支分队，用于守城护城，保卫家园[1]。身体强壮的女子军，负责给前线和友军提供给养、运送伤员、修筑工事、挖陷阱、设路障及镇守待命，任务艰巨。

在惯常思维中，女子应该是与针线联系在一起的，一旦扯上战争，就生出些不同寻常的意味来[2]。商鞅说军中有女气难扬，军营中最忌讳男女相处日久生情。儿女情长会影响男人们为国家献身的勇气，关乎国家存亡[3]。原来，张敞画眉只是和平年代才能被允许的事。公元前215年，秦始皇曾"东临碣石以观沧海"，并留下长篇刻文，以"大秦梦"作为结尾：

地势既定，黎庶无繇……男乐其畴，女修其业，事各有序。（《史记·秦始皇本纪》）

他说，现在天下局势已定，百姓安家乐业，没有徭役。男子一心一意耕地，女子专心致志织布，各行各业井然有序。在我们笑话皇帝愚蠢至极，竟然相信有长生不死的仙药时，这句话，你仔细品品。

1 《商君书 · 兵守》：壮男为一军，壮女为一军，男女之老弱者为一军，此之谓三军也……壮女之军，使盛食、负垒，陈而待令；客至而作土以为险阻及耕格阱；发梁撤屋，给从从之，不洽而赼之，使客无得以助攻备。

2 《商君书 · 垦令》：令军市无有女子。

3 《商君书 · 兵守》：壮男过壮女之军，则男贵女，而奸民有从谋，而国亡；喜与，其恐有蚤闻、勇民不战。

刻石与存世数量极多的《始皇廿六年诏书》内容一脉相承，突出强调天下大定，黔首大安。是啊，商鞅时代天下动荡，如果大敌当前家将不保，促耕、促织是妄谈也是理想，更是图强的基础。秦帝国时期四海归一，至少表面上迎来了和平，种地、织布是理想，更是秦始皇自认的社会秩序。

秦始皇时期尝试建立这种秩序，有据可循。1979—1980 年，考古发掘的秦始皇陵修陵人墓地中有一百具尸骨，除了年龄在 25~30 岁的三位女性、6~12 岁的两个儿童外，其余均是 20~30 岁的男性[1]。尽管秦律规定女人也要承担徭役，但修陵人墓地体现出，土木工程所用人力仍以男人为主。

对于兵马俑坑，不仅仅要清理出彩绘陶俑，也要关注彩绘木车、彩绘皮盾这些器物，还要关注无彩的糟朽不堪的织物。这些腐朽的痕迹本身并没有绘彩，但考古发掘是为了复原过去，是要寻找历史生活的片段，寻找历史华丽转身之前的血肉与故事。这些无彩可不可以被认为是另一种精彩呢?

2014 年 9 月，秦始皇陵兵马俑博物院举办了“真彩秦俑”展览。展览集合了 40 年来考古发现的彩绘研究成果，首次向公众展出了 37 件（组）“真彩秦俑”，包括了彩绘陶俑、俑头、陶片、遗迹等文物。

看到这条新闻通稿，我注意到了最后的“遗迹”二字。无论占比多少，毕竟人们对陶俑之外的内容已经开始有了关注，这是一个好的开始。

1　秦始皇陵秦俑坑考古发掘队：《秦始皇陵西侧赵背户村秦刑徒墓》，《文物》1982 年 03 期。

第四章 寻找秦将军

数千件陶俑雕塑，太像真人了。秦国工匠采用绘塑结合的方式，人物面部和服饰均施彩绘。按照军种和身份级别的分类，每个陶俑的装束、神态都不一样，发式有多种，手势各不同，面部的表情更是各有差异，注重传神。真正要认识它们，确实需要根据塑造特点慢慢品味。

其中高级军吏俑年纪稍大，表情严肃，额头上竟然还都塑有抬头纹，一副饱经风霜、身经百战的样子。它们的身份到底有多高级，是不是秦朝的大将军呢？

∧ 将军俑 / 高级军吏俑（摄影：赵震）

G9:9 残片分布图（绘图：吴红艳）

01

我发掘的将军俑

截至目前，兵马俑发掘了共计千余件陶俑。有九件高级军吏俑被俗称为将军俑，分别出土于一号坑和二号坑。

将军俑头戴像两个犄角一样的冠帽，前额刻有缕缕抬头纹。体型略胖，腹部微挺，有“将军肚”。甲衣腹背之处的甲片很小巧，像鱼鳞一样，排列得密密麻麻，四周有一圈彩绘，前胸、肩膀、后背还有 7 到 8 个花结。

我参与发掘出土的百余件陶俑中，有一件是将军俑。很巧合，这件将军俑正好是所在区域发掘的第 9 件，编号是 G9:9。（前缀 G9 是指出土区域，第九过洞。）

“老九”成为我们对这件俑的昵称。擒贼先擒王，老九身份高，挨“刀”多，身首异处，“死”得悲壮。尤其是头部，严重残碎，碎块几乎不超过巴掌大，残片散布范围涉及 6 平方米。老九的躯体部分原本应该面向正东、双足立正，即使后仰倒下，脚丫子也不可能乾坤大挪移。而实际我所看到的情况是，它脚下的踏板主要碎成两块，东西错位 3.1 米，一只脚足尖朝向东北，塞进前乘车的车厢下，另一只脚伸进第二乘车的陶马肚子下，足尖朝向西北。

这种移位若非人为就绝对是鬼使神差了。相对于一般士兵俑，它

∧ 1 提取

∧ 2 拼对

的损毁重点集中在头部，恐怕难以用激情犯罪来解释。谁和它有不共戴天之仇？项羽的军队恐怕难辞其咎。

老九的头残碎，足移位，中间这一大部分却比较完整，尤其是甲衣四周的彩绘。在狭窄空间内既要保证彩绘不脱落，又要保证三五人的力气足够一次将其抬起，我想不出周全的挪移办法。他留守原位时间最久，相邻兵俑纷纷进入修复阶段，离开了他们的长官，光杆将军“坐阵”俑坑，形单影只。“通体彩绘保存极好，移位难度极大”，我向领导请求支援。

挪动陶俑残片是体力与脑力结合的劳动，一般选择在早晨进行。“早饭咥了俩馍，干活有劲。”师傅们经常这样打趣。

一截俑腿，一个人托举递上来，静止状态下坚持不了几分钟。“你麻利点！把人举得狰（陕西方言读 zèng，累的意思）滴！”有的陶俑躯干部分从胸到腹下浑然一体，从过洞到隔墙，再转移到修复区，全体总动员，托举哥，传接姐，依次布好阵型，扶梯上铺好软垫，缓慢地插在陶俑与地面之间的空隙中，慢慢将陶俑挪至扶梯躺好，抬起形似救护队的担架。稍小的残片由一人双手托举，“拿好，拿好，我松手了啊！”另一人双手托接，不能用单手拎，以防突然残断。整个环节中

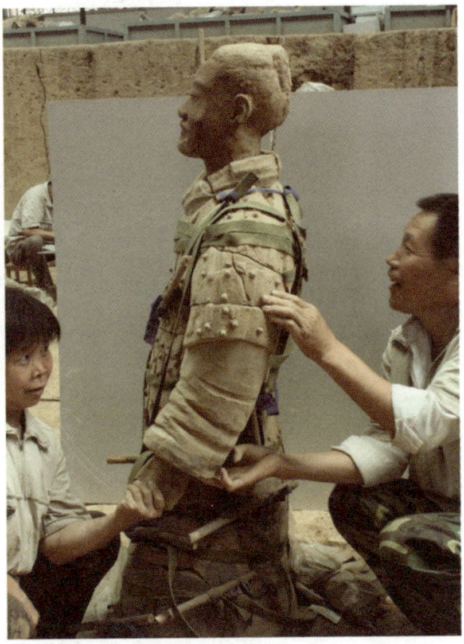

∧ 3 “能站起来了”

每个人都得拿出吃奶的力气，若是惜力偷奸耍滑，出了纰漏将酿成大祸。

属于同一件陶俑的陶片尽量同一天提取，认陶片是首要的功夫。理想主义者说：“把陶俑残片一件一件取出来就行了呗。”实际上，陶俑四分五裂，残片广布，不同个体的残片互相掺杂，这个拼图的活不好干。

在这一方面，老工人们的技术过硬，端起左臂残片，脑子里马上反应右臂在哪个位置见过。“这是 ×× 号的手指”，“这是 ×× 号的脖子”，残片断茬一碰，八九不离十。拼图也需真功夫，没有三五年的实践，难练就。

在我的印象中，爱荣姐拼图的技能最突出。她性格外向，爱说，牢骚话多，如果突然不吭气，目光呆滞，一定是开启了残片检索模式。相隔几米远的两块残块合体成功后，爱荣姐爽朗大笑，甚是得意。从1974 年兵马俑发掘开始，直到 2014 年因病去世，她以临时工的身份在

∧ 将军俑修复后

考古队干了四十年。

2017 年夏季，我和老九重逢了。他已经得到了很好的照料，残片的拼、粘、接工作已经完成，脱落的彩绘局部被贴回原位，头复位，双手交握于腹前，端正站立。泄愤式的砸击给它的面部留下一道深深的裂缝，有点破相，倒也无伤大雅。从发掘到最终修复成为供大家观赏的展品，整个过程历时五年。

办理好参观手续之后，我径直走到他所在的展柜前。四目相对的瞬间，我对老九说：“你若安好，便是晴天。”

02

巧制衣装
伴将军

尽管老九被毁坏得非常严重，但除了彩绘处理起来有点困难，确定身份并不费劲。这类身份的陶俑衣着打扮特点明显，冠、铠甲、长袍都是同款。

一般士兵俑或者扣一顶软塌塌的单帽，或者干脆啥也不戴。而将军俑头戴冠，冠顶有两个像羊犄角一样的冲天圆筒，文献称其为“鹖冠”。鹖，一种勇猛的禽类，善斗。古装戏如穆桂英挂帅，武将戴雉尾冠，插两根长翎子，就是这个意思。艺术来源于生活而高于生活，戏剧中的羽毛很长，又五彩缤纷，增添了武将们的勇猛气势。

所有陶俑都穿有内衣，或为裋褐或为长襦。一般士兵俑只有一层，长度到膝盖或者更短；将军俑不仅层数多，也更长，到了小腿部分。衣服长短标识身份，短衣服向来是劳动者的装扮，长袍大褂干不了活。

大部分陶俑都披甲，由于军种、职责、地位不同，样式繁杂。驾车的御手俑重点防护手臂，骑兵俑重点防护上身。将军俑的铠甲，中间是细小的甲片，像鱼鳞，因此被称为“鱼鳞甲”。鱼鳞甲中心位置的甲片材质是金属，其他款式的甲衣应该是兽皮。当然这些都属于推断，毕竟兵马俑只是雕塑品，并不是秦代铠甲的实物。

做出这种推断，既考虑了外形，又参考了彩绘的颜色。甲片外表

∧ 花结及包边绘彩

刷褐色或偏黑色的大漆，黑色即玄，古代有“玄甲”之说。秦始皇陵园出土的大量石质甲胄，其中有两领甲衣也被认为是“鱼鳞甲”，比一般的甲衣多用了近 200 块石片，可见秦军铠甲确实有分类[1]。

小甲片的灵活性好，如果以金属材质来做，防护性能显然要优于兽皮，但是金属片动起来难免会割伤皮肤。因此，鱼鳞甲的甲片只用在腹、腰两处，其余部位仍然用兽皮，整体甲衣的外缘还有精致的包边。

一点一点把包边清理出来，满目充斥艳丽的彩绘纹样。有的纹样和湖北江陵楚墓、西汉马王堆汉墓出土的织物相同，是规矩的几何纹，二方连续或四方连续构图。有的纹样很零散，用色也随意，织机织不出来，应该模拟了绣品。

1　经过称量，一件普通石铠甲重 20 余千克，一顶头盔（胄）重 5 千克左右。这样的重量，加上陵园陪葬多明器，石铠甲可能仍属于模拟品。

G9:9 背部及肩部铠甲图案（绘图：吴红艳）

铠甲缀合需要缝合线，这点在陶俑塑造上也有体现。我清理的时候仔细研究“缝合线”，发现彩绘的雪青色中夹杂有很纤细的红丝。在实际生活中，杂色丝线叫缙线，是合股的丝绳。有学者推测秦代铠甲的缝合线原料是动物筋，这不对。

鱼鳞甲衣防护性能好，刺绣包边美观又舒适，这样的铠甲绝非一般人能披挂。最精彩的是，将军俑铠甲的前胸、后背、肩膀上还都有花结，随风飘拂散开，是一种很写实的刻画。

如果不是亲历了发掘，还有一个细节我绝对想不到，那就是雪青色的缝合线和纯红色的缝合线呈交错状分布。一点一点剔除泥土时，我好像看到了秦军甲衣的缝合线是怎样地出针、入针，随后脑洞大开。是服劳役的女人缝制了这件甲衣吧？她是以何种心态在穿针引线？她有家吗？想过逃跑吗？

她无处可逃。秦国有严格的户籍管理制度，每个人都必须在户籍科上户口，不需要呱呱坠地后马上去办理，基本是15~16岁正式入籍（睡虎地秦简《傅律》)，黑户当论罪受罚[1]。凡登记在国家户籍系统里的人口统称为“编户民”，编户民不得随意迁徙，国家对逃脱名籍的流窜犯进行严惩。若游士滞留而无凭证，所在的县罚一甲；居留满一年者应加诛责。符，即通行证，形式为竹片或木牌，用以登记姓名、职务、籍贯、年龄、身高、胎记、面部有没有痦子，肤色是白是黑……总之要有识别性。若有敢走后门帮助他人出境或除去名籍的，要付出罚为鬼薪或城旦的代价[2]。

成语“作法自毙”，说的就是户籍制度的始作俑者商鞅。在最后受到诬陷和猜忌的关键时刻，他准备东逃魏国，途中欲宿客舍，办理住宿登记拿不出有效的户籍证件，被客栈老板拒之门外。到了汉代，户籍制度继续实行，经常打击那些“脱亡名数”的王侯、官吏与豪强。汉景帝四年（公元前153年）规定“复置诸关，用传出入”，“传”即今天的身份证或者介绍信。(《汉书・淮南厉王传》)

如今老九威风凛凛地站在展厅里，而我却在悲怜着巧手为他“缝制铠甲”的人。

1 《商君书・境内》：四境之内，丈夫女子皆有名于上，生者著，死者削。
2 睡虎地秦简《游士律》：游士在，亡符，居县赀一甲；卒岁，责之。有为故秦人出、削籍，上造以上为鬼薪，公士以下刑为城旦。

03

秦代
雕塑大师

修复完成的老九，气宇轩昂，五官端正，身材匀称。没有塑造失当的“先天不足”，也没有搬运过程中因交通事故带来的“骨折”。除了因“蓄意谋杀”造成的脸部“破相”，以雕塑作品的角度审视，身体比例非常符合真人的生理结构。

从艺术品制作技艺上讲，完整的人体雕塑比单独的头像、胸像要难做得多,高于 1.2 米的人体很难把握比例。秦俑士兵身高一般在 1.7~2 米，又是数千件的批量创作，难度可想而知。

每一位参加制作陶俑的工匠都能掌握人体比例结构吗？答案显然是否定的。“世界第八大奇迹”，兵马俑名气太大了，赞誉中已经掺杂了泡沫。说陶俑有瑕，我的内心纠结不安，可考古研究是一项严谨的科学工作，必须跟着材料走，有一说一。发现陶俑有瑕的表面现象，接着要分析成因，这又是一个令人纠结的过程。我这样认为：

一、陶俑本来就是象征，俑即偶人，像就行了。

二、秦始皇陵的修建历时三十余年，征调人次有七十余万，参与陶俑制作的人员应该有三个梯队。

梯队 1：工师。即专门从事制陶生产的技术人员，水平高。

梯队 2：学徒。秦朝各种行业都有对学徒的培养规定，“新工”由

“工师”负责教授，学业成绩有高有低，学期一般为两年。而且是边学边干不脱产[1]。

梯队3：临时工。这些人的身份比较复杂，大致包括隶臣、下吏、城旦、隶妾、更隶妾、小隶臣妾[2]。这之中有轻微犯罪的刑徒如城旦，有官奴如更隶妾。

一个“更”字的存在，隶妾的身份便出现了变数，职业非常不确定。她们是由官府提供的劳务派遣人员，本质上属于官府所有，无人身自由，在官府不需要的时候由官府出面租借给私人做劳务输出[3]。就像是一块砖，没有固定岗位和专业技能，哪里需要就往哪里搬。由于经常变换工种，专业技能差，政府规定这种人的劳动定额只需达到长期工的1/4即可。

不同梯队，技术水准自然有差距。

三、即便是秦代的工师，也没有学习人体结构的机会。中国古代不曾以美术培训为目的对人体进行解剖，有机会偶尔参与解剖人体的人，主要是医生。时至今日，中国人还是不太能接受死后再被开膛破肚。甚至是裸体素描，也是直到1912年刘海粟创办上海图画美术院后才开始的。秦代陶工对人体的比例结构不熟悉也不奇怪，有些陶俑存在比例失当的问题，正是时代的局限。

不过，将军俑的身体比例不存在失当的问题。测量得出的数据基本符合民间流传的一些绘画口诀，比如“三庭五眼”“一肩担三头”“三拳一肘”。三庭就是把脸的长度分为三等份，从前额发际线到眉骨、从

1　睡虎地秦简《均工律》：工师善教之，故工一岁而成，新工二岁而成。能先期成学者谒上，上且有以赏之。盈期不成学者，籍书而上内史。

2　睡虎地秦简《工人程》：隶臣、下吏、城旦与工从事者冬作，为矢程，赋之三日而当夏二日；冗隶妾二人当工一人，更隶妾四人当工一人，小隶臣妾可使者五人当工一人。

3　杨广成、李军：《睡虎地秦简“更隶妾”臆测（首发）》，复旦大学出土文献与古文字研究中心。

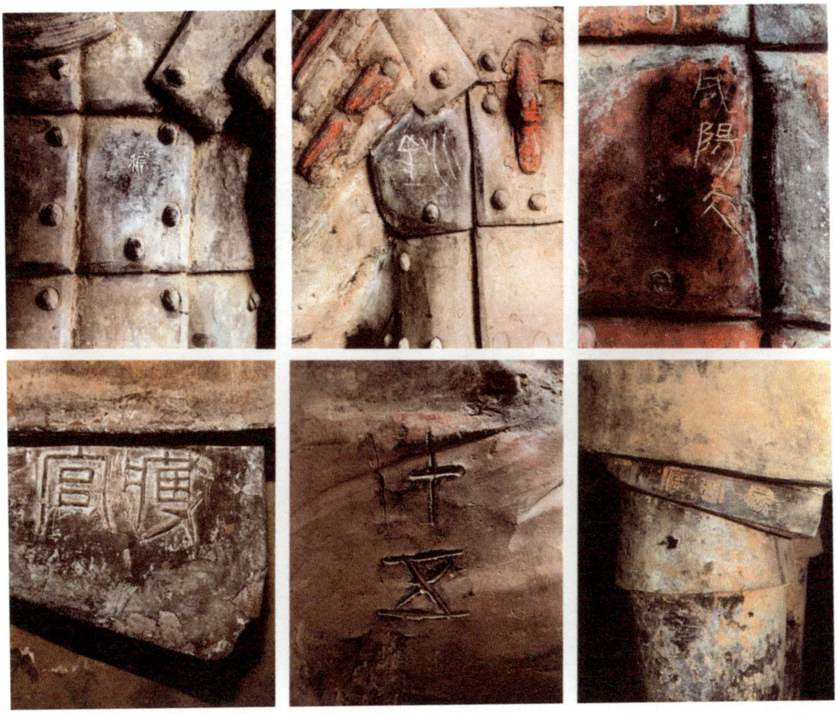

∧ 陶工署名（摄影：张天柱）

眉骨到鼻底、从鼻底到下颌各占长度的 1/3。看来将军俑的制作人是陶工中的大师级人物。

中国的历史文献都是王侯将相的传记，整个兵马俑陪葬坑在秦史的记载中都名不见经传，更何况是陶工。袁仲一先生从事秦始皇陵考古一辈子，他找到了考古根据，为这些人立万扬名。

物勒工名，以考其诚，功有不当，必行其罪，以穷其情。（《礼记·月令》）

公甲兵各以其官名刻久之，其不可刻久者，以丹若髹书之。（睡虎地秦简）

陶俑上一些隐蔽的地方刻画或戳印有文字、数字和人名，对应了

< “衞”字陶文

秦代“物勒工名”的手工业管理制度。产品需要标明制作者，尤其是国家公器，从部长、厂长到工人，三级责任人逐层注明，如果没法刻，就蘸红漆写。袁先生说，前面的字表示陶工的来源地，后面的字是人名，代表了当时制作陶俑的师傅级工长。比如“咸阳衣”即来自咸阳地区的陶工，名字是“衣”；前面第一个字是“宫”的，来自中央官署，是主管烧造砖瓦的“宫司空”，如“宫朝”“宫得”“宫臧”；还有少部分出身于右司空和将作大匠。

“宫”字类陶工来自“央企”，好像能独立承担将军俑的制作，不像有瑕疵的陶俑，制作者来源地比较复杂，甚至有一件陶俑刻有三处地名，令人不解其意。

陆续发现的 103 位工长中，我有点偏爱“衞”。发现它是在一个酷夏的中午，当时俑坑里非常闷热，我陪西北大学可视化研究所的师生加班做扫描，昏昏欲睡间不知怎么就突然在陶俑腋下看见了字的笔画。哈，缘分吧，我的名字中也有“衞”字。

04

谁在秦国能当将军

老九一类的高级军吏俑，尽管我们称其为将军俑，但他们真的是秦朝的大将军吗?

在秦国当将军必须有相应的爵位——军阶，相当于现代的军衔。将军俑甲衣上的花结数量有的是7个，有的是8个，可能就属于军阶标识。

秦国军阶爵位有二十级，最高的是关内侯和彻侯。为了激发武士们在战场上的积极性，商鞅变法的内容之一就是废除爵位世袭，改为奖励军功。有两条基本原则：一、凡立有军功的人，不问出身门第、阶级阶层，都可以享受爵禄。二、取消宗室贵族享有的世袭特权，不再像以前那样仅凭血缘关系的“属籍”，就获得高官厚禄和爵位封邑。

总之，斩杀敌人首级的数量越多，得到的好处自然也就越多，所以经常发生抢功的争斗。睡虎地秦简记录有一次内讧，在攻打邢丘（今河南焦作）的时候，两个士兵为了争抢首级竟然互相残杀。

多砍敌人首级的前提是能保护住自己的首级，频发的战争之后能熬出头，该有多么不容易。像赵国的赵括那样只会纸上谈兵的毕竟是少数，一次长平战役之后小命就没了。将军俑前额上的抬头纹，凝聚的是身经百战、饱经沧桑的经历。不过秦代实行义务兵役制，男子从

16~60 岁都是征兵对象。年龄大，倒不一定能位居高官。

考古发掘尤其要重视共生关系，三座俑坑是一个整体，其中埋藏的东西相互关联。在将军俑的身边往往能发现指挥用具，比如战鼓和青铜铎。击鼓冲锋，敲铎鸣金收兵。指挥战斗的人当然是指挥官。

指挥官却不一定等于将军。9 件“将军”俑的身份到底是不是将军？需要结合文献再考证一番。

将军是职业军官，出现的时间是春秋战国时期。在这之前不存在常备军，没有职业军人，也就不会有职业军官。像商王武丁的妻子妇好，生前身兼数职，主持重大祭祀活动游刃有余，负责占卜解读天机，带兵打仗所向披靡，能不能称“妇好将军”？2016 年，首都博物馆曾有关于妇好的展览，题目是“王后 · 母亲 · 女将”，女将这个用词很准确。

将军有动、名词之分。现在街边经常有象棋摊，博弈一方举子“啪”的一撂，高呼“将军！”这是动词；在“上将”“中将”“少将”中，“将”是名词。动词转名词，一般认为始于春秋时期的晋国。（《通典·武官上》）

晋国军队分为两军，献公自己将上军，太子申生将下军。昭公二十八年，两军改编为三军，国卿魏献子将中军。魏献子家世好，是晋国望族，自己也很能干，文武双全，不仅能把控朝政，还擅长军事征战。有一次他做东，与同僚阎没、汝宽饮酒，酒酣之时同僚对魏献子说：“岂将军食之而有不足？”以将军一词代替了魏献子的名讳。从此之后“将军”才被广泛用于名词。

“全能的魏献子，您不能所有工作都自己干，得大家分担啊。”分担工作就是分享饭碗，同僚说的话是在含沙射影。平时魏献子大权独揽，其他人不敢置喙，酒壮怂人胆，阎没、汝宽酒后吐真言：你把活都干了，我们该挨饿了。一句酒话载入史册，更是后来晋国一分为三的铺垫。魏献子的后人参与了分裂晋国，建魏国，是战国七雄之一。

晋国设将军的时候，秦国刚搬迁到陕西宝鸡地区的雍城，正忙着对付西边的戎狄，实行世袭军功的制度，基本没时间考虑军队的改革问题，设将军一职是三百年之后的事了。战国晚期，秦国迁都咸阳，秦昭襄王嬴稷上位成为国君。嬴稷逆袭事出偶然，同父异母哥哥武王嬴荡举鼎而亡，没有子嗣。嬴荡、嬴壮、嬴稷是同父异母的三兄弟，嬴壮又比嬴稷年长，在官场上已有历练，正在庶长的位置上。嬴稷上位，嬴壮肯定会不服，于是有了长达三年的“季君之乱”。作为宣太后的儿子、魏冉的外甥，嬴稷在动乱时期任命自己的舅舅魏冉为第一任将军，保卫首都咸阳。这个职位的设置实属特殊时期的特殊举措。

魏冉之后，秦国还设过大将军、上将军、裨将军和前、后、左、右将军等。比如大将军王翦、白起、蒙恬，裨将军蒙武，将军张唐。也有很多武将，比如杨端和、王龁，他们率兵打仗，但并不是将军。真正秦国的将军堪称凤毛麟角，翻翻史书也找不到几位有委任状的。兵马俑坑中一下子冒出九位“将军”，以后随着发掘的推进，也许还会有更多，这显然有悖历史实情。

∧ 杜虎符（陕西历史博物馆藏）

05

将军俑名不符实

汉景帝刘启的阳陵是局部发掘的一座西汉帝陵，位置在秦咸阳城东部，如今通往咸阳机场的高速公路从旁而过。阳陵陪葬坑也出土了兵马俑，属性和秦始皇陵兵马俑相同。不过，阳陵兵马俑队伍中有车骑将军金印，说明其中有将军。那么，秦代谁能使用金印呢？秦法规定，将军、丞相和国尉配置金印紫绶，即黄金印章和紫色绶带。秦始皇时期，国家政体是三公九卿，丞相、国尉、御史大夫是皇帝之下的三巨头，其中御史大夫只是银印青绶，将军的配置比他还要高。然而，至今秦兵马俑坑只出土有圆形金泡钉——马笼头的一种配件，却没有金印，甚至一枚铜印都没有。

现在的影视剧常设置这样的情节，要打仗了，皇帝在大殿上宣布"命谁谁为什么什么大将军，谁谁为随行，带兵多少，粮草多少"。被任命的将军回应一声"诺"或"遵旨"，带着一干人等离殿。将军，不常置，"命谁谁为大将军"的说法源于历史记载。(《后汉书·百官志》)

紧接着镜头一转，杀声震天。这个镜头一转，剪辑掉了中间的一个情景，那就是将军得先从国君或皇帝手中接过一件东西——调兵的凭证，虎符。没有虎符，空口无凭，想调动军队就是叛乱。

京剧"四大须生"之一的高庆奎，有一折拿手剧目《信陵君窃符

< 中级军吏俑
（摄影：赵震）

救赵》。剧目内容源自战国时期的故事。公元前 257 年秦伐赵，赵国向魏国求救，魏王不肯出兵，他的异母弟弟信陵君等人一起行动偷出虎符，带领 8 万大军救赵。因为虎符是私下偷出来的，即使最后取得了胜利，信陵君还是不敢返回魏国。

秦国调兵的虎符实物，有一件现存于陕西历史博物馆，是秦代杜县使用的杜虎符。符上有错金铭文 9 行 40 字：

兵甲之符。右才（在）君，左在杜。凡兴士被甲，用兵五十人以上，必会君符，乃敢行之。燔燧之事，虽母（毋）会符，行殹（也）。

用法说得一清二楚，君和杜县军事长官一人一半，凡要调动军队50人以上，左右会符，合在一起才能行军令。文称“君”，说明器属于战国晚期的秦国。

象棋、京剧是国粹，杜虎符是国宝。中华民族数千年的历史，就这样在一景一剧一物中传承了下来。虎符是信陵君有义的前提，50人以上调兵权限归君王所有，如此一来，整装待发的数千秦军岂不是更得有虎符？

没有金印，没有对应的虎符，缺少标配，我们推测秦兵马俑中并没有将军，“将军俑”得加个引号。事实上，没有将军才符合历史实情。将军不常置，掌征伐背叛，事讫皆罢，出军才命将。将军俑只是俑坑中身份比较高的军官，真实身份不高过尉官，比如校尉、都尉、郡尉、司马。校尉隶属于中央军，都尉和郡尉隶属于各省。尉官级别相当，司马稍微低一些[1]。

兵马俑坑中没有将军，有人会问：“秦始皇死后没带将军吗？”“秦始皇唯我独尊，将军就是他自己吧？”重读一下《史记》对地宫描述的12个字“宫观百官奇器珍怪徙臧满之”就知道了。除了后面的“奇器珍怪”之外，前面显然还有“宫观”“百官”。关于尉，我还在咸阳城发掘时遇到一位真人，这是后话了。

1 陈孟东、卢桂兰：《秦陵兵俑爵级考》，《文博》1985年第1期。

06 聊点八卦

自媒体时代，有些写手很没底线，八卦满天飞。有的说兵马俑是真人，甚至还有一篇文章，聊的是土夫子、盗墓贼，附图却用了我的工作照。这不仅侵犯了个人肖像权，把考古研究和盗墓相提并论更是极大地伤害了考古人的尊严。

陶俑太像真人了。写实风格数陶俑头部表现得最为精准，彩绘犹如画龙点睛，提升了塑造的写实水平。为了编写发掘报告，必须花费时间与陶俑“相面”，对视时间一长，恍惚间忘了这是泥土偶人。

越来越多的考古学研究提倡使用各种量化数据，以增加研究的真实可靠性。我也曾经认为，以富有文学色彩的词语陈述考古发掘成果，很大程度上是根据个人感觉走，未必能客观、一致，应该尽量数据化。但是在实际工作中，尤其是面对如活人的陶俑，怎么能不跟着感觉走？

在现代考古学研究方法中，我倾向于后现代主义学派。后现代主义强调考古对象涉及的情境，考古发掘的物是当时的人，人有情感，衍生的物必然有喜怒哀乐。面对如真人的陶俑，我想努力读活它们，并以此触及秦代陶工的内心，拟人化的语言不可或缺。

下面三件兵马俑都是青少年，这个眉清目秀，文文静静；这个双目圆睁，阳光灿烂；这个严肃老成，微启双唇，似乎有话要说。所有

^ 同龄人

年轻士兵俑，塑造的突出特点是眼神纯净，涉世不深，懵懂简单；脸庞平整，无法令纹，却都有胡须。年龄应该已到青春期，不可能比高中生还小。

有学者考证秦军中有小子军[1]，举例“长平之役，国中男子年十五者尽行，号为‘小子军’”。不否认秦军甚至是后世各代娃娃兵不少，但长平之战处于非常时期，大规模调动兵源，出现娃娃兵不是义务兵役制的常态。兵马俑坑中不存在小子军，也不存在娘子军。

不仅是兵马俑，秦始皇陵出土的其他陶俑都是“写实主义”的作品。端详陶俑，四目相对的刹那就像现实生活中两个人在聊天。

清理出老九之后，我俩聊八卦。穿着精致甲衣，皱纹爬上额头，作为这把年纪的高层，你薪饷多少？

秦朝的工资是年薪制，也叫岁俸，以实物形式发放，主要给的是粟米。按西汉时期的情况看，校尉和郡尉是同一级，年薪约二千石，司马则年薪千石。

1 王子今：《行走的秦汉少年——教育史视角的考察》，《中山大学学报》（社会科学版）2020 年第 1 期。

∧ 对话（摄影：肖卫国）

秦代粮食的价格一直不稳定，秦始皇三十一年是“米石千六百”，汉初是“凡米石五千”，湖南岳麓书院珍藏秦简记录分别是一石 50 钱和一石 64 钱，湖北云梦睡虎地秦简记录的是一石 30 钱。折中一算，铠甲上有 8 个花结的校尉或都尉正常情况下年薪约为 6 万 ~10 万钱。这只是岗位工资。

除此之外，二十级军阶也有相应的待遇，类似技术工资。最高的彻侯是一千石;第七级是公大夫，基本和县官平级，见县丞可以不作揖，是三百五十石；最低级的公士有五十石。秦代的一石基本相当于今天的三十公斤。

哼，粗算了一下，他的年收入比我高！心塞，友谊的小船就这样翻了。

一番探寻，结果却有点令人失望。但是，探寻之旅却让我们直接看到了秦军的良甲和森严的等级，军功制下军队管理的学问。这是大秦帝国崛起的第一步。

借助它，我们更加体会到了兵马俑制作的精细、秦人做事的认真、秦国政府管理体制的健全。这是大秦帝国能崛起的关键。

第五章

秦军的精锐部队

环绕二号坑的是光洁的水磨石地面，清幽灯光下，遗址起起伏伏。在这里该看点什么好呢？

答案或许是骑兵俑。骑兵俑由一马一兵组成一套，兵俑站在马的左前方，一手牵拉马缰，一手提弓；马俑背上塑造低鞍，披挂实用的络头、马衔、缰绳。推测骑兵俑数量大约有 116 套，在数千件的陶俑中，所占比例并不大。别看数量不多，这个兵种属于国防力量的新宠和精锐，说是“特种兵”也不为过。

01

小跟班
开脑洞

“如果必须做出选择，您觉得哪些陶俑是镇馆之宝？”我曾经这样问袁仲一先生。

作为兵马俑考古队的第一届成员，从 1974 年至今，先生毕生的心血倾注于对秦始皇陵和兵马俑的研究，这种淘汰制的选择对他来说近乎残忍。他沉默片刻说：“将军俑吧。”片刻后又说：“骑兵俑也是，跪射俑也是。”

跪射俑，也称作坐姿弩兵俑，和骑兵俑一样只出土于二号坑。九件将军俑中的一部分也出土于二号坑。看来，二号坑在他心中分量很重。

袁先生解释说，兵书上讲排兵布阵，有大阵套小阵，大营包小营，阵中有阵，营中有营。二号坑就是如此。车、步、骑三个兵种混合编组，反映了“易则多其车，险则多其骑，厄则多其弩”的战术。这个坑包含的信息量很大，可以称得上是秦军中的精锐部队。

我参加了二号坑发掘，只是跟班之一。每每回忆当时的工作场景，印象最深的是一堆炭灰夹杂着小动物骨头，外加围放四周的几块砖。我脑洞大开，猜想某些人在劳作之余躲在角落吃过烧烤。

2010 年 3 月 25 日，在一号坑发掘现场，我的脑洞素材再次出现，那是一件银柄铁刃削刀、一块大型动物肢骨残段、一把铁削刀。二号

∧ 文官俑侧面图（摄影：刘芃）

∧ 文官俑腰间囊状物和削刀（摄影：刘芃）

坑的发掘经历让我迅速给出判断：有人吃肉。

给秦始皇修陵的人，文献中称其为“骊山徒”。骊山徒还能忙里偷闲吃烤肉？学生们不理解。

骊山徒不是刑徒。秦称“徒”的人是指“徭役”，并非罪犯，“刑者”才是“刑徒”。正是这一误解，我们曾经把陵园或者城边的乱坟岗都定为刑徒墓地，犯罪率一下子“被”提高了。1980 年，秦始皇陵西侧赵背户村发掘有 30 多座修陵人墓葬，其中 19 位墓主身边都放了一片建筑使用的瓦，瓦面上刻写了墓主的籍贯、身份、生平。其中，有 10 人的籍贯地名分属原三晋、齐、鲁、楚等地区；有 10 人生前涉及拖欠国债，“居赀赎债”，还不起钱以劳役抵偿；有 11 人有爵位。有自由身才能有军功，才能有爵位。很明显这些人生前不是罪犯也不是官奴，他们从全国各地被征集到此只是服劳役。

削刀是小型刀具，使用者系于腰间随身携带。在纸张没有广泛使用的年代，字写在木牍或竹简上，写错了得用小刀刮掉；文官写公文，竹木片表皮也得刮掉，现在文章写完说“杀青”正是此意。秦始皇陵园封土[1]西南侧的文官俑陪葬坑中，出土的陶俑腰间塑造一囊状物、一削刀，其身份是秦代刀笔吏，囊中装砺石则为了随时磨刀。削刀的作用或类似瑞士军刀，随时解决拆卸、斩割。

陕西凤翔是秦人进入关中地区的大本营。八旗屯村有一座春秋时期秦墓随葬的车马坑，殉葬的御者腰间带有铜削，圆环悬挂有一件坠饰[2]，小巧玲珑，造型生动，和今天姑娘们手机上挂饰物一样。足可见这位御者虽命运不济，却在努力积极地生活。这些年偶然把坠饰图上下颠倒再看，下部是草原文化元素的“热销款”双角盘羊。

1　墓坑上部突起的土堆。

2　陕西省雍城考古队：《陕西凤翔八旗屯秦国墓葬发掘简报》，《文物资料丛刊》第 3 辑，文物出版社，1980 年。

坠饰（绘图：狄明）

关注细枝末节然后开脑洞，我真是喜欢得很。但也有最怕的事，那就是袁先生突然出现在工作区说："把你的发掘日记给我看看。"

写发掘日记是考古人每天必做的功课，戏称"课堂作业"。内容一般包括日期、天气、参加工作的人员、主要工作等内容，最后还要有一些初步的分析，格式要求图文并茂，有文字、附简图，最终存档成为编写发掘报告和研究的第一手资料。

跟班二十年之后我做了领队。"把你的发掘日记拿给我看看"，我经常这样对学生们说。

^ 二号坑 坐姿弩兵俑（摄影：赵震）

^ 二号坑 立姿弩兵俑（摄影：赵震）

02

奇怪的绿脸俑

袁先生说的跪射俑只是口头俗称，属于步兵阵的一种坐姿俑。二号坑里的步兵有坐、立两种姿态，分别对应坐阵和立阵。坐姿俑上镜率极高，它们上身笔直挺立，单膝跪地，形成的三个支点增强了俑体的稳定性，与立姿俑一起摆在二号坑东北部，构成步兵射手或弩兵的军阵。

射手阵有点像“龙门阵”。坐姿俑的姿态如果抠古文字眼是坐非跪，臀落在右脚跟上，头微侧，双手一上一下。手和臂的姿势既不是握弓也不是控弦，更不是射击，只是坐阵的样子。

做样子给谁看？有学者说这是练兵[1]。孙武是春秋时期著名的军事学家，经过伍子胥七次推荐，受到吴王阖闾的接见和重用，以“兵不厌诈”的计谋一度打得越王勾践找不着北。孙武说，只需看看君王有没有德行，将领有没有能力，兵卒有没有训练，军纪是不是严明，之后我不用亲临前线就能预测战斗结果。

平时操练多流汗到了战时才能少流血。再缜密的阵势，落实到每一位士兵身上才能实现布阵的目的[2]。指挥官在练兵场上通过旗、鼓、镯、

1　陈孟东、卢桂兰：《跪射俑、立射俑新说》，《文博》1987 年第 1 期。
2 《司马法·严位》：凡战，非阵之难，使人可阵难，非使可阵难，使人可用难，非知之难，行之难。

∧　二号坑　坐姿弩兵俑的鞋底刻画（摄影：赵震）

铎这些指挥器具，配以金鼓的响声和旗语，训练战士坐下、起来、前进，反复操练[1]，秦军自不例外。

给坐姿俑拍照一定别忘了陶俑脚上的鞋底。仿照生活实景，坐姿俑鞋底戳印出了针脚，前、后掌磨蹭程度大，针脚密，脚心部分受力轻，针脚稀疏，这种纳法很有老妈妈的贴心。它们身高大多在 1.2~1.3 米之

1 《周礼·夏官·大司马》：乃陈车徒如战之阵，皆坐……群吏作旗，车徒皆作（起立），鼓行鸣镯。车徒皆行……群吏弊旗，车徒皆坐……振铎作旗，车徒皆作（起立）……及表乃止，坐作如初。

∧ 绿脸俑（摄影：张天柱）

间，所在地区没有遭受人为焚烧，又有坑外进水后形成的淤泥。淤泥包裹着俑身，无形中做到了封闭，彩绘保存尤其好，精品频出，有一尊脸色竟然是绿的。

除了脸色怪异，绿脸俑的头发、胡须、瞳孔、手，这些部位的颜色都如正常人。目前出土仅此一件，一般不安排“接待”和“出差”的任务，公开展出只有在兵马俑博物馆一次、陕西历史博物馆一次、台湾一次。以秦始皇陵兵马俑为主题的远途展览一个接一个，绿脸俑只去过台湾，文博工作者对两岸文化交流很有诚意。

这尊俑的“绿脸”到底是怎么形成的？它意味着什么？

据统计，猜想结果有9种，分别来自民间和专业学者。比如从事巫术活动的傩人、工匠们的恶作剧、涂绿脸吓唬敌人、工匠可能是色盲、创意个性作品、护身符、少数民族的象征、颜色发生变化、类似于现在的野战部队的哨探。在没有充足共存关系的考古证据时，各路英雄各抒己见，脑洞大开。

我曾经支持傩人说。再泄个密：我清理过一件俑头，面部依稀可见残量极少的淡蓝色彩绘，在正式发掘报告中进行了实录。在媒体发布会之类容易被炒作的场合，这个发现和笼箙里的疑似竹简的处理方式一样，被我“匿”了。由于多次见到陶俑瑕疵，我开始提醒自己，不要将兵马俑的“它”与实际军队的“他”画等号。

无论绿脸俑是坐阵实战中的射手还是只在摆样子练兵，如果我们理解了俑，应该考虑艺术创作的再加工问题。完全和现实直接对应未免有点僵化、机械。

03

精锐部队中的特种兵

二号坑射手阵后边排列的是骑兵，一马一兵是一个组合。袁先生说骑兵也是镇馆之宝，看重的是历史研究价值，它们代表了一个新军种，属于特种兵。

我喜欢骑手多半是因为这些“兵王”很养眼。江边钓鱼、愿者上钩的姜太公得到周公重用后迅速施展才华。他开出了一张挑选骑手的标准单[1]，单上所列的条件有点像丈母娘选佳婿。骑手年龄四十岁以下、身高 175 厘米左右是入围的基本条件。身强力壮、行动敏捷、反应快是体能需求。骑马疾驰能弯弓射箭，能在前、后、左、右各个方向应战自如，进退娴熟，是技术要旨。能策马越沟壑、冲险阻，横渡大水，追逐强敌，临阵不乱，是胆量标准。

骑手身高一米八，体型匀称，年龄不大不小，没有步兵军阵中那些稚气未脱的少年，也没有额头布满皱纹、小腹突出的大叔，符合姜太公列出的标准单。

五项全能人才不可多得，待遇必须优渥。首先解决衣服供给问题。一号坑步兵的服装五颜六色，长短五花八门，骑手代表的是秦代的特

1 《六韬·犬韬·武骑士》：选骑士之法，取年四十以下，长七尺五寸以上。壮健捷疾，超绝伦等，能驰骑彀射，前后左右，周旋进退；越沟堑，登丘陵，冒险阻，绝大泽，驰强敌，乱大众……

^ 骑兵俑（摄影：赵震）

种部队，军装必须特供。

圆形帽子低浅，彩绘的白色梅花斑点如鹿皮，下有系带；铠甲短，长度仅及腰际，坐在马背上恰当合适，双肩没有护甲；上衣窄袖口，双襟交掩于胸前，不是绕体包裹、掩于腰后的深衣，长度也短，刚到膝盖以上；下裤长及踝，窄裤管；鞋为短靴，带筒。服装特色在于重点保护上半身，张弓射箭时摆脱羁绊，抬腿上马方便。系结于颌下的皮弁和带筒的皮靴，急速奔驰时它们一定掉不了、刮不跑。

这种职业装是胡服，又称“裤褶服”。胡服的特点是紧身、裤合裆。从五万年前的山顶洞人开始，中原农业民族就会缝制兽皮包裹身体，到后来发展出以麻、丝织物为服装面料，衣服的组合是上衣、下裳。裳不适合骑马，就算给两条腿套上绔也没裆。再后来出现了绲绔——裆部系上布条接近裈裆裤。绔用料是蚕丝纨，“纨绔子弟”不是褒义词，有点像现在的“富二代”。湖北江陵楚墓出土有一条这样的真丝袴[1]，来自距今两千多年前，裆部交叠形成合裆的效果，但不是真正意义上的合裆。

真正的有裆裤的起源和马背民族有关。考古发现最早的有裆裤出土于新疆塔里木盆地，距今有三千多年。西北地区的有裆裤和绲裆裤不是一回事。魏晋南北朝时期，真正的裈裆裤开始普及，阔腿曳地，人们终于不再担心走光。可以不再跪坐，桌椅板凳这种高腿家具也就随之出现。

骑兵军阵少不了战马。马俑两眼圆瞪，两耳如削竹，耳前有鬃花，很机灵的样子。嘴巴里的马牙有六颗。马出生后第二年开始生齿，每年两颗，到第四年长够八颗称为齐口，六颗牙的马正是早晨八九点钟

1 袴，亦作绔，指套于腿部的服装。裤字最早约出现于宋代。

< 湖北马山一号墓出土锦袴（荆州博物馆藏）

^ 新疆出土有裆裈（新疆维吾尔自治区文物考古研究所藏）

∧ 鞍马（摄影：赵震）

∧ 武威墓葬鞍马（甘肃省博物馆藏）

^ 马鞍（摄影：赵震）

的太阳，是状态最好的时期。

“特种部队”骑兵军阵是新兴的军种，有很多待完善的细节。这里的马马鞍很低，有点像坐垫，由皮革缝制，里边填充点东西，针线绗缝加固。这种鞍子又称低鞍或软鞍，前后没有围挡，安全系数低，舒适度比裸骑稍微好一点。甘肃武威雷台古墓因“马踏飞燕”而著名，墓里还有两端很高的木雕马鞍[1]。使用木板这种硬质材料做成的高鞍，前后有围挡，安全系数高。

考古队的老李想换部手机，大家撺掇他买新款，我说这是小马配高鞍，意思是配置有点浪费。俑坑里的陶马个头小，就得配低鞍。

1　甘肃省博物馆：《武威雷台汉墓》，《考古学报》1974 年第 2 期。

∧ 驭马（摄影：赵震）

兵马俑坑中的马没有马镫，马体低矮，飞身跃马不太难，骑行起来却难了。骑手两腿悬空没有着力点，要靠大腿的力量使劲夹住才能保持自身的稳定，要腾开双手开弓射箭还不摔下来，估计那时骑手的挑选、训练难度和现在的航天员差不多。

姜太公列出的挑选条件貌似苛刻，实则必要，不算是职业歧视。唐代妇女纵马驰骋，马球打得很溜，如果没有高鞍和马镫，再试试看行不行？

三座俑坑中都有拉车负重的驭马俑。它们整体形象和鞍马差不多，但驭马的尾巴挽结成疙瘩，缩短了马尾的长度。马尾巴的主要生理功能之一是调节身体的平衡，鞍马四蹄飞奔，整齐的长尾辫摆动起来，平衡力很强。而驭马四匹并驾齐驱，八组缰绳错综复杂，把尾巴挽结

< 鞍马马尾（摄影：赵震）

变短，避免摆动时互相影响或者和缰绳缠绕在一起。

马尾辫是如今女士们很爱梳理的发型。人类马尾辫起源于何时？以此命名的发型灵感源于哪里？我还是喜欢开脑洞。陶俑的发型是绾结于头顶或脑后的，汉、唐、明、清，中国古代男女的发型基本都是绾结的各种发髻，名称千奇百怪，却并没有马尾辫的称呼。而曾生活在关外草原上的满族人又偏偏是宁可掉头也不能割去辫子，我越想越多，趣味横生。

2011 年，我们做驭马俑的文字登记，队友害羞地对我说："驭马是母马，鞍马是阉割的公马。生殖器塑造得很清楚。"

驭马要求稳健、有耐力，鞍马要求爆发力，写实之实，我"跪"了。

04

战争警报拉响了

“行天莫如龙，行地莫如马。”充分利用畜力应对载重和日常出行需求是人类历史的一个进步，但是行地用马不一定是用来亲自骑乘，马车速度也比牛车快。

马用于骑乘，考古发现最早应该是在公元前 4000 年的斯里第尼·斯托克铜器时代。此处属于乌克兰草原，逐水草而居的草原民族经常搬家，活动范围又大，需要骑马。而对于地势平坦的中原地区来说，定居生活养马更多的是解决吃肉、载重的问题，马主要作为拉车的畜力。中原民族以马骑行肯定比以马驾车的时间要晚。

什么原因促使了中原民族骑马？西周时期草原民族不断南下，闹得各处鸡犬不宁，战争警报拉响了。草原民族不在自己的地盘待着，为何要南下？当然原因是多方面的。但我想主要说说自然气候变化这一原因。

在公元前 1000 年至公元前 850 年之间的西周时期，气候变冷，年平均气温比原来降低了 4℃以上。周孝王七年，公元前 903 年的冬天，大雨夹杂冰雹，牲畜冻死饿死。长江、汉江以南本来不需要暖气的地方都出现了极寒天气[1]。

1　李喜峰：《论西周黄河中游气候环境的变化与西周社会变迁》，陕西师范大学硕士学位论文，2005 年。

降温持续了约150年。处于欧亚大陆东端的草原骑马民族、中国西部、中国北部内陆的一些部族，比如戎狄、猃狁、楼烦成为重灾区。生态环境被严重破坏，草原沙漠化，森林草原化，食物来源锐减。

为了生存，他们开始了对中原民族的入侵，不停地在北方边境地区与中原民族擦枪走火，抢物资，夺地盘。抵抗异族的诗句，周王朝多次与犬戎、猃狁交锋的事件，幽王烽火戏诸侯的故事，秦人首次越过陇山迁都陕西的历史，都与南下的这些人有关。

异族入侵，大家能采取的办法一是筑高墙，建造防御工事，这就是后来的长城；二是以夷长制夷，发展骑兵。制夷行动以赵武灵王“胡服骑射”的改革最著名。这个改革到底要得要不得？灵王有点纠结：我承认胡服的好，但穿洋服，天下人会不会笑话我？但是要想打赢不断骚扰我们的骑马人，必须脱掉又宽又大的长袍，苦练射箭和骑马技术。

秦骑兵二万五千人绝赵军后，又一军五千骑绝赵壁间，赵军分而为二，粮道绝。(《史记 · 白起王翦列传》)

秦国是赵国的邻居，两家应是叔伯关系的亲戚。在骑马射箭以及穿胡服方面，秦国也不落后于亲戚，基本是并驾齐驱，甚至更胜一筹。长平之战赵国还吃了秦骑兵的亏。

问题来了：发展骑兵新军种为何以赵、秦二国最为突出？实际上，组建骑兵部队是那个时期的大趋势。伯乐相马的典故，千里马的很多传说，以及郭隗给燕昭王讲的千金买马骨的故事，这些都显示出大趋势之前的一些端倪。

在居中思想的影响下，古代的华夏族将不同于自己文化面貌的族群，按照方位分为四类，南蛮、北狄、西戎、东夷。战国时期，西北地区蹦出来了“胡”，有点莫名其妙，说明“胡”并不是华夏族以往熟悉的“戎”或“狄”，世界大战的参与国很多。

^ 秦咸阳城出土的骑马俑（采自《塔儿坡秦墓》图版一）

秦代骑兵的兵源多来自西北部地区。今陕北、宁夏、甘肃等地区既是秦人的老家，也是各种戎人的大本营。鞍马俑的低鞍子和数千里之外的新疆鄯善县，甚至更远的阿尔泰地区出土的实物竟然一模一样[1]。

站在赵国边境线上看，东北边是东胡，东有中山国，北与楼烦、林胡接界。尤其是位于山西西北部的楼烦国[2]，这个地方的人骑术超群，秦、汉两朝骑兵军官的别称就是“楼烦将”[3]。

骑手只是军服和步兵俑不同，人长得精神，人种面貌没有区别。2014年之后，我转场秦咸阳城开始新的考古工作，越发喜欢这里出土的骑马俑，它们个头不大，制作稍显粗糙，辈分上是秦始皇陵骑手的

1 李云河：《中国古代“软马鞍”及相关问题》，《中国国家博物馆馆刊》2019年第8期。

2 今娄烦县马家庄乡新城东沟村有相关遗址。

3 《史记·高祖功臣年表》：阳都侯丁复以赵将从起邺，至霸上，为楼烦将。《史记·项羽本纪》：汉有善骑射者楼烦，楚挑战三合，楼烦辄射杀之。《史记·樊郦滕灌列传》：击破松石、王武军于燕西，所将卒斩楼烦将五人；卒斩龙且，生得楼烦将十人；从击项籍军于陈下，破之，所将卒斩楼烦将二人；攻布别将于相，破之，斩亚将楼烦将三人。

爷爷的爷爷，人种形象和装束都充满着异国情调[1]。

秦灭亡以后，骑兵改换番号竟成为刘邦汉军的一张王牌[2]。公元前206年，刘邦尚屈尊为汉王，为适应楚汉战争的需要，由灌婴牵头筹建骑兵。秦骑兵旧部直接成了汉骑兵主力，李必、骆甲成为教练，任左右校尉。这些人骑术娴熟，久经骑战考验，在荥阳之战、襄邑之战等一系列大战中屡建奇功。

1　李云：《三件相似的战国骑马俑》，《中国文物报》，2020年1月7日第008版；咸阳市文物考古研究所：《塔儿坡秦墓》，三秦出版社，1998年。

2　《史记·樊郦滕灌列传》：汉王乃择军中可为骑将者，皆推故秦骑士重泉人李必、骆甲，习骑兵。

05

陕西的名马良驹

在秦始皇陵园目前能见到的陶马都是典型的中国本土马种，体型较小，属于矮马品种。在陕西有很多名“马”，比如西汉武帝茂陵出土的鎏金铜马，盛唐李世民的昭陵六骏石雕，对比一下就能发现，那些很明显是“高头洋马”。

鎏金铜马出土于西汉武帝刘彻茂陵。西汉武帝之后，大量的西域宝马被引进中原内地，其中就包括汗血宝马。汉武帝得到汗血宝马之后欣喜若狂，称它是“天马”，还诗兴大发高歌一曲。

太一贡兮天马下，沾赤汗兮沫流赭。骋容与兮跇万里，今安匹兮龙为友。(《史记·乐书》)

仅有一匹千里马不能改变国内马的品质。为夺取大量“汗血马”，西汉与当时西域的大宛国曾发生过两次血腥战争。最初，汉武帝派百余人的使团带着一具纯金制作的金马去大宛国示好，希望以重礼换回大宛马的种马。来到大宛国首府贰师城（今土库曼斯坦阿斯哈巴特城）后，国王想了想，不能给，马种流失等于现在的核技术泄密。

金马换不成真马也就算了，汉朝使者回国途中，纯金制作的马竟然还被大宛国劫走了，使者也被杀了。两国交兵，不斩来使，不但谋财，还害命，忒过分！

∧ 西汉·茂陵·鎏金铜马（茂陵博物馆藏）

老虎不发威，你当我是病猫！汉武帝大怒：打！开战！

公元前 104 年，武帝命李广利带兵万人行军 4000 多公里攻打大宛国边境，这场战斗汉军失利。3 年后武帝又说，你再去！记得带上两名相马专家。这是有备而去、势在必得的节奏，结果果然是满载而归。武帝了却夙愿，拥有了千余匹汗血宝马。

汉武帝死后葬茂陵。此地出土一匹鎏金铜马，表现的是汉朝有宝马品种。无论是蓄谋已久还是事发偶然，马种在中原地区的换代并不是经过一次战争就大功告成，实则是一个渐进的过程。武帝刘彻是景帝刘启的第十子，景帝阳陵出土的骑马俑也是高头大马，尤其是胸肌和臀，健硕宽阔，和秦始皇陵的马俑造型已经明显有了不同。

六骏石雕列置于唐太宗李世民的昭陵。六块骏马青石浮雕分别名为拳毛䯄、什伐赤、白蹄乌、特勒骠、青骓、飒露紫，代表李世民在唐朝建立前先后骑过的战马。其中“拳毛䯄”“飒露紫”于1914年被打碎装箱，盗运到美国，现藏于宾夕法尼亚大学博物馆。其余四块也曾被打碎装箱，现陈列于西安碑林博物馆。

2010年，陕西省文物局派遣队伍至美国参与修复“拳毛䯄”“飒露紫”，此举的象征意义比实际意义更为深远。如绿脸俑“出差”到台湾一样，为了促进和平，文博人诚意满满。两骏失群，六骏离散，天各一方固然是一种不幸，不过换种思维想一想，文化遗产属于全人类，追索、回购未必是良策，适当放下属权争议，共同出力使之得到有效保护，当为务实之举。

汉语读起昭陵六骏的名号怪拗口的。以前都说因毛色而命名，葛承雍先生却从突厥文入手提出了新说法[1]。

白蹄乌→BOTA，是一匹被冠以“少汗”荣誉性专名的坐骑；拳毛䯄→KHOWAR，与一个名为“权于麾”的国家有关；什伐赤→SAD，是高级官号；特勒骠→TEGIN，是多由王室子弟担任的高级官号；飒露紫→ISBARA，含义是“勇健者的紫色骏马”；青骓→CIN、SIN，音同“秦”，可能是指来自西方大秦的骏马。总之，六骏中至少有四骏属于突厥马系中的优良品种，大都来自突厥或突厥汗国控制下的西域诸国。

相较于大咖们对马种来源的求证，我委实心痛马体上的箭镞。青骓身体后部被迎面而来的五箭射中，可见骏马飞奔的速度之快；飒露

1　葛承雍：《试破唐“昭陵六骏”来源之谜》，《寻根》2000年第2期。

∧ 特勒骠

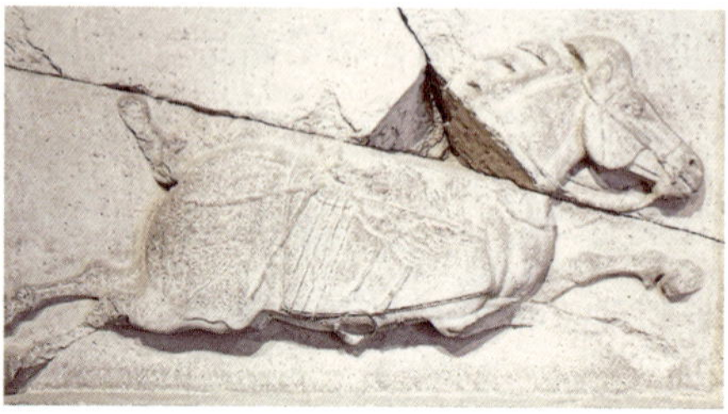

∧ 什伐赤

∧ 青骓

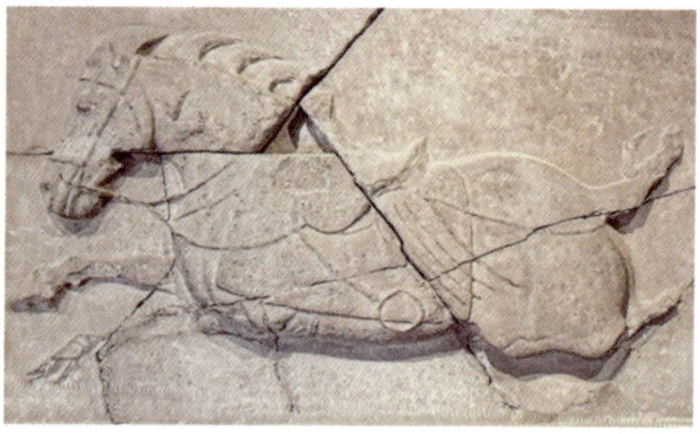

∧ 白蹄乌

∧ 唐·昭陵·六骏石雕（摄影：陈根远）

紫被流矢射中前胸；拳毛䯄前中六箭、背中三箭，说明战斗激烈。

从秦始皇陵出土的鞍马俑，到汉武帝茂陵的鎏金铜马，再到唐太宗的六骏石雕，这些不外乎说明两件事：其一，马是国防的重要物资，历朝历代都很重视；其二，中华文明在滚雪球般壮大的过程中，极大地吸收了外来文明，尤其是北方草原文明。

06

弼马温与马上封侯

很多人熟知秦人与马的渊源。秦非子善养马，得到周天子的赏识，被封为大夫，成为周王室附庸。仰仗养马之技，秦部族迈出了政治舞台上的第一步。

养马人叫圉人。秦始皇陵园有象征养马机构的马厩陪葬坑，事死如事生，坑中埋有马俑和圉人俑，竟然还设置有取暖的壁炉。

圉人俑跪坐，高度约有 60 厘米，低眉顺眼的模样，后脑部分梳着一个低低的发髻。最初以为是一位妇人，后来一件陶俑的嘴角隐隐约约有墨笔画出的胡须，才被辨认出性别。

很多人也熟知养马人出过的大咖，小说《西游记》的齐天大圣孙悟空。泼猴出任天庭弼马温一职，本来还挺高兴，被一语道破不过就是养马的小官，大感失落，在天宫一通打砸。

弼马温谐音“避马瘟”，而猴子与“避马瘟”在古代确实有关联。东晋有一则死马当作活马医的故事。郭璞是东晋时期著名的学者，有一天他去拜见将军赵固，正好赶上赵固的宝马突然死了，心情非常不好，闭门谢客。郭璞让门吏领他到马厩看了那匹突然死去的马，跟门吏说：“我能将死马医活，你去通报一声。”赵固就按照郭璞说的办法，派了些身体强壮的人带着竹竿，在东边找一个有山林的地方拍打，突

< 圉人俑（陕西历史博物馆藏）

然蹿出来一只猿猴。他们把猴子捉住带回来，放在马圈。猴子一进马圈，上蹿下跳，在马头处“嘘吸其鼻”，给马做类似人工呼吸的心肺复苏。不一会儿，马活了，扬蹄嘶鸣，饮食如常。

现代医学专家认为，母猴排泄的尿液或经血散发出的气味，对马的瘟疫确有预防、抑制作用。吴承恩运用幽默诙谐的笔调，将“避马瘟”谐音化成“弼马温”，虚构了这样一个颇具科学性的官职。

猴子和马是否有这样的同圈供养习俗，并没有考古发现来证明，但是考古曾发现很多猴子骑马的小坠饰。很多时候，考古发掘都会收获一些外人难以理解的“宝贝”。陕西西安市南郊缪家寨的一座汉代厕

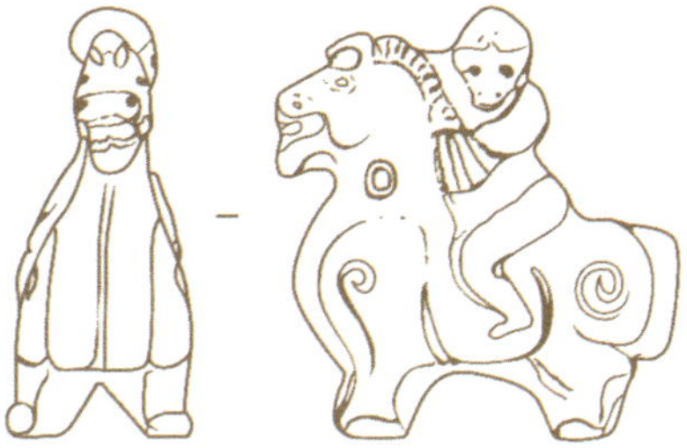

缪家寨西汉釉陶坠饰（绘图：狄明）

所出土了一件坠饰，造型是一只猴子骑在马背上[1]。看这个资料，我“扑哧”笑出了声，脑补的情节是一个人跑肚拉稀，着急上厕所，挂绳断了，削刀上的坠饰掉进了茅坑。

类似用途的饰件，以往被认为是我国最早的骑兵形象，出现的时代可能是西周或春秋时期。吉林大学林沄先生考证说，这种骑在马背上的人或武士，应该是猴子，寓意是“马上封侯”，不过年代要晚，不早于唐代[2]。西安汉代厕所里又有类似发现，可见猴子骑马的习俗至少可以上溯到西汉时期。

越来越发现自己真的很喜欢对考古发现的细节大开脑洞。作为一名考古工作者，从小跟班到领队，从“俑坑烤肉”到汉代厕所出土的坠饰，我对细枝末节的敏感，到底是因为考古好玩，还是考古探索的故事本来就精彩呢？

1 陕西省考古研究所：《西安南郊缪家寨汉代厕所遗址发掘简报》图六，《考古与文物》2007 年第 2 期。
2 林沄：《所谓“青铜骑马造像”的考辨》，《考古与文物》2003 年第 4 期。

传奇宝剑的神话

兵马俑坑是写实主义的杰作。从人到马，再到武器装备。

充满写实感的军队装备，以寒光凛凛的实战兵器最为突出耀眼，其中首推的就是青铜剑。于是，各种神话流传于江湖。

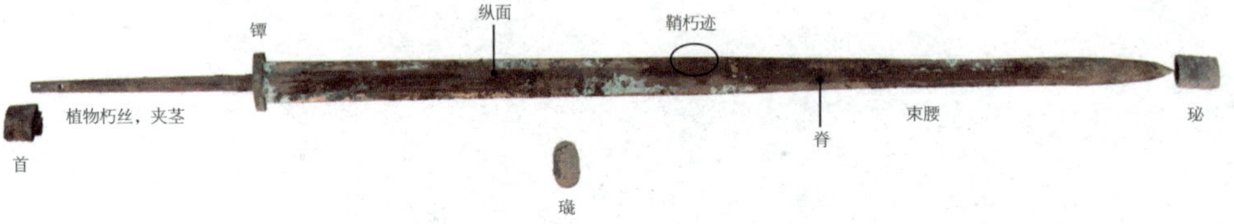

∧ 秦始皇兵马俑一号坑第三次发掘出土铜剑（摄影：申茂盛）

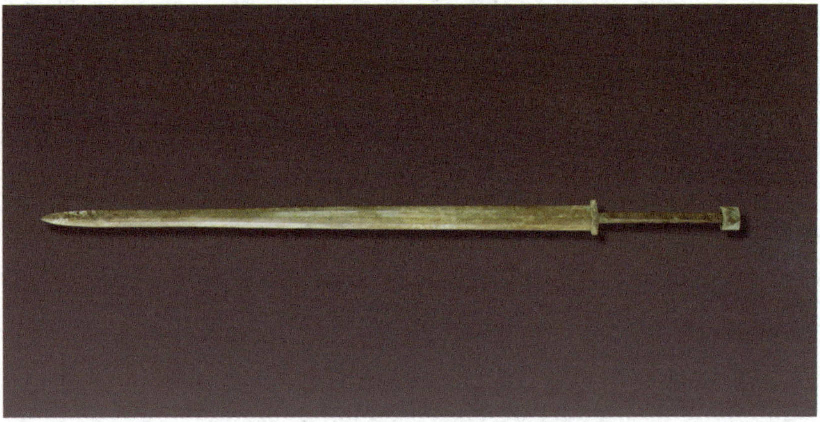

∧ 秦始皇兵马俑一号坑第一次发掘出土铜剑（秦始皇帝陵博物院 藏）

01

亮剑

电视剧《亮剑》看得人很提神。李云龙瞪着大眼，粗狂地放出豪言：面对强大的对手，明知不敌也要毅然亮剑，即使倒下，也要成为一座山、一道岭。亮剑隐喻军人的气概，不再是具体的一种兵器。

刀枪剑戟，十八般兵器，为何偏偏是剑而不是其他？

在中国人的心中，剑是百兵之君。古代经常有代替皇帝外出探访民情的官员。到了外地亮出“尚方宝剑”，剑代表了皇权。在古人的心目中，宝剑是身份、地位、等级的一部分，就像将军配置金印紫绶，是一种符号。

兵马俑坑除了数千件陶塑，大量实战兵器也是亮点。长兵器有戈、有戟、有矛，远射程兵器有弓、有弩、有搭配的箭镞，短兵器有铍、有剑，都是寒光凛凛。既然剑是百兵之君，那我们就亮出来，以此看看秦代社会的精神。

精神不只限于军人，剖析得由外及内。

已经出土的铜剑数量有 30 余柄，一号坑中完整的有 17 柄。长度在 80~90 厘米之间，宽 2~3.3 厘米，重约 1.5 斤。

前有身，后有柄，柄有首和茎。首是挡，防止手滑脱；茎呈四棱状，把握时硌手，要用木片夹茎缠上丝线形成剑夹，缠的丝线为缑，

∧ 铜车马一号车御官俑佩剑（秦始皇帝陵博物院藏）

铜车马一号车御官俑正面、侧面及背面

夹茎的材料是竹片或木片，已经腐朽但纹理可见。茎前接剑格，又称镡。剑身中间部位的凸棱是脊。两边斜坡面为纵，纵面不平，有起伏，为血槽。边为刃，头为锋。近锋处，剑身内收，呈束腰状。整把剑一次铸造，经过加热、锻打的修整，再进行平锉、铲、磨、抛光、开刃，最后配鞘。鞘即套，顶端有珌，中间有璏。

这样讲述，听者一般表情平静，只是在听。

可剑为何如此设计呢？有剑夹才不硌手；纵面不平能增大杀伤力；束腰便于伤口内的血流出来，抽剑的时候剑身不被血吸住。讲到这里，听者的眼睛一亮，有时还微蹙一下眉头。哦，秦人心思缜密，想得真是周到。

剑入鞘，系挂于人。陶俑不是人，怎样系挂？再问，没人应答。

陶俑都随身配置实战兵器，兵器种类有长枪短炮，通过陶俑不同的手部造型可以发现，戈戟、弓弩的携带方式都有清楚的对应，唯独剑的佩带方式没人深入追究。在做小跟班的时候我想过这个问题："夹在胳膊下面？夹不住，也不严肃啊。"虚拟过各种可能，但仅仅是浅尝辄止。

“这是啥啊？窄窄的，一段一段的。”面对一次又一次出现的类似织物的腐朽痕迹，大家都把疑问抛向了领队。我必须给出答案。

窄长条，黄褐色，织物线丝呈平纹，像纱带。最宽处有 2 厘米多，曲曲折折，说明原材料材质柔软，整体较长。手术刀剥离的实况反复在脑海里回放。有一天，我正在家中炒菜，呀！我突然顿悟——这是剑带。剑入鞘，通过鞘上的璏可挂于剑带，腰际束扎剑带，剑才能实现与陶俑的结合。

历史上有一则和剑带有关的弹劾。成帝刘骜是西汉第十二位皇帝，沉溺酒色，做事荒诞不经，为王莽篡汉埋下了祸根。他被载入史册的诸种荒诞行为就包括经常擅自外出及着装打扮不合礼制。比如，穿白色衣服，只扎布帻不罩冠帽，刀剑还别插在腰带上，流里流气[1]。

王公天子出行，銮驾、陪同、着装都得按礼制。打包成套的礼制成熟于西周时期，周公作礼。汉代虽然早已礼崩乐坏，但并不是全部消亡，只是不再像以前那样严格，礼制核心依旧。平头老百姓头扎布帻是黔首；贵为天子，扎裹头布不带冠也是不行的。佩剑有专门的绅带，因有绅带才能成为彬彬有礼的绅士。

剑带不同于束扎袍服的腰带，它们各有各的用途，可不是有钱任性，买豆浆喝一碗倒一碗。直接挂腰带上，剑沉下坠，衣服松松垮垮不成体统。成帝是九五之尊，如此“貌之不恭”，兆头不妙，必遭天谴。电视剧《楚汉传奇》有刘邦在曹氏酒馆怒打夏侯婴，小吏萧何出面调解的片段。画面中的萧何腰间别剑，犯了和汉成帝一样的错。

不过，陶俑是泥塑的，腰带是雕刻出来的，腰带与俑体之间是没有缝隙的，想“貌之不恭”也做不到。

1 《汉书·五行志》：成帝鸿嘉、永始之间，好为微行出游，选从期门郎有材力者，及私奴客，多至十余，少五六人，皆白衣袒帻，带持刀剑。

02

高科技逆天
有点玄

俑坑出土的铜剑是青铜合金，主要成分是75%左右的铜和25%左右的锡，另外还有极少量的铅或铁，基本属于古代“大刃之齐”的配方。锡过多易断，过少则硬度减弱。

“大刃之齐”一语出自《考工记》。这是一本器物制作的说明书，据说成书于战国，以齐国为蓝本，记录了30种手工业制作的规范和工艺。金属冶炼和器物铸造章节中，根据照容铜镜、生产工具、生活容器、兵器等不同用途，以硬度为标准，逐类给出了铜、锡比例的配方[1]。书中的“金”指黄铜和锡的二元合金，大刃指兵器。兵器的原料合金比例，黄铜占2/3，锡占1/3。俑坑出土铜剑的成分比例数据经实验室检测对比，与记载相合。

合金原料要充分融合，把控火候很关键。干将莫邪夫妇是当时吴越著名的铸剑大师，传说他们会选择天高气爽时节，动用大量童男童女，采阴阳之灵气，关键时刻莫邪“断发剪爪”，投入熔炉，最终“金铁乃濡”铸出雄雌双剑。莫邪的断发剪爪听起来神乎其神，其实暗示了冶炼需要添加剂。添加剂都有什么，科技考古学家一直在探讨。太烧脑，

1 金有六齐。六分其金而锡居一，谓之钟鼎之齐；五分其金而锡居一，谓之斧斤之齐；四分其金而锡居一，谓之戈戟之齐，三分其金而锡居一，谓之大刃之齐；五分其金而锡居二，谓之削杀矢之齐；金、锡半，谓之鉴燧之齐。

∧ 谨慎“恭请”（摄影：肖卫国）

我不敢瞎猜。

俑坑的宝剑盛传很多神话。

一是铬盐氧化高科技。出土铜剑表面有10微米厚的铬盐氧化层，含2%的铬。这种工艺由德国、美国分别在1937年及1959年先后发明并申请专利。实现铬盐氧化需要复杂的设备和工艺流程。

二是反弹复原。据说有一把剑被一具重150公斤的陶俑压弯了，弯度超过了45°，当陶俑被移开的一瞬间，铜剑反弹，自然还原到平直状态……原来铜剑有“千年金属记忆”功能。

三是削铁如泥。传说发掘人员做实验，在桌面上放一叠纸然后轻轻地将剑从纸上拉过，结果居然一次划破了19张纸……2000年之后铜剑仍然锋利无比，“削铁如泥”。

四是复合剑。复合剑指的是剑脊和刃用不同成分的原材料，制作时先铸造好剑脊，然后再把剑脊放在另外一个陶范中浇铸剑刃。这样整把剑就可以由合金含量不同的溶液铸造而成，剑脊含铜量大、柔性好，刃部含锡量大、硬度高。

我负责发掘一号坑期间，只发现了少量铜剑的残段和部件。神话故事不是亲身经历，没有目睹不敢瞎说。2016 年冬季，在咸阳城遗址的战国晚期墓葬中也出土了一把秦剑，寒光逼人。小队友惴惴不安地说："咱试试能划破几层报纸？""胡说！忒胆大包天了。"我断然拒绝。以这种粗暴的方式了解剑的锋利程度，谁来做？绝不能为了满足好奇心轻易涉险。文物很珍贵，就像刚出生的婴儿，温柔以待都可能有闪失，哪敢轻举妄动？

为了弄清铜器的内部结构，文物也要拍 X 光片。X 光片结果显示，铜剑没有复合铸造的接茬，"金属记忆反弹说"和"削铁如泥说"也同样直指湖北的越王勾践剑，甚至"铬盐氧化说"也被邵安定博士最早提出质疑，认为所谓氧化层物质有可能是来自剑鞘中残存的生漆。

03
秦剑的长途旅行

剑属于短兵器，双刃，尖锋。可斩，可刺，还可用于投击，适合近战、格斗、卫体。矛、戈、戟是长兵器，适合中等距离的拼杀，弓弩是远射程武器。如果类比近代战争，剑就等于刺刀，戈、矛、戟等于机枪，弓弩等于大炮。

弩出于弓，弓出于弹，弹用于狩猎；戈出于镰，镰用于收割农作物。武器出现与劳动工具有关，又常常被演绎得很神秘，衍生出各种神话故事。

昔葛天卢之山，发而出金，蚩尤受而制之，以为剑、铠、矛、戟。(《管子》)

没有人能随随便便成功，蚩尤也是一样。一切创造的动力都是实际需要逼出来的，神话只是过程的缩写。从时间上看，考古发现的最早的青铜剑是商末周初的北方草原民族使用的各式短剑。这些铜剑有鲜明的特点，剑首部分有的像铜铃，有的像蘑菇，有的像兽首。其根源竟然和欧亚草原之间存在千丝万缕的联系，有些甚至追到了遥远的哈萨克斯坦和黑海[1]。

1　杨建华等：《欧亚草原东部的金属之路》，上海古籍出版社，2016 年。

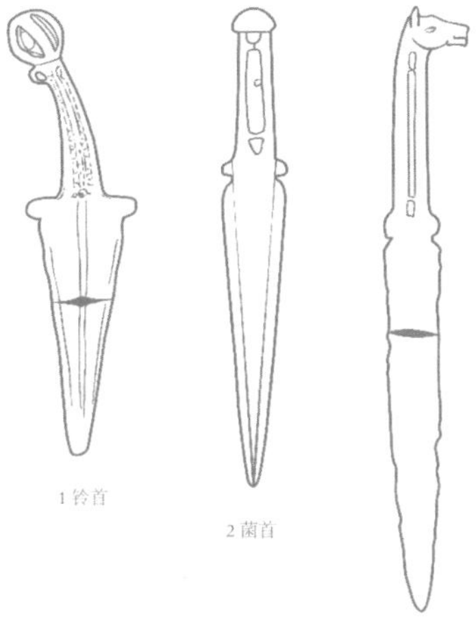

草原文化铜剑（出土地点：1. 内蒙古自治区伊金霍洛旗；2. 河北兴隆小河南；3. 北京昌平白浮。绘图：狄明）

中原地区的剑，出现比北方草原地区要晚。在西周灭商的事件中，本来纣王已经自杀，周武王先是站在车上射箭，接着又是用剑刺，又是用斧子砍头，不过是在进行一种仪式。仪式中兵器的使用次序由远至近：弓箭，轻剑，黄钺。实际战斗也应如此，射杀、肉搏、取首级，剑不是首选和必选。

应该承认，铜剑的起源有很多，中原地区很可能不是自创。剑在中原地区升格到百兵之君的地位与战术变化有关。武王伐纣时期的战斗还属于车战模式，射杀是第一步，最合适的武器显然不是近体格斗才使用的剑。春秋时期，晋国的魏献子指挥大原之战“改车为行”，改变了以车战为主力的传统战术模式。“亮剑”后来居上，是战术从车战向步兵战转变的结果。

这种态势迅速蔓延，排山倒海，席卷而来。公元前 595 年，楚庄王因为宋国杀了自己的使臣，一气之下忘了穿鞋带剑就准备出发亲征，随从赶紧带上这些东西去追。穿鞋和带剑并重，剑是不能离身的物件。

吴王僚谋杀案中有一个隐形人：公子季札。如果季札当仁不让继承王位，僚和公子光也不至于同室操戈。显然季札更喜欢做外围工作。公元前 544 年，季札出使中原，途经徐国（今安徽泗县北），徐君见了季札的佩剑很是羡慕。季札想送给他，但考虑到出使之需，没有当时送出。返程时想送，可徐君已经故去，季札很伤心，只能把剑挂在徐君墓前。

此故事有三层含义。首先称颂友谊和言而有信的品质，答应给就一定得给，这是呼应社会上对季札人品的好评；其次表现吴剑好，“夫剑产干越”，干就是吴，有干将、莫邪、欧冶子这些铸剑大师，这个故事是对秦始皇拥有太阿剑的注解；最后点明正式场合一定要着正装，穿西装打领带，佩剑是正装的一部分——季札出席外交活动必得佩剑，这是把佩剑提拔到了礼制的高度。秦王政十三岁登基，九年之后开始亲理朝政，在旧都雍城举行加冕仪式，庄重地戴上了王冠和宝剑，正是这第三层原因。(《史记 · 秦始皇本纪》)

现在人人都揣手机，当时可是除女子外人人佩剑，弹剑而歌和刻舟求剑，这两个成语典故都与佩剑有关。男子普遍带剑的情况一直持续到两汉。自天子以至百官，无不佩剑（《后汉书 · 舆服志》）。直至魏蜀吴三国鼎立，一剑独霸的局面才开始转变。陕西拥有唐代十八座帝陵，如唐太宗的昭陵、唐高宗及圣神皇帝武则天二圣的乾陵，陵园神道两侧矗立着石翁仲[1]，武将手持的缳首刀不是剑。

1　古代帝王或大臣墓前的石人像。

04

秦剑的本土内核

立足本土，缩小视野，来看秦人的铜剑。

春秋时期秦人用剑和其他诸侯国基本一样，比较短，基本为 25 厘米左右，稍长一点的也不到 40 厘米，更像一把匕首，所以才能鱼腹藏剑。但是秦人的短剑有大亮点，那就是铸造技术超前，材质豪华，其中复合金属剑和三叉形护手剑最为可圈可点。

俑坑出土铜剑，有人说是“复合剑”，但从 X 光片上看不到铸造的接茬，可以断定只是传说。但秦人确实用两种原料铸剑。在宝鸡益门、甘肃礼县等地都出土有金柄铁剑或铜柄铁剑，可这是两种截然不同的材质分别铸造再铆合，和传说的不是一回事。

礼县隶属于甘肃省陇南市，位于甘肃省东南部陇南山区，地处长江流域嘉陵江水系、西汉水上游，是秦人的发家之地，号称“秦皇故里”。在这里，秦非子养马成为周王的跟班小弟，获封秦地。

益门隶属于陕西省宝鸡市。饱受戎人侵扰的周王室，实在无力再待在陕西，选择迁都洛阳。由于护送周平王东迁有功，秦襄公被允许带上全族人翻过陇山，进入宝鸡地区。在这里，秦人由西向东，从陇县开始直至凤翔，先后有四处主要根据地，经营近四百年。

两地出土的铜剑可谓豪华又超前。豪华突出表现在柄部，有镂孔

^ 宝鸡益门金柄铁剑（宝鸡青铜器博物院藏）

的神兽纹饰、夔龙纹或蟠螭纹，有的还镶嵌绿松石之类的宝石。而金柄铁剑中最有价值的部分，不是柄部闪闪发光的金子，恰是锈蚀残断、黑漆漆的剑身——铁。金子和铜的冶炼熔点低，为 1038℃；铁的熔点高，在 1500℃以上。在以木材为燃料的时期，炼铁比炼金、炼铜要难得多。在这一点上秦人走在了时代的前沿。

水平超前的还有不起眼的、由两种金属材质制成的小刀。宝鸡益门春秋墓出土有金柄铁刃小刀，其铁刃外再包锡，可谓是锋利加锋利[1]。如此尽心竭力，真不知道该如何点赞。

1　宝鸡市考古研究所：《秦墓遗珍·宝鸡益门二号春秋墓》附录三，科学出版社，2016 年。

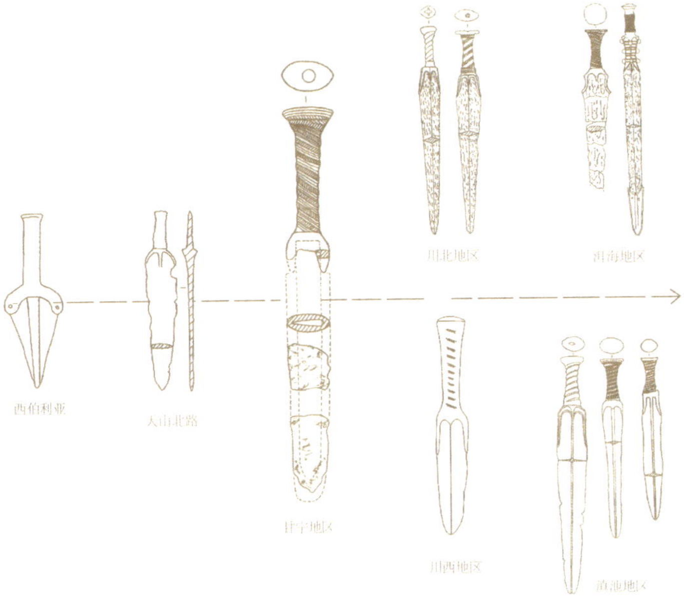

三叉护手剑传播途径[1]（绘图：狄明）

不仅如此，早期秦人的剑还是“混血”。甘肃礼县的一把铜柄铁剑，剑格部分呈英文大写字母“M”形，这种造型最早于我国境内出现是在新疆天山北路地区，世界范围内更早的却是在俄罗斯东部的西伯利亚地区。此后这种秦剑竟然“挥军南下”，扩散到了四川、云南洱海和滇池一带[2]。

礼县的墓主是秦国的某位国公，宝鸡益门的墓主有人说是被秦收服的戎狄王[3]，也有人说是景公的弟弟后子鍼[4]。总之这些豪华又超前的秦

1 据杨建华先生《三叉式护手剑与中国西部文化交流的过程》文章改绘。
2 杨建华：《三叉式护手剑与中国西部文化交流的过程》，《考古》2010 年第 4 期。
3 陈平：《试论宝鸡益门二号墓短剑及有关问题》，《考古》1995 年第 4 期。
4 刘云辉、何宏：《益门二号春秋墓文化属性再析及墓主新考》，《文博》2011 年第 4 期。

05

长剑差点要了命

追踪了兵马俑坑中的铜剑和秦人的铜剑，该说说荆轲刺秦王的故事了。

故事发生在咸阳城的大殿上。荆轲借机靠近秦王，一手抓住秦王的衣袖，一手持匕行刺。千钧一发之际，秦王的剑太长，竟然卡壳了。越着急越拔不出来，这可真要命了。于是秦王绕着柱子跑，荆轲在后面紧追不舍。这时群臣除了惊慌失措之外只能干着急，最后在大家“王负剑！”“王负剑！”的提醒下，秦王拔剑刺伤荆轲的左腿。受伤后的荆轲只能向秦王投掷短剑，却扎在了柱子上，没能命中秦王。秦王再次反击，最终荆轲身受八剑而亡。

千钧一发之际，秦王的长剑竟然卡在了剑鞘里。在秦王脱身之后，荆轲因凶器太短，最终失去了机会。《史记》将这个故事描绘得非常生动，情节跌宕起伏。所谓一寸长一寸强，一寸短一寸巧，剑之长短，各有优劣，长剑不好出鞘，短剑则是有效使用范围有限。

秦法规定，朝臣上殿不能佩剑，即使是坐于殿下的警卫，皇上不叫你，你也不能跑进来。这条禁令于汉代做了修改。位尊至极的萧何，汉代的开国元老，只有他被允许带剑上殿。

秦始皇佩带的长剑到底能有多长？据说刘邦任亭长时，佩剑长 3

尺，后来做了皇帝，佩剑改为7尺。汉高祖只比秦始皇小三岁，两位皇帝用剑规格应该差不多。高祖剑长7尺，按照秦汉时一尺约合现代的23厘米计算，约长1.6米。现在秦陵一号铜车御手佩剑约为1.2米，合秦汉时的五尺二寸多。荆轲谋杀事件中，始皇的剑大抵是在1.2~1.6米之间，比画一下确实难以抽出。

秦始皇生活的时代，文献记载了很多名剑。比如湛卢、纯钧、胜邪、鱼肠、巨阙、干将莫邪雌雄剑等等，基本都是吴越地区铸造。鱼肠剑放了吴王僚的血，助力公子光上位。秦朝著名政治家李斯历数嬴政拥有的世界名品，有昆山之玉、随和之宝、明月之珠，还有太阿之剑。

太阿剑，楚王三大名剑之一，是楚王派使臣风胡子说服吴王，重金聘吴国铸剑大师欧冶子和干将联手打造而成的。在这件事上，吴王有点“傻白甜”，没有一点防范意识，竟然就同意了——剑成。

晋国公郑王闻听此事欲强索，两国为此拉开三年之久的大战，楚国一度处于劣势。楚王一看大事不好，拿出镇国之宝太阿剑，登城亲自督战。顷刻间，晋军三军阵法大乱，节节败退，士兵被打得晕头晕脑，血流成河，举国上下，家家死人。楚王大悦，真是不鸣则已，一鸣惊人，不免有点嚣张：你们说这是剑有威力，还是我有威力？风胡子巧言道：剑之威也，因大王之神。(《越绝书》)

剑之威，是人的精神，此为亮剑。君王剑出，则匡正诸侯，天下归服。秦始皇拥有太阿剑甚至其他名剑，这并不奇怪。

∧ 修缮疤痕

的应用如根据随葬品判断墓主性别，这时是否有剑一类的兵器往往是初步判断的依据之一。有，初判为男性；无，或者有针头线脑类女红用品，判断为女性。社会分工不同，非特殊时期争斗还是男性承担得更多。虞姬舞剑自刎，剑来自项羽。女性墓主随葬铜剑的情况确实不多见。

2. 上帝为你关上了一扇门，同时打开了一扇窗。好事难成双，我已经有了大发现：两把粗细不同的剑柄，焊在一起凑成了一把，焊接的地方就像是一块“补丁”。

“呀呀，铜剑上还打‘补丁’，这是穷？还是真在哄鬼？”我赶紧求助冶金考古的同行。这个兵器修缮的小细节和剑带一样，我觉得意义挺大。

战斗之后兵器上交武库。库啬夫逐一清点、登记造册；册交吏，吏交丞。丞上班后批阅、画圈、写注：这个和这个可“缮”。和他们显摆 5 柄完整铜剑一样，我也曾把这个场景显摆给申先生。

缮，修缮。修修补补这事，竟然发生在光环笼罩的兵马俑坑，听起来似乎有点不高级。但这事可以有，并且绝对有，无论是对于陶俑还是对于兵器。不同的是，俑即明器，陶俑、陶马修补得外形逼真就行了，而兵器修缮则是发生在现实社会中。

国有物资称公器。公器中的一草一木，就连库房旁饲养的鸡、猪都归公家。管理也有细则[1]，负责修缮兵器的人称为“缮治卒”“缮啬夫”，有正式的岗位编制。

交到士兵手上的兵器如果该修未修，库管人员从上到下罚铠甲两领，卷铺盖走人。不能修、彻底报废的公器，在每年七月之前完成所有申报、移交工作，由地方送到首都的内史，或转卖，或改变用途。从地方到首都，路途遥远不方便实物输送的，就地拍卖变现，或用作苫盖，或直接烧火，总之物尽其用，财产归公即为“大妥”。秦代以九月为岁末，十月为岁首，政府工作报告不能晚于九月份。处理报废物资则必须在年度财政统计之前完成，以便统计局算出本年度的国民生产总值。

公器管理制度历代沿用，在睡虎地秦简、张家山汉简、甘肃居延汉简中都可以找到依据[2]。汉长安武库遗址发掘出土了大量骨弭，正是修缮弓弩的废弃物[3]。资源节约，环保精神，古今同理。

一柄铜剑从采矿到金属冶炼，再到铸造，总是需要耗费财力、物力，修修补补，能用则用，实在修不成的再回收利用。这种细节是不是比神话更接地气?

考古终究是要追寻人类的过去，探求那些过去的生活、生产、创造以及它们对今天的影响。神话太多，那就成了玄学。

破除神话吧！关于兵马俑，关于秦剑，关于秦代标准化。

考古学研究当以事实为依据。秦剑探索之旅所显示的一切价值，

1 睡虎地秦简《秦律杂抄》：禀卒兵，不完善（缮），丞、库啬夫、吏赀二甲，法（废）。
《秦律十八种 · 金布律》：县、都官以七月粪（处理）公器不可缮者，有久识者靡蚩之。其金及铁器入以为铜。都官输大内，内受买（卖）之，尽七月而觱（毕）。都官远大内者输县，县受买（卖）之。粪其有物不可以须时，求先买（卖），以书时谒其状内史。凡粪其不可买（卖）而可以为薪及盖蘙<蘙>者，用之；毋（无）用，乃燔（烧）之。

2 张家山汉简《二年律令 · 金布律》：县官器敝不可缮者，卖之。居延汉简：元康二年五月己巳朔辛卯武威库令安世别缮治率兵。

3 中国社会科学院考古研究所：《汉长安城武库》，文物出版社，2005 年。

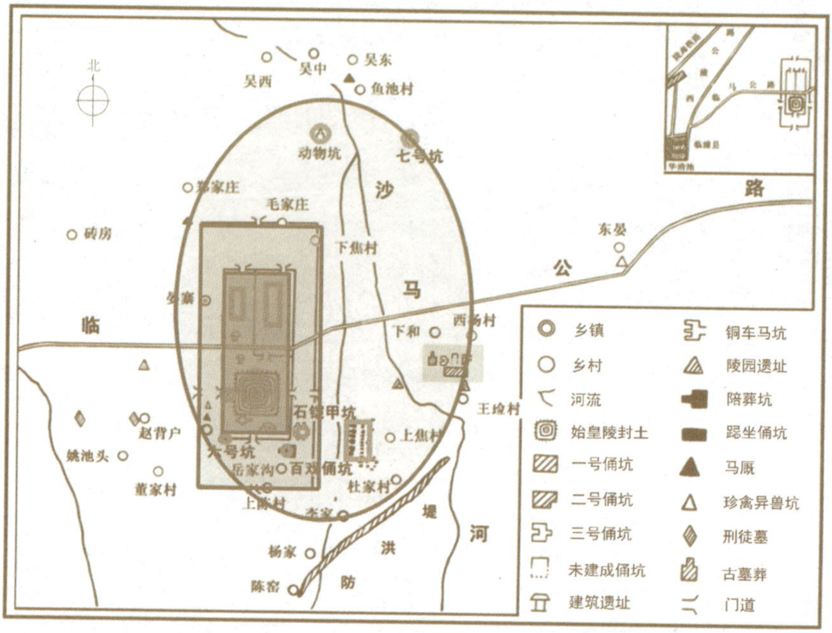

陵园布局层次示意图[1]（绘图：吴红艳）

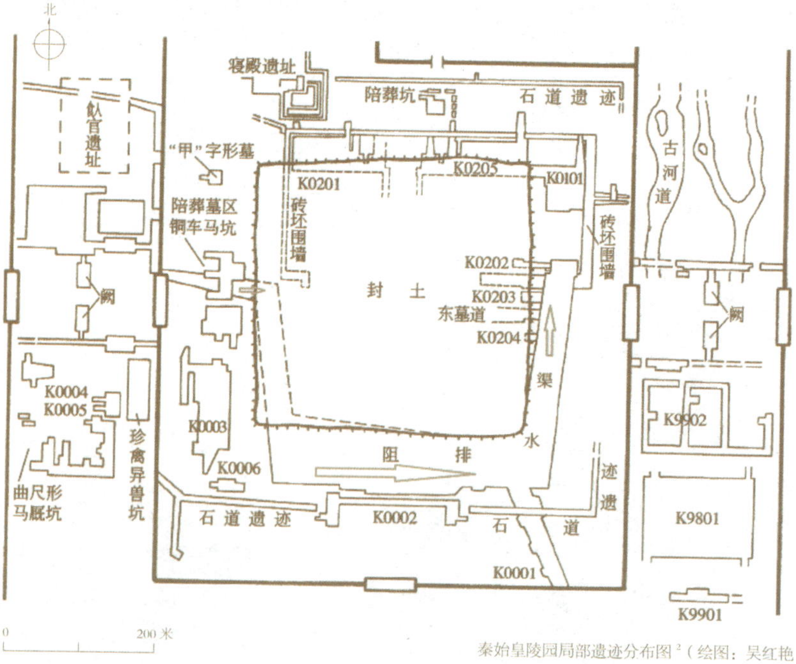

秦始皇陵园局部遗迹分布图[2]（绘图：吴红艳）

1　根据《秦始皇帝陵一号兵马俑陪葬坑发掘报告（2009~2011 年）》图二改绘。
2　引自《秦始皇帝陵园考古报告 2001~2003》图 2B。

01

兵马俑不是秦始皇的最爱

非常遗憾，在近 25 年的时间里，我几乎每天都从秦始皇陵园穿过，却一直没有机会参与陵园内的考古工作，对它的了解只是皮毛。

后世人对陵园的了解从司马迁的《史记》开始："宫观百官奇器珍怪徙臧满之……以水银为百川江河大海，机相灌输，上具天文，下具地理。"司马家族世代为史官，其父司马谈曾任太史令，修史一生，可惜壮志未酬身先死。司马迁握着父亲渐渐冰冷的双手，承诺要"请悉论先人所次旧闻"，完成其未竟事业。他说的有关陵园内容的话应该是实话。

经过半个世纪的考古工作，目前已经明确陵园布局按照由内至外的层次，包括地宫之内各层台阶上、封土内及地宫外封土下、内外城之间、陵园之外共计四层[1]。一张陵园遗存分布图上密密麻麻地画出陪葬坑、陪葬墓和大型建筑，这是陵园内容的真实布景。

所有项目被分别置放在骊山北麓的不同台地上。陵园所在台地面积最大，双重城垣围出一个平面长方形的圈，圈的四面有门，门口设三出阙。三出阙是天子规制。

1 段清波、张颖岚：《秦始皇帝陵的外藏系统》，《考古》2003 年第 11 期。

< 鎏金双峰骆驼
（秦始皇帝陵博物院藏）

后宫及皇子女、贵族陪葬墓，各种象征国家机构的陪葬坑。

增加象征国家机构的陪葬坑是秦始皇的本意，与国家政体变化同步。陪葬墓不全是秦末形成，自然死亡的陪葬墓可早于也可以晚于陵主，并不是谁都有资格埋在皇帝身边。近年已发掘的陪葬墓发现，有的尸骨完整但上下颌骨错位，符合勒死的特征，有的颅骨右颞骨还插有一个折断的箭头；许多墓埋不止一人，性别均是年轻女性，尸骨大都残缺不全，有些还呈上下层放置，明显是在别的地方被处死经过肢解后被掩埋，这种惨无人道的陪葬属于杀殉。二世杀诸公子、大臣及后宫无子女者，这一部分是他擅自做主的“增”[1]。

借助计算机颅面复原技术，科研人员对一男、一女的头骨生前相貌进行了复原。江湖演绎说复原的女子像是波斯人，我没看出来，再进行一些 DNA 方面检测会精准些。

不仅秦始皇有陪葬墓，有的陪葬墓自己还有陪葬墓和各种随葬器物坑。2003 年，段清波先生率秦陵考古队在陵园西侧发现 36 座古墓，

1　参阅《史记·秦始皇本纪》《史记·李斯列传》等章节。

6 座级别较高。其中 5 座各有一条墓道，平面形状像“甲”字；一座有双墓道，平面形状像“中”字；此外还有一座陪葬坑。

中字形大墓南北长约 109 米，东西宽 26 米，深约 15.5 米，规格属君王级，仅次于主陵。墓主人是不是秦末代皇帝子婴？子婴是秦亡国之君，在位的时间仅 46 天被杀，因仓促下葬，葬地长期不明。没发掘谁也说不好，即使发掘没有印章之类的“身份证”也还是说不准。

2013 年此墓启动发掘。7 年后炸出重磅新闻——出土国内所见最早的鎏金双峰骆驼。金骆驼发现很重要，但我还是希望更多人关注考古本身的科学目的：搞清秦始皇陵园布局以及古代帝王陵园的陪葬制度。

∧ 百戏俑（摄影：赵震）

开诸如金字塔、秦始皇陵之类的地下谜团？考古学是根据古代人类遗留下来的实物研究历史，有各种取得实物的手段。继 1872 年迪克生进入胡夫金字塔内部之后，1993 年德国工程师登布里克设计了一个小巧的机器人钻了进去。机器人安装的夜视摄像头，就像微创手术的内窥镜，不再需要对金字塔开膛破肚。同样，要了解秦始皇，了解秦国，没必要把地宫打开。借助遥感和物探技术已经明确，地宫就在封土堆下，总面积 41 600 平方米，相当于 5 个国际足球场大。幽深的墓室自深约

26 米，至秦代地表最深约为 37 米。倒金字塔形的深坑内有石质墓室，有水银，有石头墙，有排水渠，甚至不同台阶上建有房子。

科学技术日新月异，九天揽月的中国梦早已实现，想知道秦始皇地宫的神秘又何止开挖一条路呢？耐心点，未来一切皆有可能！

我没有参加过秦始皇陵园内的考古工作，多说露怯。对这里的工作，权威学者是已故的西北大学教授、秦始皇陵考古队原领队段清波先生。他曾在中央电视台讲过 16 集《秦陵 · 尘封的帝国》节目，有《秦始皇帝陵园考古研究》等著作。在自知生命已经进入倒计时的三年里，段先生和死神赛跑，通过“社会治理体系、宇宙观、核心价值观”的研究范式，试图理解秦帝国这个时代。他是一位英雄。

秦始皇陵园是一座地下宝库。

不同的陪葬坑代表不同的政府机构及设施，这些陪葬坑在空间、规模、内涵等方面的差异反映了它所代表的各个政府机构及设施在等级、功能及其与皇权之间关系的不同，是秦帝国中央政权各类机构运行机制保留在地下的真实的、简要的注解。

关键是，这些由秦始皇创造的规制被后代广为继承。

第八章

咸阳城迷雾

陵随都移。《史记·秦本纪》载："十二年，作为咸阳，筑冀阙，秦徙都之。"秦始皇建立帝国之后，开始大兴土木，扩建陵墓的同时，也扩展着都城咸阳。诗云：天子晓御咸阳宫，楼阁高低复道通。

作为从王国到帝国的心脏，咸阳城见证了秦族的巅峰时刻。这里有秦始皇留下的足迹和一个完备国家整体的印记。

也许想要了解秦始皇，了解秦帝国，应该回城。

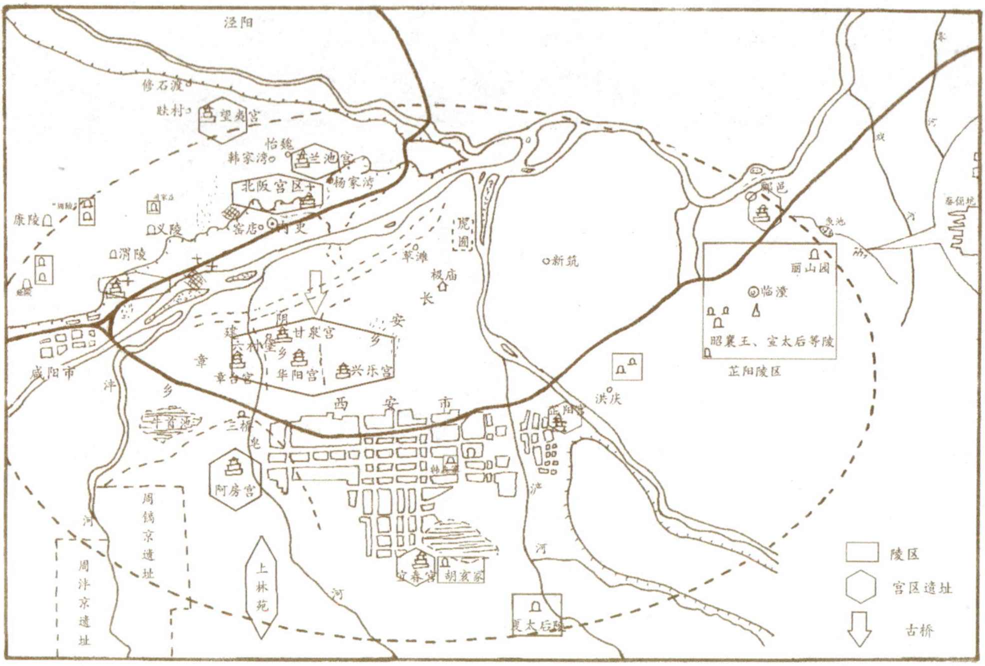

咸阳城范围示意图[1]（绘图：狄明）

1　据王学理《秦都咸阳》第 68 页改绘，陕西人民出版社，1985 年。

01

咸阳城，我来了

公元前350年，秦孝公嬴渠梁任用商鞅开始变法。在废井田、开阡陌和奖励军功之外，于次年从栎阳迁都咸阳。至公元前206年子婴降刘邦，咸阳为都共历9世144年。孝公之后的八位业主，分别是惠文王驷、悼武王荡、昭襄王稷、孝文王柱、庄襄王异人（楚、子楚）、始皇政、二世胡亥和子婴。

咸阳城位置在哪？文献说山南水北。从风水上说，这样的地方皆属阳性。某网络搜索引擎说，咸阳城在渭河北岸的咸阳塬，今咸阳市区东15公里的窑店镇附近。前者太笼统，后者太狭隘。

咸阳城的概念，狭义所指是在咸阳塬上南、北都向阳，今咸阳市东10公里的窑店镇周边。西南有以制陶为主的手工业作坊区；东北高处是宫殿分布区；西北有秦公王陵，市区周边密布平民墓葬区。

广义所指包括渭河南、北广大地域。渭河之南，秦宫汉葺成为西汉长安城的一部分，属于今西安市西北；渭水之北，西汉时期一部分为渭城县，一部分为帝陵及陵邑，属于今咸阳市渭城区，近年改入西咸新区秦汉新城。加上芷阳东陵区、神禾塬南陵区，几乎涵盖了今西安和咸阳两市。由于没有城墙，整体都城四至的大范围以虚线画框。

没有城墙，范围线只能是虚线。从 1959 年渭水调查队第一次开始进行考古调查，咸阳城考古工作已经开展了六十年。六十年一甲子，咸阳城还是虚线框，面貌仍然扑朔迷离，不能不说有点尴尬。

咸阳城考古难做。准备去咸阳城考古队之前，我惴惴不安地向袁仲一先生辞行。先生沉默起身，找出厚厚一册《秦都咸阳考古报告》，只说了一句话："装在篮子里的都是菜，一定要注意收集资料。"

从头开始，慢慢来吧。2014 年 4 月 25 日，带着发掘报告，申先生送我上岗。考古工作站在窑店镇牛羊村，红漆铁门锈迹斑斑，连块招牌也没有，三条狗警卫抬头冲我吠了一声，便再也懒得动窝。"好好待着吧。"申先生撂下话扬长而去，我独自开启读书模式。

发掘报告之外，和咸阳城有关的简报、研究文章不少[1]。此类读物都是田野考古资料汇总，把考古遗存转化为考古学文献，记录古代遗址、墓地的形成过程，也记录考古者揭示、认识、解释的过程，很多数据罗列，文字枯索严谨，不可能令人爱不释手。无问题状态下阅读考古报告，估计很多人做不到，我也一样。

撤。我想静静。

5 月 17 日，我带许广健同学返回。小许是河北人，刚从文博职业学院毕业，腿勤、好动。白天我俩野外跑，熟悉环境；晚上他侍弄逮回来的野兔崽，我读发掘报告、写日记。

日记扉页写的是：Fighting！

1　陕西省考古研究所：《秦都咸阳考古报告》，科学出版社，2004 年；王学理：《咸阳帝都记》，三秦出版社，1999 年。

02

为了回家
而不停迁都

咸阳城的选址和建设，如秦始皇陵一样也需要考虑动因和建设阶段。

迁都选址是多种因素影响的结果。政治需求、经济、地理形势“形胜”，各有道理[1]。问题是为何最后落在窑店镇这个具体的点？

咸阳之前，秦人屡次举国搬家，所谓“九都八迁”。先后跨越甘肃、陕西两省。西垂（犬丘）、秦邑、汧城、汧渭之会、平阳、雍城、泾阳、栎阳，终于在咸阳完成全国统一。

秦人不断搬家的原因，学术界一般的观点认为，第五个都城平阳之前，是为了生存，站稳西部，寻找立足点和发展根基。第六个都城雍城之后，到泾阳、栎阳阶段是为了巩固实力、控制关中，与强晋抗衡。至咸阳则开始了其囊括四海的大征伐。尤其是秦始皇这位战争狂魔，通过不断东征达到了统一天下的预期效果。

以军事战争的视角来解读前因后果对不对？德公迁都雍城，占卜结果是子孙将来可以“饮马于河东”。河即黄河，德公闻此自是大悦，心想后代日后进军东方定是天意。秦公本人真这么想吗？如此高瞻远瞩？

1　徐卫民：《秦都咸阳的几个问题》，《咸阳师范专科学院学报》1999 年 10 月总第 14 卷第 5 期；徐卫民：《秦都城研究》，陕西人民教育出版社，2000 年；王子今：《秦定都咸阳的生态地理学与经济地理学分析》，《秦都咸阳与秦文化研究》，陕西人民教育出版社，2003 年。

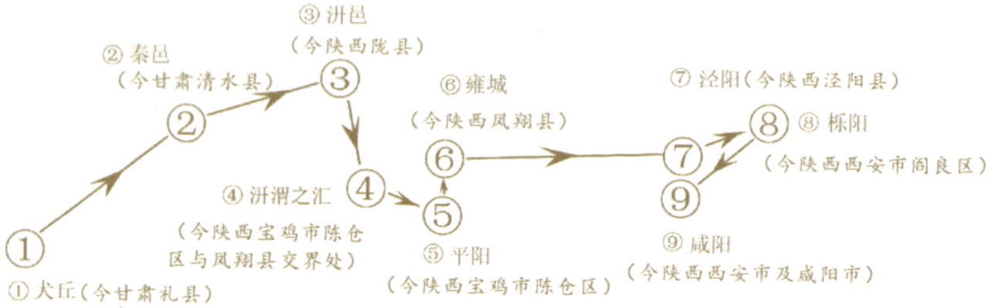

九都八迁图（绘图：狄明）

对这些问题的解释，仁者见仁智者见智。我想所谓东征不如说是东归。中国人有非常强烈的族群认同感，为了族群内部的维系，增加凝聚力，显示自己和异族人的不同，经常会选择聚族而居、同族而葬。旧有习俗修族谱，给孩子起名得查族谱按辈分，皮特、彼得不能随意叫，就是强调族群的概念。

秦族是华夏一脉，祖籍在今天的山东。西周时期在西陲养马，与戎狄杂处，近同流放。比起“东征”一说，从族群构建的角度看，因“东归”而不停地迁都更说得通。

经济和社会地位稍微有点好转，拿上周天子赠送的车票，他们启程了。从甘肃天水地区翻越陇山进入陕西境内，先后在宝鸡地区四处地点落脚。

今宝鸡市凤翔县内的雍城为都时间最久，称得上是秦国的“圣都”，地位不亚于咸阳城。300 年间先后有 19 位秦公在此厉兵秣马，秦穆公时期更是打遍西戎无敌手，逼得中原诸侯国不得不接受他们重返大家庭。

考古复原的雍城，纵横水系穿城而过，臣民近水而居，城内有宽阔的地域可供种田。即使久被围城也照样有吃有喝不会受困。宫殿建筑上使用大型青铜构件“金釭”套在木柱、木梁的两端，既能起到加固的作用，又有美观的效果。如果木头涂色，就真的是诗词中说的“玉杵余丹，金刀剩彩”了。各个宫殿雕梁画栋的绚丽和稳固，惊呆了戎狄国派遣的造访者由余。雍城西北郊外的雍山上，环沟、坛、壝、场、道路、建筑、祭祀坑组成的秦汉两朝国家大型祭天台，早于北京天坛两千余年。嬴政成人后正式执掌朝政，举行大典仪式还得回雍城。

雍城经营了300年，依然没有打消他们回家的愿望。异乡再好不是家，他们心中的家在河东。按照一路向东的路线，又搬家到了泾阳、栎阳、咸阳。人在囧途状况频出，70年后，从东边的栎阳又退回到西边的咸阳，没能继续东行。很多人都说是因为东边遇到以晋国为主的阻力，除此之外是否还有其他原因呢?

三处新都选址，栎阳“北却戎狄”，咸阳“北倚九嵕”，都与北方有关系。今咸阳塬窑店镇向北直行可入九嵕山，即北山，北山沿线现泾阳县口镇附近有大量秦汉遗址，有可能是秦泾阳城的旧址；再向北，有秦始皇所修建的直道、蒙恬所筑的长城；这些点可以南北连成一条直线。上线者，西北部有义渠戎，正北是林胡，再外圈即长城一线为早期草原民族的杂乱联盟。

三股势力拧成的洪流从北部正在向秦国扑来。尤其是近邻义渠戎，势力中心在今甘肃庆阳市下辖的宁县一带，对秦国来说更是钉在心口上的楔子，若隐患不除，有可能被斩断了后路。题外话，庆阳是我的第二故乡，后面还会有这个地方的一些考古故事。

望夷宫是咸阳城最北边的一座宫殿，指鹿为马的故事就发生在此处。秦末赵高把持朝政，二世完全被架空，只得在望夷宫醉生梦死。面对赵高颠倒黑白，非得指着拉车的鹿咬定是马，大臣们保持缄默，甚至随声附和：“丞相说得对，这就是马。”望夷宫在泾河南岸，是咸阳城瞭望北山区域的前哨，这个宫殿取名意思直截了当：夷，我要盯着你，别瞎折腾。

03
天境与人间帝宫

确定了选址，咸阳城开始规划。规划宗旨贯穿“法天思想”，“象天设都”。宫殿、交通一系列设置仿照天境，天空中的星宿投影到地下，渭河与银河、帝宫与紫薇星宿、架桥与牛郎织女相会的鹊桥，相互呼应。

从最初《史记》寥寥数语，到今天能检索到的各种记载[1]，法天思想云山雾罩，越说越具体，越说越玄乎，和秦始皇陵选址贪恋蓝田美玉是一个套路。

“法天思想”的城市设计理念，最早是春秋时期的越王勾践提出的。勾践和吴王阖闾打过仗，阖闾被杀，儿子夫差又替他报仇逮了勾践。勾践卧薪尝胆重振越国，命大臣范蠡观天象，准备按照天上紫宫星宿筑建宫城[2]。考古没有发现勾践王城，传说的情况是否属实不可考，不过范蠡和西施泛舟五湖的爱情故事倒传为“佳话”。

按照西周礼制总纲，天子王城和诸侯国都城都是正方形。王城“方九里”，面积约 13.9 平方公里；诸侯国都“方五里”，面积约 4.3 平方

1《史记·秦始皇本纪》：二十七年，焉作信宫渭南，已而更命信宫为极庙，象天极。三十五年……先作前殿阿房……周驰为阁道……为复道，自阿房渡渭，属之咸阳，以象天极阁道绝汉抵营室。
《三辅黄图》：始皇穷极奢侈，筑咸阳宫。因北陵营殿，端门四达，以则紫宫象帝居，渭水灌都以象天汉，横桥南渡以法牵牛。
《水经·渭水注》：秦始皇作离宫于渭水南北，以象天宫。

2《吴越春秋·勾践归国外传》：于是范蠡乃观天文，拟法于紫宫筑作小城，周千一百二十二步，一圆三方。

公里；其他次一级的卿大夫封邑或小的国家规模，面积只应是王城的1/5和1/9。以九、五这两个数字确定标准，迎合“九五之尊”，超过了就是僭越。城市道路九纵九横，路宽分级，市内宽，环城窄，城郊更窄。最宽的东西道路经涂九轨，并行九车道。

东周王城在洛阳，城呈方形，面积逾9平方公里；山东曲阜鲁国故城，平面不规则，接近长方形，总面积约10平方公里。考古发现东周时期列国都城面积相差悬殊。整体外貌不一，有的国郭城大，圈围小宫城；有的郭城和宫城并列甚至是旧城不废，又建新城。可见周礼是理想化的规定，不仅是葬礼，五礼中的其他内容也会酌情而变。

城池建设一定受思想意识的影响。影响有多大？总抵不过政治、经济、军事、地理等自然条件和人力所能等方面。

法象莫大于天地，天地有尊卑，故人有贵贱，人道本乎天道，天地相应、人神一体。(《周易》)

天地有尊卑，世人有贵贱，人道要遵从天道，天地相辅相成，人神合为一体。法天思想再厉害，地上的现实情况不允许，咋办？现实情况可行就是天意。附会天意，上嘴唇碰下嘴唇敞开说，这方面还是管子说得更实在：城市不必方方正正，道路可以不笔直；面积要足够大；地势不要太高，以免用水困难；不能靠河边，有水患[1]。

随情而变是人类取胜的秘诀，遇水架桥、逢山开路、逆水行舟、推石上山，秦国发展道路是如此，秦都建设过程亦是如此。

孝公初建咸阳城，先在渭河北部扎下营盘。从第二代业主秦惠文王开始，渭河北岸地皮面积不足，向南走；河碍事，建桥；房子不够用了，扩建。建设首都副中心，兴乐宫、甘泉宫、章台宫，一座座宫殿拔地而

1 《管子·乘马》：凡立国都，非于大山之下，必于广川之上。高毋近旱而水用足，下毋近水而沟防省。因天材，就地利，故城郭不必中规矩，道路不必中准绳。

起。地产发展了，四通八达的路网、水网也得考虑，“煎饼”越摊越大，一步步慢慢来。

退一步讲，秦都咸阳城规划即便有法天思想，也不早于秦始皇人生的最后10年。经过6位业主“摊煎饼”，历时近130年的咸阳城建设还没定型?

德不配位，必有祸殃。定型的咸阳城，属西周诸侯国配位，再大也超不过十几平方公里。兼并战争结束后，咸阳城成为帝国中心，德行升格，地位升格。帝国级别的地位，如何定格相关配置? 秦始皇必须拿出方案。

秦始皇并没有完全改弦更张。城北，宫殿小，扩建，每灭一个诸侯国，仿建一座该国的宫室；城南，改信宫，新建朝宫阿房宫。扩建、改建、新建，是他的三步棋。

三步棋得有理论依据。最高祭祀用房的极庙，象征天空的最远端天极；阿房宫对应二十八星宿之一的室宿；建立交，建阁道，建快速干道。终南山的缺口如“阙”，为南大门，咸阳塬上的北宫象征天帝居住的紫微宫，渭水好比银河，天帝可以从天极也就是极庙而出，经过阁道，横渡天河而达于紫微宫、阿房宫。

有关咸阳城的事，以《三辅黄图》演绎版本最精彩。此书最大特点是“三无”。作者、成书时间、为何失传、今本又是由谁纂辑，甚至原书名何意，一概不知。

《三辅黄图》开始记录西汉长安城是“斗城”。汉长安城是秦咸阳城的新区，秦宫汉葺，刘邦维修了已有的宫殿，大部分建筑利用秦宫改、扩建，西汉王朝换汤不换药。西汉第二代皇帝惠帝刘盈时期，立足既成事实修筑城墙，围出一个平面不规则的城。除东城墙以外，其余三面城墙多有曲折，特别是北墙、南墙最为突出。东墙之所以没有曲折，因为它是沿长乐宫的东墙规划，与宫殿平行，南北伸延。

汉长安城所在是关中平原上地形最为平坦的一块，有地理优势[1]。渭河南部的地形特点东南高、西北低，发源于秦岭北麓的河流大都呈东南、西北走向，注入渭河。河流把平原切割成为东南——西北向的长条形。汉长安城除未央宫和长乐宫位于龙首山上以外，其余大部分都坐落于龙首山北麓。再低的地方靠近渭河，地下以沙子为主，不能做房屋地基。这些实际是秦咸阳城南区选址的地理因素。

2014 年 1 月 6 日，国务院批复设立国家级新区西咸新区，辖区内房地产项目纷纷上马。然而新城总规划面积 302 平方公里，其中建设用地 50 平方公里，文物遗址保护区面积 104 平方公里。这些遗址以秦都咸阳城、西汉帝陵为主，新城也因此命名为秦汉新城。文物保护区夹缝中的房地产开发前提，是必须遵守文物保护的底线。新建设中不仅夯土包不能挖，维持历史风貌也是文物保护法的要求。

“现在人们的生活好了，就有改善住房的刚需。我们盖高楼大厦、高档社区，是想再造一座理想新城。”有全国知名房地产企业的小负责人，希望我别再阻拦工程进度。

我回答说：“那也得想想这有没空地。而且再造一座理想城，也大可不必中规中矩，道路不必笔直如绳。”我转述管子城市规划理论，管子的同门晚辈商鞅曾经在咸阳城威风凛凛、叱咤风云。我又介绍了秦始皇建设新城的三步棋，不知道有没有人能听、能懂、能采纳。

1 徐卫民：《汉长安城形状形成原因新探》，《福建论坛（人文社会科学版）》2008 年第 2 期。

04

项羽没烧阿房宫

“基建狂魔”秦始皇扩建宫室之举，以渭河之南的阿房宫最著名。这块地界儿本来就属于皇家，是后花园上林苑。作为帝王威严的象征，阿房宫与秦始皇陵成为帝国时代的两项“国家重点工程”。

新宫的规模大得不得了。前殿能容 1 万人，广场站 10 万人不成问题[1]。一部分修陵，一部分修宫，两个工地先后调动 70 万人次。相对而言，修陵进展快。待丽山“大事毕”，秦二世二年（前 208 年）冬天，天下大乱，资金链断裂，修宫陷入僵局。

“陛下，先停工缓建吧。”左、右丞相去疾、李斯一帮子文人联合将军冯劫向二世提议。二世很不爽：我做皇帝两年来，你们无功无劳。阿房宫工程是我爹生前未竟事业，你们还要叫停，对得起我爹吗，对得起我吗？要你们干啥，“杀”。话音未落，政局骤转，公元前 207 年，秦二世自杀。满打满算，阿房宫的修建只有短短的四五年，秦始皇的丽山园未建成，阿房宫也成了烂尾。

阿房宫的半拉子工程没人接盘。《汉书 · 东方朔传》记载，汉武帝把“阿城以南”的土地扩入上林苑。《十六国春秋》记载，前秦苻坚在

1 《史记·秦始皇本纪》：先作前殿阿房，东西五百步，南北五十丈，上可以坐万人，下可以建五丈旗。

∧ 秦 · 虎雁纹瓦当（陕西历史博物馆藏）

∧ 汉 · 万岁瓦当（陕西历史博物馆藏）

阿城种植了很多梧桐树。《旧唐书 · 高祖本纪》记载，李世民入关也曾驻兵于阿城。

阿房宫的名气是唐代诗人杜牧捧出来的。一篇《阿房宫赋》，从建设取材、建筑规模、外观风貌到外围交通、宫内人物活动……有景、有物、有人、有事，热闹非常。赋文结尾，杜牧感慨道："楚人一炬，可怜焦土！"这么宏伟壮丽的宫殿建筑群，被项羽的一把火烧得干干净净，实在是可惜！

土被火烧过就会变得又红又硬，考古称为"红烧土"。使用火标志着人类不再茹毛饮血，从而成为人，考古发现，烧土有时可比发现金银器物更重要。2019 年在陕西秦岭旧石器时代的洞穴里，考古发现了距今约 1.5 万 ~3 万年的红烧土火塘，甚至确定用火时间最早在距今约 5 万 ~7 万年。秦岭深处有人家，陕西历史悠久可见。

渭河以北的咸阳宫殿，经考古发掘，确实发现了大量的灰烬和红烧土，证明项羽确实纵火焚烧过秦宫室。西汉末年的汉长安城也被绿林赤眉军烧过。考古发现遍地都是红烧土，长乐宫遗址堆积尤其厚，残存木柱全变成了黑炭。如果阿房宫真的发生过“纵火案”，考古过程中一定能发现灰烬和红烧土。

然而并没有。

再来看，瓦当是一种陶质的建筑材料，与屋顶覆盖的半圆形筒瓦相连保护木椽头。战国时期大量使用圆瓦当。久负盛名的秦砖汉瓦的“瓦”,所指即瓦当。瓦当制作精美,整齐排列,组成了屋檐下一道风景线。高等级建筑遗址必有瓦当,如果阿房宫真的建成,考古发掘肯定能发现。

然而并没有。

遗址中根本不见火烧的土层，火烧阿房宫没有证据；发掘中没有见到高等级的建筑材料瓦当，说明阿房宫遗址上没有大的像样建筑。阿房宫考古领队李毓芳老师介绍工作经过时说：“几个发掘点，找不到对应的证据，我的血压高到 160，急的。”

阿房宫根本就没建成，只有三面围墙和部分台基，项羽此处纵火并没有证据。

05

咸阳城
建造的“天意”

中国人讲究中心、中轴对称。中轴是一条线，中心是线上的点。脊柱是人身体的中轴线，居中点有中枢穴，属督脉。督脉不通，人浑身不畅。

朝堂是一个国家的中枢。按常理，新建阿房宫，秦始皇肯定要找一处高地，如此才能居高临下彰显气势，衬托统一王朝的伟大。他却没有按常理出牌。2015 年，中国社会科学院考古研究所刘瑞博士对外宣布：阿房宫台基下原本是一个大池沼。

这个发现意味着阿房宫开建之前，秦始皇先得派人处理池沼，改造原有水网，进行大量的地基处理。如此劳人费事，为何非要在一个不适于建设大型宫殿的地方，规划和营建帝国的朝宫，是任性还是另有隐情?

刘瑞博士按照司马迁给出的关键词，在地图上从阿房宫北墙中部出发，开始了南北、东西两条路线的解谜之旅。

南北行即向南直行到了秦岭山沣峪口，向北直奔嵯峨山。沣峪口、阿房宫、嵯峨山，三点一线，总长 79.3 公里；直线上，阿房宫北距嵯峨山 51.5 公里、南距沣峪口 27.8 公里，阿房宫至沣峪口相当于全轴线的

0.35，接近黄金分割比例[1]。再继续走，南接钦州湾口，北至内蒙古包头。

据说起源于古希腊的黄金分割比例，竟然在秦帝国中枢阿房宫中出现；而钦州湾口和包头，分别是秦帝国边境线上的南海之滨与高阙。

东西行即向西直达汧河入渭河的河口，向东迎面与渭河入黄河的河口相遇。东、西旅程一个是 135.6 公里，一个是 137 公里。再走，西方终点是甘肃西和县；东方终点是连云港，分别是秦人的老家和文献记载的国门东海上朐界。

原来，以阿房宫为原点，在秦国的版图上有南北、东西两条延伸直线，构成了咸阳城和秦帝国的“脊柱”，在轴线上阿房宫居中。

刘瑞博士解释说:“阿房宫是当时人为的、具有强烈轴线意识的选址，这条轴线看来应该是秦始皇给统一后的秦帝国都城咸阳所定的轴线。”

阿房宫选址的大规划，也许才是秦始皇时期咸阳城建造的“天意”。不用怀疑秦代是否有如此大范围的地理测量水平。在秦始皇陵园，从陵园北门到地宫，再到骊山望峰，也有南北轴线，也许只是测绘图方位和今天不一样。现在地图是上北下南，左西右东，中国古代地图一般是上南下北、左东右西。插一句，因为这个传统，电视剧《琅琊榜》主人公梅长苏号称江左梅郎，江左的意思就是长江以东。

汉长安城也有南北轴线，朝殿未央宫出发延长轴线，南有秦岭山脉的子午峪口，北有汉高祖长陵、天脐，总长 74 公里。天脐即天地的肚脐，人为有意挖成，从卫星地图上看是一个圆形深坑，直径约 200 米，深度约 40 米。据考古新成果显示，这里在西汉晚期可能还是一处观测星象的地平式日晷，立表测影来实现时间的计数。

秦始皇陵之西，现在骊山脚下有中国科学院国家授时中心，北京时

1　黄金比又称黄金律，是指事物各部分间一定的数学比例关系，即将整体一分为二，较大部分与较小部分之比等于整体与较大部分之比，其比值约为 1 ： 0.618，即长段为全段的 0.618。0.618 被公认为最具有审美意义的比例数字。

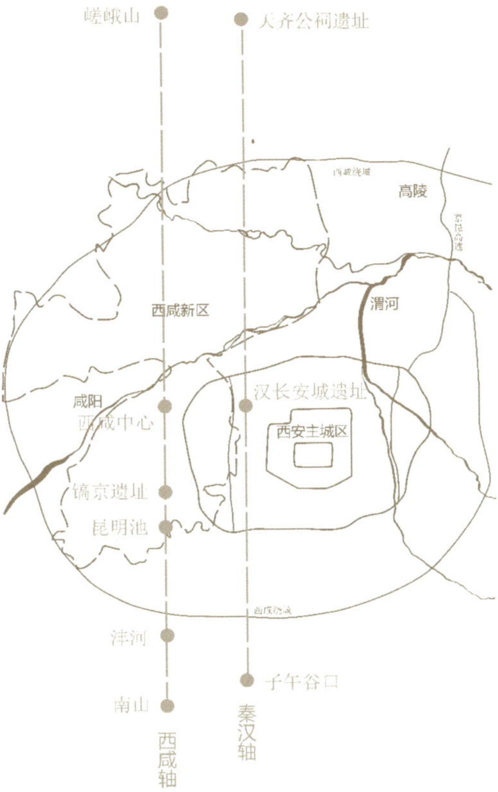

大西安发展规划图（绘图：狄明）

间准点报时即从这里发出；在咸阳塬东北泾阳县境内，有中国大地原点，这是国家地理坐标经纬度的起算点和基准点[1]。从秦帝国的轴线、汉代天脐坑到大地原点，从地平式日晷到天文授时中心，历史就这样在陕西跨过了两千年。

两千多年后，一份新西安整体发展规划图上，历史的影子拖得很长。

1 大地圆点整个设施由中心标志、仪器台、主体建筑、投影台等四大部分组成。高出地面 25 米多的立体建筑共七层，顶层为观察室，内设仪器台；建筑的顶部是玻璃钢制成的整体半圆形屋顶，可用电控翻开以便观测天体；中心标志埋设于主题建筑的地下室中央。它在我国经济建设、国防建设和社会发展等方面发挥着重要作用。

06

《阿房宫赋》内容不假

《阿房宫赋》是一篇文学作品，文中内容不可全信，也不可不信。依赋索骥，咸阳城的城市规模、建筑形式、道路交通、被毁原因，甚至城内的生活场景，都可以一一对应。

覆压三百余里，隔离天日——从宝鸡到渭南潼关，城区建筑、远郊离宫别馆，规模真的很大；

骊山北构而西折，直走咸阳——都城东有芷阳陵区、南有夏太后陵园、秦二世墓；

廊腰缦回，檐牙高啄。各抱地势，钩心斗角——咸阳塬上数十处高低错落的夯土建筑；

长桥卧波，未云何龙？——渭河上架桥，如巨龙横卧，天堑变通途。

2013 年，渭河故道屡禁不绝的盗沙使得大量木桥桩暴露出来，多家考古单位伴随集结号声，又一次开始了抢救性工作。在位于西安市沣东新城六村堡街道西席村北的沙堆下，他们发现了大量木质桥桩和一艘木船。桥桩分别属于不同时期的 5 座古桥，桥体南北向，南 1200 米左右为西汉长安城门之一的厨城门，西北 6800 米左右为咸阳塬宫殿群。其中测年时代最早的一号桥正是咸阳为都城的战国晚期。

古桥桥面宽 18.4 米，合汉代八丈，相当于今天的四车道。根根木

∧ 古渭河北岸用来固堤的埽

桩与木梁、加固桥体的大石块、河床北岸横七竖八固堤的埽，被河沙掩埋了两千余年。它们曾经承接了大驾光临的浩荡车队，也迎接过美貌的妃嫔媵嫱、落魄的六国王子皇孙。随着渭河改道北移，宫车经过时如雷霆般的轰鸣声渐行渐远……

桥的沟通作用对咸阳城而言，最初是连接南、北二区；再后到了汉长安城时期，成为对外交通线上的节点。汉文帝入京继位大统、南匈奴单于归顺入京……重要大事常发生于渭桥之上，渭桥成为无可替代的交通枢纽。

从南宫过桥到咸阳北宫，还得有大路。

2016 年 11 月 26 日，周六，近下午六点，我突然接到一个电话。

“你来看一下，这里修路挖土，挖上来一些瓦片。”打电话的人是陕西文保有限公司的勘探技工。

速至现场后，我看到了秦汉时期的陶器残块、筒瓦、板瓦等建筑

∧ 帝国大道发掘现场

材料，还有成片的“踩踏土”。这种土意味着有道路。由于车辆、人员的长期、反复碾压，车轮和人的鞋底又难免沾有各种污物，就会形成瓷实、颜色黑、杂质多的土层。土层的结构像油酥饼，不成大片的层理，和建筑夯打土不同。

我心里一阵慌乱，手心有点冒汗。从修路地点向南眺望，是厨城门对应的古桥位置；向北望，咸阳宫殿最大的夯土高台建筑近在咫尺。

事有点大。定定神，鼓足勇气，我站在了挖掘机铁臂前喊道：“师傅能停下来吗? 给我半个小时。”师傅熄了火，接过勘探工人递上的香烟，回答说:“能行，你让老板给我打个电话，说一下耽误的时间咋算钱就行。”

一通电话协调后，各方面人员在一小时之内聚齐。当日辖区停电，大家饿着肚子，借助微弱的应急灯光赶紧商议办法。日记中，我记录了咸阳市文物局庞联昌副局长当时说的话。他说：“考古队今天叫停施工，是给我们在止损，我们必须要把新建设对文物损害降到最低。”

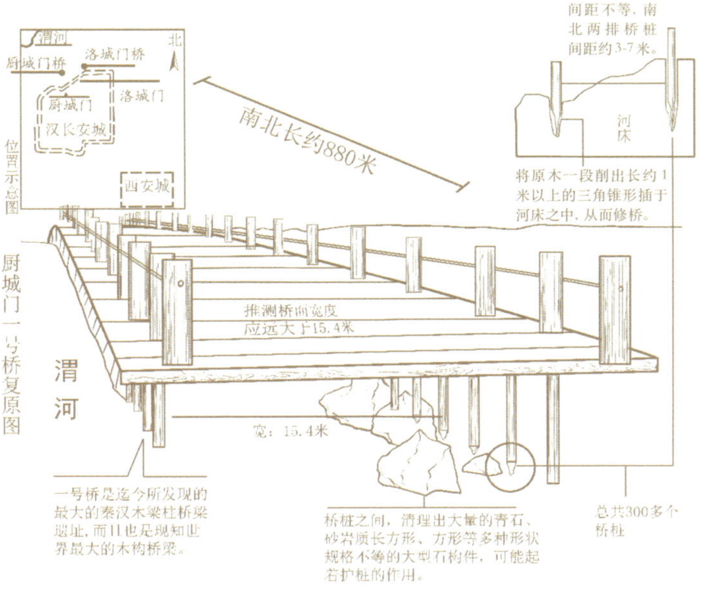

厨城门古桥结构示意图（绘图：狄明）

咸阳城本身城市面貌复杂，考古工作又停滞多年，至今面临的文物保护困境可谓冰冻三尺非一日之寒。考古人有时缺乏和建设者接触的主动性；在文物密集区实施新城建设，有关部门缺乏文物保护的意识；具体建设者，因客观上对文物价值的认识不够，甚至主观有逐利心理。庆幸的是，各方都在向良性的方向发展而努力，包括开挖掘机的师傅。

探班的申先生第二天在现场连连感叹："太重要，太重要了。"接下来二十余天，尽管因雾霾严重政府发文禁止进行野外作业，考古队却一直在"逆行"。形势不等人，必须迅速开展抢救试掘。陕西文保有限公司贺建宏总经理也积极协助勘探。对于一家民企来说，积极协助，意味着勘探利润空间缩水，还要承受一些抱怨："瞒下来，啥事没有，偏要告诉给考古队。"

这是帝国大道。上、下叠压的两条道路，路面宽超过50米，南北走向。多次修整，反复利用。根据路面和路基垫土中夹杂铜钱和陶器残片来判断，道路为秦汉时期的。

文献记载，秦始皇修建驰道（快速干道），规定路面宽50步，合60多米，大约每隔7米种一棵青松，厚土铺垫，用铁夯捶打加固。现在发现的帝国大道，路面宽超过50米，和老北京城的长安大街相似。路基使用沙、土掺杂的混合土夯打加固，不仅增大了路基的渗水性，干燥环境下路面越发坚硬，完全符合行业标准。再和协助发掘的村民一聊，他们说从发掘的地点再向北有一条深沟，民间称“官道”。

厨城门古桥、帝国大道连接了秦都咸阳南、北城区。再读《阿房宫赋》，我的脑海中突然蹦出一个词：地标。

人们提天安门能想到北京，提东方明珠就知道在上海。故宫、东方明珠是地标。那么，在杜牧生活的时代，阿房宫不就是秦都咸阳城的地标吗？

阿房宫没建成，所谓项羽火烧是乌龙。秦始皇陵园的地面建筑、兵马俑坑在内的很多陪葬坑、咸阳北区宫殿处处可见的烧土和黑炭，对于整体城市来说“楚人一炬，可怜焦土”，杜牧没说错。

罗马城不是一天建成的，咸阳城也是如此。最终，“咸阳宫阙郁嵯峨，六国楼台艳绮罗。自是当时天帝醉，不关秦地有山河”。不论有没有外围的城墙，经历了一百多年的营建，一座国际化大都市出现在世界东方。

第九章 咸阳城里找人

秦始皇时期的咸阳城，作为政治中心对国内的影响力不用多说。但每当我和来访者说咸阳城是一座“国际化”大都市的时候，很多人都笑。也许他们觉得我吹牛。

所谓一座城市的面貌，其实就是居住在城里的人的面貌。无论是哪种影响力都需要人来实现。咸阳究竟是不是国际化大都市？先看看咸阳城里的人。

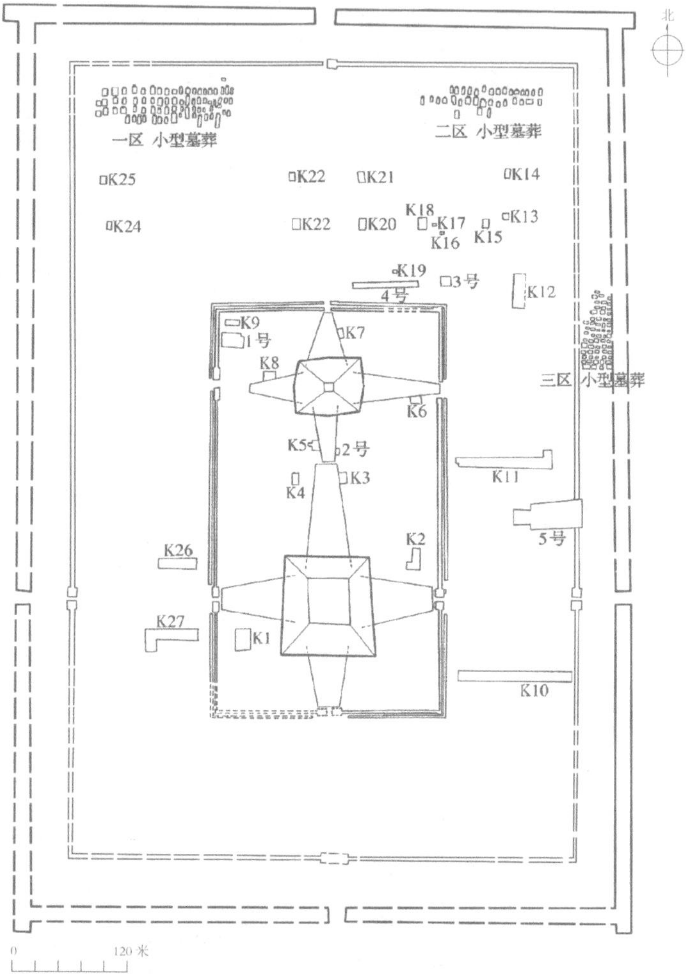

K：陪葬坑
1~5号：地上建筑

秦咸阳“周王陵”布局图[1]（绘图：狄明）

1　引自《咸阳“周王陵”考古调查、勘探简报》图三。

01

挖座秦陵行不行

寻找咸阳城里的人，发掘墓葬是途径之一。在咸阳塬上级别最高的秦王公陵园有 3 处，分别位于今天的西咸新区严家沟、周陵、司家庄，总涉及范围东西长近 10 公里、南北宽约 7 公里。

周陵镇的两座大墓，传说是西周时期的文王陵和武王陵，清代陕西巡抚（相当于省长）毕沅曾亲笔题书立碑。经过考古勘探，发现了内、外两层墙垣、围沟及门阙围出的平面长方形陵园，围圈里有南北并列的两座墓葬，四个方向都有墓道；南边的一座规格大，封土外形覆斗状，北边的一座规格稍小，封土外形截锥状；陵区边缘有三组排列整齐的陪葬墓，靠近主陵分布有陪葬坑；此外陵园内还有地面建筑[1]。

这些情况不符合墓葬不堆坟包、不设标识的西周制度，与雍城、芷阳、秦始皇帝陵有延续性，所谓周陵实为秦陵已经成为共识。

城陵相依，陵随城移。孝公迁都咸阳，死后葬地可能回到了咸阳之前的栎阳城附近[2]，接下来按照辈分，咸阳塬上的三座秦陵从早到晚的次序是惠文王（王后为魏国女）公陵→武王永陵（王后回魏国）→孝文王

1 陕西省考古研究院等：《咸阳“周王陵”考古调查、勘探简报》，《考古与文物》2011 年第 1 期。

2 刘庆柱先生推测是在栎阳城附近，具体位置应在今西安市阎良区康桥和关山镇以东，渭南市临渭区下邽镇以西。参见《秦汉栎阳城遗址的勘探和试掘》，《考古学报》1985 年第 3 期。

^ 严家沟秦陵封土

寿陵（王后华阳）。毕沅所立之碑对陵主的认识不对，但具体哪座陵埋了谁，考古专家们你一言我一语也给不出结论。

为了配合建设司家庄秦陵，有关部门曾组织过小面积发掘，有殉马坑、围沟、建筑基址、墓葬和马车坑，出土铸铭“公”字的铜车軎，另外还有铜扁壶以及大量建筑材料[1]。有学者根据仅有的发掘成果进一步推测此陵应为悼武王永陵，“周王陵”应当为孝文王和华阳后合葬的寿陵，严家沟秦陵为惠文王和惠文后合葬的公陵[2]。

有人说：“挖开看看呗，猜来猜去多麻烦。”如果没有可靠的带有文字的实物，即使发掘也很难形成定论。

2004 年因西安财经学院新校区扩建，发现一处古代陵园——神禾塬大墓。整体占地 16 万平方米，有一座四条墓道的主陵和壕沟、陵墙及 13 个陪葬坑，出土金、银、铜、陶、原始玻璃器上千件，发掘历时 4 年。大部分学者认为墓主是夏太后，也有人认为是秦二世、一位失名失载的

1　陕西省考古研究院：《陕西咸阳闫家寨战国秦遗址、墓葬发掘简报》，《考古与文物》2018 年第 4 期。
2　耿庆刚、曹龙、赵汗青：《咸阳原三座秦陵墓主考》，《考古与文物》2018 年第 4 期。

秦皇子、西周赧王或者西汉惠帝皇后张嫣等[1]。

夏太后是孝文王的妾室夏姬,庄襄王子楚的“真”母,秦始皇的祖母。

秦王立一年,薨,谥为孝文王。太子子楚代立,是为庄襄王。庄襄王所母华阳后为华阳太后,真母夏姬尊以为夏太后。(《史记·吕不韦列传》)

“真”字弄得人有点心酸。子楚政治投机投靠华阳太后,最终如愿做了太子直至秦王,夏姬守得云开见明月。常言道“儿不嫌母丑”,被亲生儿子放弃,心里的滋味自是五味杂陈,“太后”名衔未必能弥补一位母亲心灵上受到的创伤。

其夫孝文王与华阳太后合葬咸阳塬西北的寿陵,其子庄襄王葬咸阳东南的芷阳,为了给自己留下最后的一点尊严,夏太后留下遗言,百年之后她的葬地要能“东望吾子,西望吾夫”,独别葬杜东。最终,她做回了她自己。

都说隔辈亲,夏太后和嬴政也不例外。在孙子主政时代,夏太后的遗愿得以实现。她独葬一处,陵园配置达到定格,墓穴以王的标准设置四条墓道,随葬挽六匹马安车——“天子驾六”。继位 7 年后,时年 20 岁的嬴政安排了祖母的后事。陵园中出土了带有“北宫乐府”刻字的石磬和大量珍贵的动物遗骸。2018 年 6 月,美国《科学》杂志官网发布消息称,中英两国学者经过多年对比研究发现,墓葬中的动物除了熊、豹子、猞猁之外,还有一种现在已经灭绝的灵长类物种。因为夏太后和秦始皇的关系,此物种被命名为“帝国君子长臂猿”。

确实也有人这样说 :“这三座秦陵摆在那儿就是一个土包,挖一下出点东西也能带动一下地方经济。”实际上,因司家庄区域发掘涉及秦陵,

1 详见丁岩 :《神禾原战国秦陵园主人试探》;段清波 :《关于神禾原大墓墓主及相关问题的讨论》,《考古与文物》2009 年第 4 期。

纵使万般不舍，考古工作者和地产开发商都克制住了各自的欲望，最终以“咸阳秦王陵”之名将之申报成为第八批全国重点文物保护单位。

“挖”与“不挖”不用纠结，考古之“挖”，科研价值大于带动地方经济。文化遗产提倡合理利用，“合理”尤为重要。2017 年 10 月 18 日，习近平同志在党的十九大报告中指出，要加强文化遗产保护传承。根据《保护世界文化和自然遗产公约》，古墓葬属于物质文化遗产的一部分，其保护和传承的方式，首先应该遵守世界文化和自然遗产共约——保存现状、恢复原状、可逆性、可识别和最小干预。

02

我看到了奇迹

考古发掘经常是为了配合地方经济建设。2017 年冬，刚结束一项非常烦人的此类任务之后，我对大家承诺："最近一定安排休整，一定。"其实休整只不过是节奏放慢，并不是真的可以放大假。

在咸阳城的这些年，撒腿跑都来不及，休假更是奢望；况且技工师傅基本以出勤天数计酬，放假也影响收入。不料我的话音刚落，却接到邢福来师兄的电话，他说："我在咸阳城西边发掘，有两座墓好像是秦墓，你带人来不？"

体乏，心动，纠结。佯装漫不经心、吞吞吐吐地和张杨聊天："邢老师自带福气，挖过北周粟特人的安伽墓，挖过榆林西夏统万城，运气一贯好。"有点像下套，然后说了邢老师这次发掘墓葬的具体位置。

"去啊! 那个位置的秦墓肯定和咸阳城里的人有关系，去!"我对张杨的工作热情和思想觉悟心里有底，只是对自己又一次食言心有愧疚。任何一项考古发掘都需要团队，靠领队一个人做不成。简短动员之后，没人再提休假，我们开始"友情串场"。

墓葬一南一北并列分布，分别编号 M2、M3，人员分组齐头并进，有条不紊。墓穴填土全部经过人工夯打，非常坚硬，进入冬季又有一点上冻，咚咚的镬头声，每挖一下就增加一份希望和忐忑——土硬说明没

<　墓底清理

有受到后期的盗扰。幽深的墓坑越来越潮湿冰冷，墓穴中会埋藏着什么呢？这个时期的墓葬只要没被后期盗扰，一定会有漆木器、织物、青铜器和玉器，运气再好点，人骨也许还能检测出年龄和性别，那可就是天上掉馅饼了。

2 米、5 米、7 米直到接近 9 米，开始墓室清理。我趴在墓坑边指导深坑下具体的清理步骤。申先生恐高，不敢靠近："你看到了什么？都有什么？""我看到了奇迹。"此刻的心情只有两个字：燃爆！

M2 位于北侧，平面长方形，深 9.37 米。葬具为一棺一椁。M3 位于南侧，规格比 M2 大，整体平面近"凸"字形，深 8.95 米。东部为墓室，放置二椁一棺多重葬具，葬具最外层还覆盖有荒帷织物。

天子棺椁七重，诸侯五重，大夫三重，士再重。（《庄子·杂篇·天下》）

棺、椁葬具象征地下世界的居所，保护死者的尸体，这是"事死如事生"。一个人的吃穿用度都有次序级别，葬具使用情况也是如此，不同等级的人使用葬具数量要符合身份，这也是“事死如事生”。一棺二椁和一棺一椁符合大夫三重、士二重的等级，又覆盖编织席和织物的荒帷，无疑是权贵阶级。

“考古队挖出好货”的消息不胫而走，“爱好者”开始聚集在警戒线外围观，不停地在窃窃私语，“唉，当年咋把这里给漏了”，“考古队这回咥着大活了”。咸阳塬上的盗墓贼曾经如过江之鲫，两座墓幸运地保存完好没被盗，也算是奇迹。

根据对牙齿磨损度、骨缝愈合度、颅骨和盆骨形态的一番分析，另一位友情串场的体质人类学老师得出了初步结果。M3 墓主为男性，年龄在 45 ~ 50 岁之间；M2 墓主可能是男性，年龄特征已经无法分辨，骨骼已经完全腐朽。

生同衾，死同穴。墓穴并列在一起称为并穴合葬，一般多见于男女异性之间。同性之间的并穴合葬也许是一种人身依附、从属或者血亲的关系，父子、兄弟、主仆，“或者是断袖之恋”——这个观点也不是没有可能。M3 的墓圹规格、葬具配置以及随葬品数量都更大、更好、更多，墓主地位显然高于 M2，是主墓；M2 是附葬从属，墓主地位稍低。

我敢打赌，能发掘出惊鸿一瞥的宝贝是所有考古人的心愿，只不过为了避嫌都不明说罢了。两座墓葬的墓道填土与墓室内共出土遗物 155 件（组），质地包括银、铜、铁、铅、陶、玉石、骨牙、低温烧制的带釉料器、髹漆竹木器，器类包括日用器、礼器、兵器、装饰品、工具。如此丰富，极大地刺激了所有人。

12 件玉璧有 10 件直径在 14 厘米以上，覆盖在两位墓主身上，属于葬玉，目的是保护尸身不腐。负责现场安全的“虎牙”比画着说：“这么大个，刷子扫去泥土，我手直哆嗦。”他带着伙伴们友情串场，值守了两天两夜。友情串场的人还包括特邀专业摄影师，在整理间拍玉璧

^ 秦墓出土玉璧

^ 玉具剑（摄影：张杨力铮）

特写，灯光投下的瞬间，青绿中的乳白色沁渐渐晕染散开，顶端一抹似暮色晚霞的乳黄，背影是若隐若现的谷纹乳突和菱形格线，就像一幅水墨画。空气仿佛也凝重了起来，只剩下咔咔的快门声。

两座墓都有玉具剑和兵器。玉具剑属于男士高端奢侈品。经侯是战国时期的一名暴发户，他曾经左边带着玉具剑，右边带着玉佩环，借故找魏太子炫富。可是两人干坐了半天，魏太子对经侯这种土豪打扮熟视无睹。经侯实在憋不住了，主动拉话说："魏国有宝物吗？"魏太子不卑不亢地回答："国君诚信，臣子尽忠，百姓拥戴，和谐的气象是魏国的宝物。"怼得经侯半天没吭气，最后他解剑去佩，羞愧万分。这个故事从侧面体现了当时贵族阶层对玉具剑的追捧[1]。

1 《说苑·反质》：经侯过魏太子，左服玉具剑，右带佩环，左光照右，右光照左。太子不视。经侯曰：魏国亦有宝乎？太子曰：主信臣忠，百姓戴上，此魏国宝也。经侯应声解剑而去佩。

^ M3 出土玉环

“解剑去佩”，玉具剑必有与之相配的玉佩环。想到绖侯的故事，我马上查师傅们的发掘日记，果不其然。除了青铜剑身，玉具剑的剑首、剑格和剑鞘上的珌、璏，以羊脂玉做成，玉质的圆润与金属的杀气一刚一柔如英雄与美人。摩挲着圆圆的羊脂玉剑首，申先生再一次提起兵马俑坑铜剑的等级分类标准：剑首圆形级别高于菱形，将军俑和铜车马御手佩剑都是圆形剑首，鞘上的珌和璏体形更大。

无疑，墓主是武将出身并拥有一定爵位的秦贵族。他们是谁？

03
有漏洞的脑洞

M3 出土的铜鉴上腹部有一段金文，三竖行，共计 16 个字。我最怕认金文，只好广泛求助国内大咖，最终厘定内容是：十九年蜀守斯离造工师狢丞求乘工耐。行文格式为战国秦器风格，内容包括制作器物的时间、具体监制人、工师、工匠，意思是在某一位秦王十九年的时候，蜀地一名叫斯离的长官督造了这件器物。

居然，《史记》中还真记载有这么个人：（秦昭襄王）二十三年，尉斯离与三晋、燕伐齐，破之济西。

斯离是秦昭襄王时期的一名军官，二十三年即公元前 283 年在多国联合发兵伐齐事件中，他以“尉”的身份率兵参战。这和墓葬中出土玉具剑、兵器、多层棺椁、墓主年龄和性别都吻合。

秦国与“尉”有关的官职有国尉、校尉、郡尉、都尉等等。国尉是中央直属官职，负责划分作战区，是全国最高的军事长官，即战事总指挥。秦国曾任国尉的仅两人，一个是昭襄王时期的白起，一个是秦始皇时期的尉缭。

地方的军事长官是郡尉或都尉，平时负责训练地方部队和壮丁，维护治安，战时领兵打仗。斯离伐齐时的官职，我推测应该是郡尉，根据有三个：一是《史记正义》明确解释“尉，都尉”；二是这个时期国

∧ 铜鉴及铭文（摄影：张杨力铮）

尉是白起；三是铜鉴铭文写着他是巴蜀地区的地方长官“蜀守”。但是消息公布后，有些研究古文献的学者认为尉应该“理解为‘国尉’为宜。即昭襄王十九年斯离为蜀郡守，至迟二十三年时已经升任国尉，成为中央武官，如此率军出征齐国更为合理”[1]。但细想想，谁说地方兵就不能代表国家外出打仗呢？秦国攻打楚国，可没少派川军团。

关于秦始皇陵兵马俑一、二号坑，已经有很多文章考证，二者分别象征地方军和中央军，“将军俑”的真实身份是校尉和郡尉。不知不觉间，我眼前飘过斯离的身影：头戴鹖冠，身披彩色鱼鳞甲，体态魁梧，额头布满皱纹，双手交于腹前，气宇轩昂，淡定自若。这不正是我发掘过的那个“老九”吗？

官职和爵位是两套相结合的身份标志，爵位共有二十级。尉是斯离的官职，他的爵级是多少？这是我平生第一次遇到秦贵族，激动之下

1 但昌武：《“十九年蜀守斯离”铜器铭文及相关史事考析》，武汉大学简帛网，2019 年 11 月 9 日发布，http://www.bsm.org.cn/show_article.php?id=3449.

不断给张杨发任务单：查。这下不仅休假兑现不了，又得连夜加班。

文献检索显示，秦国能独立率队打仗的人先后有白起、王贲和王陵。白起自昭襄王十三年为左更或左庶长，独自领军攻打新城，左庶长属于十级；四十五年五大夫王贲攻韩取十城，四十九年十月五大夫王陵攻赵邯郸，五大夫是第九级。再低的级别没有独立领兵的文献记载，斯离爵位应当不低于五大夫。

蜀守、秦尉，督造铜器、带兵打仗，考古实物和史书记载如电影镜头来回切换，夜深人静的时候，我不由自主地又脑洞大开了。

文献记载，斯姓是蜀之西南夷种[1]，西南地区有"斯族"这样的一个少数民族部落；昭襄王期间张若是蜀地非常重要的外派京官；斯离带兵打仗，五大夫以上级别。

考古发现，文字刻在铜鉴上，鉴可以沐浴又可以鉴容，以史为鉴可以知兴衰，有警示的寓意，铜镜与铜鉴是一回事；M2 出土耳部刻有"张氏"的铜鼎；斯离督造了铜器，M3 墓主性别男性，M3 年龄 45 ~ 50 岁，身份高贵，曾为武士。

惊天秘密! 原来带兵打仗的秦尉斯离是巴蜀地区的旧贵族。他在历次蜀地叛乱中保持了归顺中央的坚定立场，专门铸造铜鉴表明心迹。张若与斯离是搭档，一个任郡守，省长；一个任郡尉，武装部部长。珠联璧合。M3 墓主是斯离，率郡县兵伐齐之后留在了咸阳城。

演绎合情合理，心中小有得意，一大早兴冲冲地追着申先生和张杨，分享"深思熟虑"的成果，不料他们二人冷静地听完，不约而同地抡起了"大棒"——器物的督造者≠最后的拥有者。督造者反映的是物勒工名制度，非物勒属名。

1　参见《资治通鉴》、《史记·西南夷传》《史记·司马相如列传》。

我自是不认输，脑洞有漏洞并不是错误。惠文王初并巴中地区，以土著贵族任蛮夷君长，又嫁秦族女子和亲，给不低于四等不更的爵位。秦昭王与巴人盟誓“秦犯夷，罚黄龙一双；夷犯秦，输清酒一钟”。在不闹独立的前提条件下，少数民族地区实行自治，斯离是巴蜀土著出任郡守又有何不可?

况且秦国有招贤纳士的传统，专门为引进的人才设“客卿”职位，百里奚、商鞅、李斯，外来人在秦国统治阶层有一席之地。但是，客卿毕竟是客，不可能一点儿都不防范。

有一位和斯离官职相同的人，秦尉错，他为客卿时与白起是搭档。白起是谁?战神，昭襄王时期王室的肱股之臣，尤其受昭襄王之母宣太后和国舅魏冉的信任和重用。白起就像是秦尉错的影子，以致史书将二人的事迹张冠李戴，他俩的搭配组合体现了秦王政治手腕的绝妙——监管和拉拢。这样一想，我觉得土著人斯离和空降大员张若在蜀地搭班子不是不可能。

关于 M3 墓主是谁，我和两位先生争辩得面红耳赤，鉴于蜀守斯离、秦尉斯离是国之栋梁的共识，我们又握手言和了。

^ 宁夏出土铜牌饰（宁夏回族自治区文物考古研究所藏）

04

城中
普通人

贵族毕竟是少数，城中大部分居民是“黔首”，他们“大安”了吗？这些人在咸阳城修陵、盖殿、经商、务农，或定居或暂住或服刑，死后葬在郊外公墓。他们是谁？来自何方？了解这些名不见经传的小人物，只能依靠发掘墓葬。

与宫殿区一样，平民墓地也依渭河分为南、北两部分。也许是发掘过骨质带具，也许是真心喜欢铜带钩，渭南区 820 余座墓葬出土的器物中，我偏爱乐百氏食品有限公司项目的 5 件陶模具[1]。模具对应的是草原民族腰带上使用的金属装饰。

这种金属装饰片，纹饰有动物之间殊死搏斗的扭打场面，分布地区在境内遍布于长城沿线，在境外有蒙古人民共和国和俄罗斯外贝加尔、叶尼塞河中游地区。从族属方面说，匈奴、东胡后裔乌桓和鲜卑都用。这是属于“北方青铜文化”的典型器，与秦人“混血”的三叉护手剑、小金怪兽甚至秦始皇陵旁的金骆驼一样，是研究欧亚大陆交流通道的物证[2]。

1 陕西省考古研究院：《西安张家堡秦墓发掘报告》，陕西科学技术出版社，2018 年；《西安北郊秦墓》，三秦出版社，2006 年；《西安尤家庄秦墓》，陕西科学技术出版社，2008 年等。

2 北方青铜文化，源于夏商时期，商代晚期至西周初具规模，西周晚期至春秋早期得到了长足发展，春秋中期至战国达到鼎盛。在漫长的发展历程中，融合了中原地区及欧亚草原地区的文化因素，形成了自身特色。

∧ 陶模上的暖情图案[1]

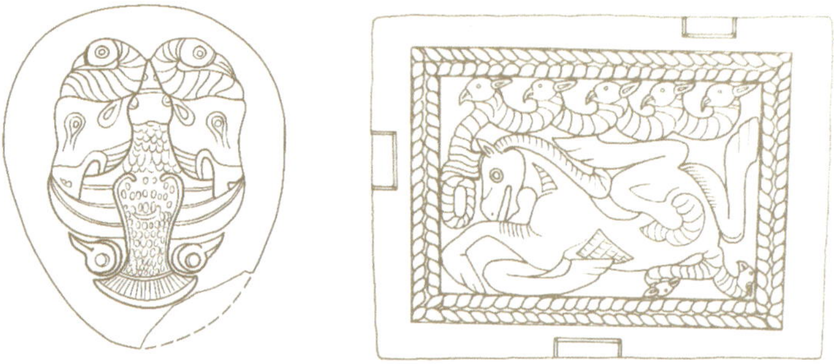

部分陶模图案[2]

1　引自《西安北郊秦墓》彩版一，1。
2　引自《西安北郊秦墓》图八四、八五。

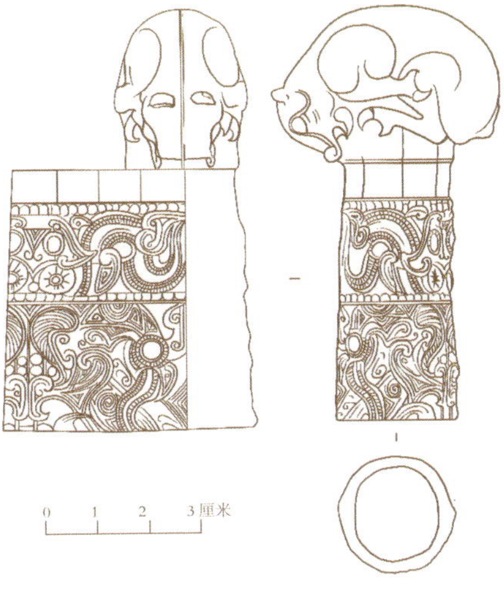

杖首[1]（绘图：狄明）

我曾经给研学的孩子们展示模具图片，其中有相拥而坐的一妇一童人物。妇人缠有飘带的头巾，上穿圆领窄袖衣，下套百褶长裙，面带微笑，慈祥如祖母。她侧身搂抱的儿童身穿紧身衣裤，腿边放着一个玩具毛球，画面温馨。我问学生，觉得这个妇人像谁，“乌拉托娅”，有人答道，引起一阵哄堂大笑，我也觉得像大草原上的额吉。

既然能在咸阳城中生产这种特殊人群使用的器具，说明这些人在此地是长期居住，并且有相当的数量，满足消费群体稳定的供给条件。若不如此，缺乏销路，没必要在咸阳城组织生产。显然长城的高墙拦不住也不可能挡住草原文化对中原地区的冲击，而秦始皇修建的直道和国家的统一，更加快了秦帝国与世界各地间融合的步伐。

渭南区东部还有浐河两岸的半坡、马腾空等墓地。查阅枯燥的考古发掘简报或者报告，我依旧是从翻看线图开始，很快就被一件精美的铜杖首所吸引。这件杖首合范铸造，上端蹲息一小动物。

1　引自《西安半坡的战国墓葬》图十五。

猪？熊？都不是。额宽大，珠目突出，两耳外张，前肢往后屈举，后肢向前蜷屈，爪子尖尖的有点像禽类。套装杖杆的铜管表面有云朵、放射着光芒的太阳、八爪爬行动物、曲曲弯弯的龙……杖木已朽，唯外表仍留有髹漆的残痕，出土时放置于人骨架的左侧，全长 66 厘米[1]。

全长只有 66 厘米，用作助行有点短。是权杖吗？浐河边，一位老者右手举起权杖——他是这个聚落的族长，拥有德高望重的地位——左手横劈状朝外一挥，将来自秦王的命令传达下去。

也许确实只是一件拐杖。传说刘邦与项羽打仗蒙鸠鸟相救，得胜后以鸠杖赐行走不便的老人，“七十赐杖”。又诏令天下各地都要对 50 岁以上的老人予以照顾，推举“乡三老”和“县三老”。三老的地位相当于县令、丞尉，不仅不征徭役还要赐给酒肉。

八十、九十曰耄，七年曰悼。悼与耄虽有罪，不加刑焉。（《礼记·曲礼上》）

五十非帛不暖，七十非肉不饱。不暖不饱，谓之冻馁。（《孟子·尽心上》）

中国人拥有尊老敬老的传统。老人过了 70 岁即使犯罪也不追究刑事责任，50 岁以上要保证能穿上丝织衣服，70 岁以上要保证能吃上肉。也许是汉承秦制的考古发现太多，我不自觉地总是想这件兽首杖会不会也是“赐杖”。秦王嬴政遵从祖母的意愿为其安排陵园，秦末刘邦入咸阳拜三老，三老群体和敬老的孝道习俗在咸阳城原本就有。

1957 年进行的半坡墓地发掘缘起是配合建设。2016-2018 年在浐河西岸又有马腾空遗址的发掘，我重点关注了与秦有关的居址和墓葬情况[2]。

1　金学山：《西安半坡的战国墓葬》，《考古学报》1957 年第 3 期。

2　陕西省考古研究院：《陕西西安马腾空遗址考古发掘获得新成果——首次发现关中地区仰韶文化晚期环壕聚落、秦人聚落与墓地以及秦末汉初青铜器窖藏》，《中国文物报》2019 年 7 月 19 日第 008 版。

^ 巴蜀人 · 鍪

^ 戎人 · 鬲

^ 楚人 · 鬲

^ 秦人 · 鬲

^ 各式炊具（陕西省考古研究院藏）

报道显示，居址早期与墓地南北分开；半地穴房址最具特点；推测当时房址铺有悬空的圆木或木板；墓地由早到晚分布，清理 270 余座秦墓，葬式、随葬品与关中西部秦墓基本相同，时代最早的墓葬可到春秋中期。有一定数量的春秋楚式柱足鬲，在一座房址的窖藏里埋了鼎、浴缶、盆共计 3 件战国楚式青铜器。

秦武公十一年（公元前 687 年），初县杜、郑，灭小虢。（《史记·秦本纪》）

早在公元前 350 年孝公迁都之前，已经有秦国人在浐河岸边眼巴巴地等待母国的大旗飘扬在大咸阳的上空，他们既是秦国统一天下的先遣军，也是咸阳城的首批拓荒牛。在此基础上，战国时期又有楚国人融入这个社区。涓涓细流的汇集才有了后来的咸阳城和秦帝国。

“你看看，你看看，做咸阳城考古确实需要空间大一点，时间线拉长一些。”提起咸阳考古涉及的时空范围，张杨同学总是挠挠满头的自来卷面有难色，我又何尝不知其难！

相对于渭南区，渭河北的平民墓葬分布更集中，保守估计数量超过 2000 座，千余座在配合建设中进行了发掘。墓主来自全国，甚至更远。移民时间集中在战国晚期至秦代。塔儿坡墓地在短短十几年内集中埋葬 300 余人，而与之相邻的任家咀墓地自春秋中期至秦统一数百年间只有 200 余座墓。

渭河北区出土的“外来”的器物，有 5 件骑马俑非常著名，其装束和人物面部特征明显与草原民族有关[1]。2007 年柏林举行了斯基泰文化展，有一件被称为“哈萨克武弁”的青铜风帽，与骑马陶俑的形象几无差异。这正好与渭河南草原文化风格的陶模相呼相应。

除此之外，“外来”的器物还包括各式做饭的锅，有土著人的鬲及釜，有巴蜀人的鍪，有西戎人的带足鬲和楚人的柱足鬲[2]，各地特色美食的香气飘荡在咸阳城宫殿及闾里。

1　李云：《三件相似的战国骑马俑》，《中国文物报》2020 年 1 月 7 日第 008 版。
2　咸阳市文物考古研究所：《塔儿坡秦墓》，三秦出版社，1998 年；《任家咀秦墓》，科学出版社，2005 年；陕西省考古研究院：《咸阳东郊秦墓》，科学出版社，2018 年。

05

咸阳是座移民城

我不想对秦都咸阳城过度粉饰太平，现实确存悲惨的弱势群体。按照秦律“五人为伍，十家为什”的管理规定，百姓入籍，居住在闾里。一家犯法十家连坐，如果主动举报则可以免除刑罚，如果隐瞒包庇则会加重刑罚。

仅渭南区的尤家庄明珠花园项目内，59 座秦墓中有 19 座乱葬，狭小的墓圹内一次埋葬数人，墓主年龄偏小，20 岁以下占大多数，并且女性居多，身体没有明显外伤，这可能是一群或过劳死或染疫而亡的赀人。与之相邻的翁家庄有 7 座刑徒墓，共计 31 具尸骨，最多的一座葬埋了 7 人。他们有的头部被击打过，有的没有脚趾，有的腓骨骨折，有的身首异处，有的俯身做挣扎状，显然是被杀戮或活埋，个别的还戴有刑具。

2003 年春，在秦始皇陵区外发现一座修陵人的乱葬坑，121 具男性人骨凌乱地堆埋在一座废弃的陶窑遗址内，死者均属重体力劳动者。该批人骨经取样进行 DNA 检测，第一次检测时发现有一具人骨属“洋劳工”，属于欧罗巴西部人种。后来进行重复检测认为，这 19 个劳工属于东亚人群的混杂群体，相比于 32 个现代中国人，他们具有更明显的多样性。修陵人骨检测结果之间的差异，虽然还不能为乱葬坑中人骨种族属性下最终的结论，但也为我们推测这些重体力劳动者的来源地提供了想象的空间[1]。

从 1957 年到 2016 年，考古发掘墓葬都是为了配合建设。墓葬毕竟还有随葬品属于可移动文物，而如马腾空铺木板的半地穴式房屋等等不可移动文物，全部随着楼盘别墅开发而灰飞烟灭。面对建设古遗址，难道就只有“一挖了之”？我深知，要解决这个问题更是难上加难。

想了解咸阳城里的人，我们真不必去挖一座秦陵。在秦统一的过程中，咸阳城中的人逐渐多了起来。他们是咸阳城的一分子，是秦帝国的一分子。咸阳城里的贵族、平民、刑徒，马背民族、戎人、楚人、巴蜀人，还有秦始皇陵里可能含欧罗巴人种 DNA 的洋劳工，以上的考古学成果已经能说明，咸阳是一座国际化的大都市，这里浓缩了中华民族滚雪球般壮大的过程。吃透考古工作结果，一样可以实现文化遗产的有效利用。

不管愿不愿意，考古人都要发掘一些墓葬。本来它们安息于地下，作为第一个对它们的“打扰者”，我们有责任忠实地保护和保存它们的每一种信息，尽力去理解它们可能承担的意义。对咸阳城里与人有关的发现，我想做一个揭示者、传播者和欣赏者，揭示每位墓主的曾经，传播秦帝国的精华，欣赏中国文化传统的博大。

1 段清波：《从秦始皇陵考古看中西文化交流（一）》,《西北大学学报（哲学社会科学版）》2015 年第 45 卷第 1 期。

第十章

『烂土』里的皇宫

通常来说，城市考古的模式，是先找城墙，把城市的范围圈起来；再根据城墙的豁口，确定城门；沿着城门找主干大街确定路网结构；最后确定城内功能分布。稳扎稳打地走好四个步骤，城市面貌跃然纸上。

但是，秦都咸阳城跨渭河南北两岸，城墙咋修？作为第一个东方帝国的首都，一座从王国都城转变到帝国的首都，规模多大合适？空间如何设计得合理？

01

夯筑技术 创造世界奇迹

万万没想到，初涉咸阳城考古工作，我首先面对的竟然是建设施工的挖掘机。

“不能在这挖，停下来，这是秦宫殿建筑的夯土。”

挖掘司机打电话给项目建设方，“施工被文物上的人又拦了”。他们不明白，咋挖点土也不行。

暑热的夜晚，坐在露台上难以入睡，许广健照料着野兔和宿舍里逮到的幼蝎子，段育红师傅倾其所知向我介绍之前咸阳的工作情况。我看着渭河岸边灯火通明的建设场景，想起了曹植《送应氏·步登北邙阪》：步登北邙阪，遥望洛阳山。洛阳何寂寞，宫室尽烧焚。垣墙皆顿擗，荆棘上参天。不见旧耆老，但睹新少年。侧足无行径，荒畴不复田。游子久不归，不识陌与阡。中野何萧条，千里无人烟。念我平常居，气结不能言。

北邙阪是东汉都城洛阳北侧的高地，曹植站在这里，遥望洛阳，感慨万千。昔日的繁华不再，残垣断壁长满荒草，侧身走都没有可以脚踩的地方，人也都是生面孔，这里是我以前的家啊，心痛。

我此时看到的帝都咸阳城遗址正如曹植看到的北邙阪。这一堆堆的“烂土”，曾是秦王公、皇帝的后宫和朝堂。两千年来，人们列数秦始皇的大宗原罪，大兴土木必居首位。土即所谓的“烂土”，实际是版筑夯土，木为木柱和木梁。

中国古代建筑，石、砖、瓦为配角。作为建筑不可或缺的原材料，版筑夯土是把自然土壤经过捶打压实即成。这项技术是了解中国古代建筑的一把钥匙。公元前3300至公元前2800年，郑州西山仰韶晚期城址使用了版筑技术，此后经历王朝更替，建筑外壳有变，内质核心一直顽强地保留着。皇宫大院的重要建筑由夯土筑成，老百姓普通的茅屋也是夯土筑成。不大量使用砖、石，不是因为中国人穷，而是因为民族传统有别于以庞贝古城、埃及金字塔为代表的西方建筑。现今钢筋水泥取代了土、木，版筑技术逐渐被遗忘。

夯土取材广泛，经过重力捶压，自然土壤的孔隙被挤缩，土质结构紧密、坚硬，用作建筑的承重墙和地基可以达到坚固、不容易垮塌的效果。铺一层土用夯打的工具砸实一遍，再铺一层土用夯打的工具再砸实一遍，这样一层层砸实，直到满足所需要的高度。一截一截地接起来，最终完成建筑。一截一截，就是我们现在说的“一堵墙”。夯土的计量单位是“堵”，百堵皆兴意味工程竣工。

夯打的工程修建是高强度体力劳动，需要动用的人力少则数千，多则数万，能够聚集众多劳动力的组织或个人，只有国家和王公贵族。中国第一部诗歌总集《诗经》就记录了这些劳动的场景。按当初所配乐曲的性质，《诗经》分为风、雅、颂三类。雅是正声雅乐，属正统的官方乐曲，类似现在的红歌。

其绳则直，缩版以载，作庙翼翼。捄之陾陾，度之薨薨，筑之登登，削屡冯冯。百堵皆兴，鼛鼓弗胜。（《诗经·大雅·绵》）

这是一幅欢乐的劳动场景。“呼儿嗨呦”的劳动号子响彻云霄，众人齐心协力，夹上两边木版，挖土、运土、砸夯，最后“嚓嚓”地修理整齐，工程顺利竣工，锣鼓震天，一片欢腾。

这种工程包括万里长城的修建。这条盘亘延绵的军事防线，在西北大部分地区就是夯土墙。长城的修建始于战国时期，当时中原各国纷争不断，又面临北方草原民族的侵扰，燕、赵、齐、楚、秦都修建了这样的墙。直到宋朝抵抗蒙古、明朝抵抗满族，在历时一千余年的时间里，万里长城永不倒成为一项世界奇迹。

咸阳城遗址属于国家重点文物保护单位，夯土也是被保护内容的一部分。自 1959 年以来，考古发现的夯土连绵不绝，以“遍地”来形容也不为过。虽然对于一般公众来说，它们不“养眼”，但擅自破坏却绝对不行。

如果说兵马俑为我开启了认识秦朝的一扇窗，那么打开秦朝的那扇大门，就从“烂土”开始吧。

02
田野考古秘籍

寻找古代建筑的秘籍就是找夯土，有夯土预示着不是有墓就是有建筑。夯土范围越大，建筑或者墓葬的体量就越大，等级越高。能“认土”非常重要，这项技能属于考古人的“童子功”。田野调查中发现一片夯土，对考古人来讲就是发现了金矿。

一层层砸实的夯土，上下层之间会形成一个光滑、坚硬的平面，也就是夯面，有时候夯面上可以看出夯打工具留下的浅窝——“夯窝”。据此可以判断夯具的大小、形状。

不同时代夯窝的形状并不一样，比如现代建筑工地使用的电动夯，夯打过后留下的痕迹是一个个的长方形平面。秦代夯打工具一般是石或铁质，一个人或两个人抬着捶打，夯头比较小，形成的夯窝一般是圆形，直径大约 5 厘米。这样的夯具头在内蒙古卓资县战国至西汉城遗址一次就出土了 100 余件，比人的拳头稍大，一个人完全能拎得动。由于夯具小，要想保证夯土的质量，每层土就不能太厚，一般是 3 ~ 5 厘米。

拳头大小的夯头并不是当时唯一的夯具。物理学常识告诉我们，面积越大，产生的压强越小，所以夯具面积大，产生的压强小，夯土砸不瓷实。古人早就明白这个道理，不断对夯具进行改进，尽量减少接地面积，最常见的办法就是用荆条或细木条捆成一束用来捶打夯土，由于

^ 从夯夯窝

每股荆条或木棍都很细，更容易将土夯实。这样的夯具留下的夯窝犹如点点梅花。一号兵马俑坑发掘发现了梅花夯的痕迹，但对记者说这些，他们都不太感兴趣，总是问“出土了多少件彩绘俑”。

另一个更准确判断夯土时代的办法是根据夯土中的杂物。万里长城也好，高大巍峨的宫殿建筑也好，夯打原料中难免会夹杂一些和修建活动同时代、甚至是时代更早的杂物，比如陶器残片，甚至说不定有当时工匠衣服口袋里掉出的铜钱，这些物件往往是判断修墙盖房时间的参考。

只能说是参考。在咸阳城遗址东部三义村，卫星图上有两圈闭合的夯土墙，大家带上手铲、扛上探铲去核实。老方儿探铲钻下去，一副失望的表情，土样里竟然有青花瓷片；小许抠出夯土墙体里秦汉时期的陶片，颠颠地跑过来给我“献宝”。瓷片和陶片撇清了夯土墙与秦咸阳城

∧ 夯土

的关系。再一查地方文物档案，这个遗址属于清代。清代同治年间回、汉两族起了纠纷，回族军队在咸阳塬驻扎有军营，设“回回城”。晚期单位包含早期文物的现象常有，“回回城”夯土墙的夯筑时代与瓷片属于同一时期，比陶片晚了两千余年。

找夯土的具体方式：一跑、二看、三聊天。

由于夯土是一层层砸实，它最明显的特点是能分层，跑到就能碰到。又由于结构密实，透水、透气性差，有夯土的地方地表植物的长势难免会受到影响，翻看一个地区的卫星影像图，寻找植物生长异常的区域，多看就能发现问题。走访当地老乡，和他们闲聊，不经意间也许有大收获。

2014 年 7 月 22 日，热。在地里一阵“瞎”跑，我和搭档躲在老乡家屋檐下小憩。老乡见状，端出两杯绿豆汤，问道：“你们是新城管委会的人吗？我们这里啥时候拆迁？”新区大规模的建设已经家喻户晓，

∧ 调查

她把我们当成国土资源或者规划局的人了。

“我们是考古队的。”“你家周边的地里，庄稼长得好不好？”我们开始闲聊，“浇地的时候，水下渗程度如何？”我非常想听她抱怨自家的庄稼长得不好，浇水下渗不顺利，这样的回答可是个好兆头，说明地里一定有夯土。

“考古队滴（的）？知道我们这儿啥时候拆迁吗？咋补偿呀？”妇女并没有接我的话茬，只是追问拆迁。

就在这一瞬间，清凉的绿豆汤竟然有点烫嘴。来不及了，来不及了。大规模的建设已经开始，咸阳城遗址的分布面貌尚不清楚，文物保护进度必须提速、全速。

∧ 勘探

调查发现，咸阳城的夯土质量非常好。土质干净，层次分明，可真是良心工程。调查发现夯土之后，就要用考古探铲确定具体范围，这让师傅们既爱又怕。夯土太坚硬，钻探的时候震得虎口发麻，几铲子打下去，手上就打了泡。

复原正视图

复原透视图

一号建筑复原图[1]（绘图：狄明）

∧ 1974年一号建筑遗址发掘（陕西省考古研究院供图）

1 引自《秦咸阳宫第一号遗址复原问题的初步探讨》图一。

03

复式结构的小高层

秦始皇家的房子很多。联排、独栋、叠拼，夯土建筑按照发现顺序被依次编号，登记数量已经有 30 余处。1975 年后，前辈们对 1 ~ 4 号建筑进行了发掘。它们之间勾连相属，组成一个建筑群。原发掘者认为一号处于核心地位，为主殿。

陪同某节目组拍摄，站在一号建筑的台顶，我滔滔不绝地讲："类似这样的建筑，咸阳塬上有数十处，想当年秦舞阳陪同荆轲来咸阳刺杀秦王，刚踏上大殿台阶，宏伟的建筑直接把他吓尿了。"

"在哪呢？在哪呢？"摄像师满脸疑惑地问。

包括一号建筑在内，这些夯土外观真是其貌不扬，经常被误认为是墓冢。表面杂草丛生，实质内核很硬。一号建筑宽阔、高大的夯土台基占地范围长 117 米，宽 45 米，面积约 5 265 平方米。历经 2 000 余年风雨蚕食，仅高出现地表的部分还残余有 6 米，接近今天的两层楼。向下还有 5 米多深。初步估算，这个建筑需要的夯土总量约有 6 万多立方米。台基上再搭屋顶，至少还得再加上一个成年人的身高。最后形成的建筑总高度至少有 9 米了。

夯土台基上营建有大小不同、高低错落的单间或套间房舍。台基顶层中心有主殿，套内面积 160 多平方米，地面涂红漆，中心的大木柱直径 60 厘米，成年男子双手抱拢恐怕也有点困难；台基中部环绕一些小面积房间；最底层是长长的走廊[1]。整个建筑在使用功能、通风、采光和排水等方面都有相当合理的安排，最终形成一个具有多种功能的建筑集合体，仿佛现今的“复式小高层”。

复式小楼的屋内设施从实用出发，以人为本，附属设施及装修选材体贴入微。中间一层的房间中，我最喜欢 F8。F 是房屋的缩写，8 是次序编号。这座房屋的东北角有壁炉，西北角有储藏物品的窖，东南角有三面略高、一面略低的排水池，排水池上部有木槽，下部中心位置接陶质地漏和弯管。具体功能推测是一间“洗浴室”。

政务厅不需要有洗浴室。尽管站在台顶上，我们可以想象当时类似建筑的雄伟壮丽、秦舞阳的狼狈不堪，但一号建筑不是荆轲刺秦王的事发地。没有出土带文字的实物，不能这样下结论。

F8 虽是一间洗浴室，却充满了土豪气。使用面积 41 平方米，相当于现在的一居室；室温要暖和，装了“浴霸”壁炉；湿度大，地面铺砖，砖下垫火烧的土渣，铺了“防水层”；水池上架木条，洗澡方式是淋浴，比汤池要卫生一些;洗澡水四溅，水池墙壁贴壁砖。泥土烧制的陶地漏、排水弯管与现代人们所用相比，只是材料不同而已。整个房屋的地平四周高，水池中心最低，也和现代的洗浴房没有差别。

宽敞、保暖、防潮、隔水，设计考虑周全，施工一丝不苟。夯土内核里的房间精巧、精致。复式小高层的主人一定拥有优渥、舒适的生活。

琢磨着 F8 的房间设施和人性化设计，我想起秦始皇洗澡的故事。

秦始皇陵西侧的骊山上有娘娘庙，供奉有女娲神。山下的温泉久负盛名，因富含硫黄，对治疗皮肤病极好。据说有一天秦始皇来骊山游玩

1 陶复：《秦咸阳宫第一号遗址复原问题的初步探讨》，《文物》1976 年第 11 期。

^ 一号建筑模型

就遇见了神女，因其轻浮之举被女神吐了一脸唾沫，后来被唾的地方竟然生起疮来。赔礼道歉后，女神原谅了秦始皇的冒犯，开处方让他用汤泉洗痂。秦始皇按方用药，用骊山温泉冲洗，疮痂才渐渐好了。

考古发现，骊山下的唐华清宫遗址内陈列有很多根完整的木枋，是考古发掘出的秦、汉时期的建材[1]，秦始皇确实曾在这里“砌石起宇”，修建“骊山汤”，汉武帝又治缮离宫别馆和楼台亭榭。

秦始皇的骊山汤不如唐代华清宫有名。华清宫是唐代皇家的温泉度假山庄，除了一些宫殿建筑之外，“御汤”“海棠汤”“太子汤”“星辰汤”和“尚食汤”，这些天子、贵妃、太子、皇子和大臣的专用洗澡池至今还保存着。海棠汤是唐玄宗赐给杨贵妃的礼物，澡池平面像一朵盛开的海棠花。池壁由青石拼砌而成，池中有供杨贵妃沐浴时的长条坐石，池底中间进水口安置有汉白玉雕刻的莲花和蓬头。温泉水从莲花蓬头四散喷出，洒落下来的水雾带有淡淡的硫黄气，也带有甜甜的爱情。

1 唐华清宫考古队：《唐华清宫汤池遗址第一期发掘简报》，《文物》1990 年第 5 期。

春寒赐浴华清池，温泉水滑洗凝脂。侍儿扶起娇无力，始是新承恩泽时。

白居易的一首《长恨歌》演绎了骊山温泉雾气笼罩中的忘年恋。温泉沐浴之后，贵妃的肌肤水嫩柔滑，独享唐明皇的恩宠。

对咸阳城一号建筑的F8，我想文人墨客以后也许能演绎出类似凄美的故事。

04

宫殿精装修

咸阳城内的建筑，大段大段的夯土是主体，有的局部也使用土坯。土坯又叫土墼，是利用模具加工成的规整夯土块[1]，它的来历可不一般。

西北地区方言称土坯为胡墼。在中原汉人把西域民族统统看作是“胡人”的时候，外来的东西都要加一个“胡”字，比如骑兵军装有胡服，乐器有胡琴，食物有胡饼，家具有胡床。被称为胡墼的土坯，更多、更早的考古实物发现于埃及古王国、两河流域亚述帝国、波斯帝国、中亚和中国新疆等地区。其貌不扬的夯打胡墼背后，隐藏的是外来文明的遗传基因。

土坯和秦始皇陵的水禽鸟、金骆驼，甚至是更早的秦式豪华宝剑一样，总是坦荡地显示秦国对外来文明的兼收并用。不过，和中国北方商末周初的情况一样，咸阳城里的建筑使用土坯的数量很少，仅限于局部，以夯土为主的特点更时时刻刻在强调自身的建筑传统。现在提倡低碳环保，夯土建筑由于无甲醛污染再次成为时尚。传统的一些东西往往就在不经意间传承发扬了下来。

夯土取源于自然黄土，仅仅是建筑体量宏伟，总体上缺乏一些美感。

1　土坯一般有两种制作方法。一是把黏土和成泥放在模型里制成土块；一种直接取湿润的自然土夯打。西北地区的胡墼是第二种制法。两种土坯均需自然阴干，与砖的区别是不烧制。

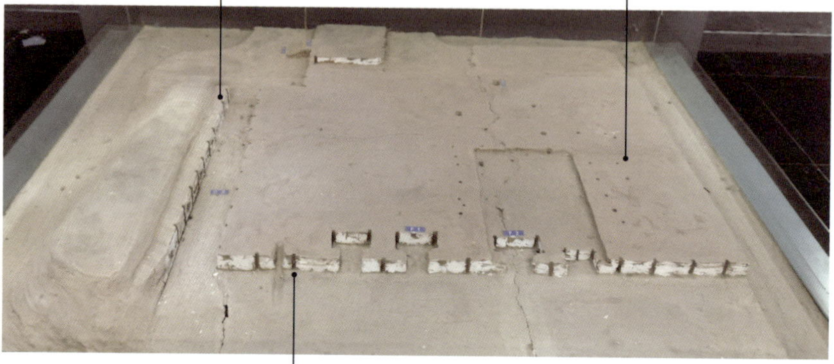

^ 三号建筑模型俯视

夯土建筑的外表除了普遍涂抹白灰进行初步装修之外，重要的地方还进行了“精装”。按照现代装修分类，精装也包括硬包和软包两部分。

“暖屋绣帘红地炉，织成壁衣花氍毹”。软包有“锦绣被堂”，挂丝织物帷幕，又称壁衣，类同今天的“壁纸”，这在影视剧中是很常见的布景。硬包有地面涂红漆、铺花砖以及“宫墙文画”。

咸阳城的建筑壁画是迄今仅见的秦代绘画原作，在中国古代美术史研究中具有重大的价值。色彩有红、黑、紫、黄、绿、白、蓝等等。使用的颜料有朱砂、石绿、石黄、赭石，甚至是金粉。经检测，大部分为矿物质颜料，也有少量的白色是蛤蜊粉，出土时颜色依然非常鲜艳。图案包括建筑、车马、人物、游猎场景、鸟兽、植物、鬼怪等，变化多样，内容十分丰富。

壁画以三号建筑残存面积最多。这个建筑位于一号建筑的西南角，彼此之间有夯土接连。三号建筑也是巨大的夯土筑成，总建筑面积约 7 020 平方米。西侧过廊总长 32.4 米，留存有高 0.2 ~ 1.08 米的夯土墙，

∧ 壁画摹本[1]

两壁装饰的壁画保存相对完整。

壁画内容有开屏的孔雀、金色的猛虎、依依垂柳，也有硕果累累的桑树和含苞待放的花朵。一只怪兽，高冠，长尖嘴，健硕的肢体，下面是白色的利爪，至今也没有合适的对应种属，大量黑色和局部的白色搭配涂抹，视觉感官冲击力很强。

壁画弥补了夯土建筑视觉美感的不足，但这只是装修之举的表象。在中西方，从古至今，壁画都具有教化和宣传之用，咸阳城也不例外。廊，连接建筑内外，人流量大，采光通透，属黄金广告位。我突发奇想，现代社会的画廊似乎可以从这里追溯……

残块传到考古人的手里，有图有真相，再现了很多当时的场景和制度。比如车马图，每乘车有并驾齐驱的四匹马，马色有枣红、黄和黑三种，系驾方式与秦始皇陵铜车马、兵马俑坑木车相似。画面上驷

1 引自《秦都咸阳考古报告》彩版五、一〇、一九。

∧ 秦都成阳三号宫殿遗址出土壁画二马一车

马扬蹄，风驰电掣般的速度想必正是“君子一言，驷马难追”的来源。

再比如人物形象图。所有人物着装都是外衣长拖扫地，衣服质料轻薄，有随风飘曳的动感，这种衣服实际上并不能称为袍服。袍服有夹层，要内穿（《释名·释衣服》)。内衣不能外穿《诗经·秦风·无衣》。诗句“与子同袍”“与子同泽”，“袍”与“泽”都指内衣，君王和国民同仇敌忾，关系铁到内衣都不分彼此。

壁画人物所穿服装也是五颜六色，有的地方还可以看到白色镶边，胸部留白，像极了后代官服上的“补子”。秦始皇规定，三品以上绿袍深衣，庶人白袍，皆以绢为之。黑色衣服不是谁都能穿。有的影视剧编导对古代服饰礼制一知半解，自作聪明地把秦国弄得上下一片黑，这在当时要被问罪。

有人介绍说壁画的植物类图案有麦穗。我没亲眼见过，真实性不能确定，但麦穗二字却盘旋在脑海很久。因为这与一位潜伏在咸阳城的老牌间谍和水利工程的壮举有关。

05

坏事变好事

甲骨文"麦"

公元前 246 年，韩国水利专家郑国来到咸阳城，游说还是秦王的嬴政干一票大事：修一条长达 300 里的人工渠，西引泾水东注渭水支流的洛水，号称功成将可灌溉面积 40 000 顷。秦族是农业民族，种地是本业，早年间在甘肃地区养马是不得已而为之。东迁到关中平原，一方面征战，一方面发展本业，修渠浇地是好事。

这一年是秦王政元年，他 13 岁，不仅开始在骊山下修陵，还同意了水渠修建的立项。

工程师郑国来自韩国，韩国是秦国的东邻，郑国实际是韩王派遣的卧底，协助修渠的目的是"疲秦"。战场上正面交锋，韩国打不过，就给秦国找点活干，消耗秦国的人力、物力。穿凿一条大型灌溉渠，即便是机械化程度如此之高的今天也非易事。

郑国出任项目经理。随着"疲秦"阴谋的败露，秦王大怒要杀郑国。郑国说：始臣为间，然渠成亦秦之利也。臣为韩延数岁之命，而为秦建万世之功。(《汉书 · 沟洫志》)

大意是说，我承认开始的时候我是间谍，但事实是我为秦国做了一件功在千秋的好事。白猫黑猫，抓住老鼠就是好猫。

13 岁的秦王本人真的能理解修渠的伟大意义吗？我看未必。吕不韦作为嬴政义父，郑国渠终成功不可没。经过 10 多年的努力，全渠完工，关中泾、洛、渭三条水域之间构成密如蛛网的灌溉系统，使高旱缺雨的关中平原得以灌溉。这是郑国渠的作用之一。作用之二，含泥沙量较大的泾水灌溉后增加了土壤的肥力，改造了盐碱滩。一向落后的关中农业迅速发展起来，雨量稀少、土地贫瘠的关中变得富庶甲天下。

古人有五谷。具体五种都是什么说法不一，大体是粟、豆、麻、麦、稻或黍。北方地区是粟种农业经济，特产是粟黍，类似小米、黄米。小麦是引进品种，在甲骨文中麦字上部是“来”，一路东传才得以普遍种植。

哪里“来”？考古发现新疆孔雀河流域、甘肃民乐县等西部地区出土炭化小麦时间最早，距今在四千年左右，西周时小麦栽培传播到淮北平原，西汉时期小麦种植更加普遍。西汉农书《氾胜之书》记录有麦子的种植方法，“夏至后七十日，可种宿麦”，“春冻解，耕和土，种旋麦”，已经有了冬小麦和春小麦的区分。

我不懂麦子种植，看有文章说咸阳城壁画上有麦穗图案，便向师傅们请教。他们说:“蓄水保墒很重要”，“春季水跟不上，那就完蛋了”。

13 岁的秦王对郑国渠的修建意义很难说有能力完全理解，但是如果宫殿壁画中真有麦穗的图案，不仅反映了关中地区农业发展，更体现了麦子种植的普及。郑国渠的修建可谓坏事变好事，的确功在千秋。

要证实猜测，唯有进行植物浮选，找到炭化颗粒进行数量统计和对比。植物浮选原理很简单，炭化植物比一般的土壤颗粒轻，比重略小于水，将土样品放入水中，炭化植物就能浮出水面被捞出来。我把土样浮选工作交给志愿者们来做。他们一丝不苟地按程序操作，体验着参与考古的快乐。

06

新城与旧都，且行且珍惜

不论还有多少迷雾没有解开，夯土都是咸阳城的载体。夯土不是一堆“烂土”，必须要不惜代价加以保护，否则千古帝都真成了空中楼阁般的泡影。

夯土属于“不可移动文物”，只能保留在本地，因为数量大，涉及范围广，实施非常有效的人为保护手段并不容易。正因为不可移动，就携带了这个地域独一无二的历史特色，对地方发展有促进作用。

事情都有利弊两面，促进的反义是阻碍。咸阳城遗址重点保护范围 23 平方公里，加上环境控制等限制，也就缩小了新时期经济建设的可开发用地。遍布的“烂土”是考古工作者的金矿，这个时候却成了新城建设的拦路虎。“施工又被文物上的人挡住了”，“施工又挖到遗址了”，来自两方面对立的声音不停地打架，谁都不容易。

这种现象并非咸阳城独有。河南安阳殷墟是商代晚期的都城，出土文物有中国文字鼻祖的甲骨文、几乎家喻户晓的后母戊方鼎、叱咤风云的妇好墓，殷墟承载了太多的中国记忆。2006 年 7 月 13 日，殷墟遗址被列入世界文化遗产名录，申遗成功了反而更加陷入遗产保护和经济发展矛盾的旋涡。

都城遗址可观赏性不强，旅游价值短期难以体现。大遗址的存在和坚定的保护举措就像是经济开发的"紧箍咒"。如何解开紧箍咒？国际方面有世界遗产保护组织的古迹遗址理事会，简称 ICOMOS，中国是成员国。理事会发表过各种古遗址保护宣言，比如《威尼斯章程》提出文化遗产价值的体现与周围环境有重大关系。国内方面提倡建立遗址考古公园，具体到咸阳城遗址也不乏真知灼见[1]。总之，任重而道远，不要期许短期内咸阳城遗址有和秦始皇陵兵马俑一样的生钱能力。

我们只是事业单位下派的一支考古队，又能做什么？

考古是人民的事业，这是 1950 年考古界的前辈苏秉琦先生说过的话。出于安全考虑，考古队大门常年紧闭。2016 年开始，我非常正式地通知后勤老李：白天拴起三只懒洋洋的狗警卫，敞开大门。考古是社会化工作，"不能躲进小楼成一统，任尔东西南北风"。再面对挖掘机，我要求大家先亮出一张牌:"这是秦始皇的家产，您知道秦始皇是谁吧？"

在咸阳城的考古工作逐渐顺畅了，与四邻八舍的老乡之间有了走动。夏季夕阳西下，我坐在农家小院听他们抱怨说，"俺村都是吃了秦遗址的亏，新房盖不成"；又听他们炫耀说，"俺家窑洞上面就是宫殿，都是夯土"。更多的时候，老乡说自己家在"天子脚下"，是秦始皇的邻居。听他们的抱怨和炫耀，我觉得现代人和那个遥远的两千年神奇地相会在一起。

2010 年，咸阳城遗址被列入首批国家考古遗址公园立项名单，遗址周边的村落面临大规模拆迁，村民逐渐搬进安置楼，又迁葬了祖坟，这些咸阳城的现代人为保护文化遗产做出了牺牲。

但愿咸阳城里的残垣断壁不是曹植感慨的"何寂寞"，而是越来越多地成为一份中国记忆，一种乡情与乡愁的寄托。然而文化遗产和遗址

1 陕西省文化遗产研究院：《新型城镇化下的大遗址保护工作研究——以西咸新区为例》，陕西人民出版社，2018 年。

会不会被过度包装，最后变成某些利益群体的牺牲品?

我的心中隐隐不安。

大片的夯土，相连成片。到底总范围有多大?至今仍不清楚。但我清楚，它们默默地矗立在黄土塬上，成就了咸阳帝都高大宏伟的总体气势，更用一种“此处无声胜有声”的沉默，述说着秦帝国的真实面貌。

从建筑工艺、壁画图案反映的细微，到“画廊”一词的缘起，无不映衬中华文明的传承和发展。

希望能记得起历史沧桑，看得见岁月留痕，留得住文化根脉吧。

第十一章 残砖也是宝

咸阳塬上秦宫连绵，残砖碎瓦随处可见，老乡称之为“烂瓦渣”，很影响种地。他们不理解，我们捡拾这些有啥用。

秦砖只用于台阶、铺地和贴墙，是土木建筑主体之外的辅料，但见微知著，一叶知秋。这些砖纹饰内含寓意，制法源自中国传统，文字体现君子之德。它们是研究咸阳城建筑规模、秦始皇治国理念、秦人审美和道德风尚的依据，是宝贝。

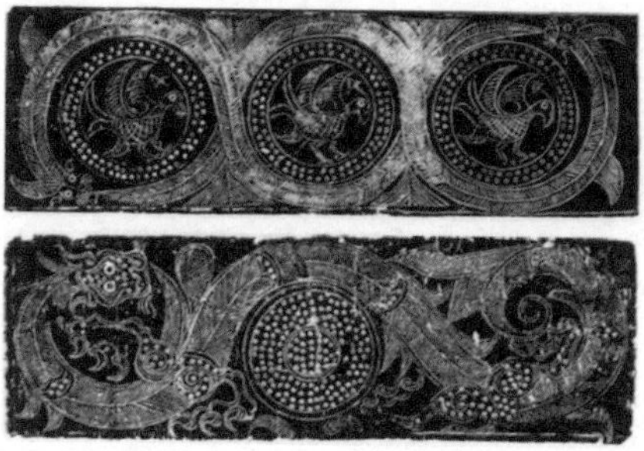

^　龙纹空心砖图案[1]

^　龙纹空心砖（国家博物馆藏）

1　引自《秦都咸阳考古报告》图四〇二、三二一。

01

砖上纹饰与国运

考古工作就是挖宝。宝就是价值大，不过价值不以金钱多少来衡量。咸阳城野外考古调查，随处可见残砖碎瓦，龙纹空心砖残块是我们寻宝的重点。

这种砖的规格和长条形桌差不多，作为建筑台阶之用。顾名思义，砖体内部空心，两面有以龙为主体的纹饰。纹饰堪称一幅艺术画。两条首尾相衔、相互交织的巨龙，怀抱三个圆形的玉璧，再加上一些卷云和水涡一类的辅助纹饰点缀。有的更精致，在圆形玉璧的中间正是展翅飞翔的雀鸟。打眼一看龙冲天入地，一副驾云行海、叱咤风云的神威。

入藏于国家博物馆的一块龙纹空心砖，1975 年出土于一号建筑遗址。建筑整体结构分三层，最底层是廊道，最高层有大殿，现存高度超过两层楼。建筑的主人拾级而上，说不定秦始皇就曾从此砖上踏过。

咸阳宫遗址博物馆新入藏一块。虽残缺部分接近 1/4，但中间刻一个很小的“戎”字。往来咸阳宫殿的“戎”，义渠王是常客。他和宣太后有私情是公开的秘密，有各种演绎的版本。砖上的这个“戎”字让人浮想联翩。

中国龙是善于变化、能兴云雨、利万物的神异动物，能隐能显，春风时登天，秋风时潜渊。既然出自臆测，谁也说不清它到底长什么样。

^ “戎”字空心砖（摄影：王昊鹏）

龙纹有很多变体，比如有夔龙纹、蟠螭纹、蟠虺纹，总体长条形，有的有角，有的有足，有的有翼。上古神话传说东海有夔龙，状如牛，苍身而无角。空心砖上的龙，头似牛首，有须，大耳，细长角对称，蛇形体，有翼，脚有爪，接近神话。

同样出土于一号建筑的另一残块砖，收藏在咸阳市博物馆。纹饰中的凤鸟张口含珠，凤冠后伸。鸟背位置有一怪人，戴山形冠，大耳朵上挂一条弯曲的细蛇，上肢像动物腿，曲肘上举，只有两趾，抚着凤的脖子。这是神人骑凤？还是人面鸟身的神仙？

东海之渚中，有神，人面鸟身，珥两黄蛇。（《山海经·大荒东经》）

虽然纹饰残损难窥全貌，但有人、鸟、蛇，整幅内容肯定和东海的神有关。

龙、凤、龟、麟并称“四灵”，是祥瑞的四种神话动物。空心砖显示了建筑的等级，张扬了皇家的气派，更涉及了国运与阴阳交替。

神人凤鸟砖[1]

阴阳学有“五德始终说”。金、木、水、火、土，五种物质各有不同的特性，依次相生相克。水生木，木生火，火生土，土生金，金生水，顺位相生，隔位相克，循环反复不止。“五德”周而复始地循环运转，这是“终始”。每个历史朝代都有五德中的一种与其相配，商取代夏是金胜木，周取代商是火胜金，能取代火德周的朝代必将是水。秦是水德。

玉璧也是一种高级别的器物。从材质说，玉是山川的精华，上天恩赐的宝物，具有沟通天地鬼神的灵性，《红楼梦》中贾宝玉落胎时口衔“通灵宝玉”，天生非凡人。从具体用途方面看，玉器分礼玉、葬玉、装饰玉三类。“君子无故，玉不去身”，镯、佩之类的装饰玉戴在身上为了美，也体现君子温润如玉的品德。给逝者使用的葬玉，包括全身罩金缕玉衣，嘴含玉蝉，手里握玉猪、七窍堵玉塞，取玉保护尸身不朽之意。

1　引自《秦都咸阳考古报告》图二〇一，科学出版社，2004年。

作为通天绝地的法器，礼玉沟通人、神二界，有璧、琮、圭、璋、琥、璜六种，又称六瑞。玉璧是最为核心的一种礼玉，它的历史延绵了五千年，在中国传统的文化理念中，玉璧象征着美好的意愿和高贵的品质，也是权力等级的标志。

关于玉璧，春秋战国时期有两个关联的故事。

春秋时期，楚人卞和献一块玉璞给楚王。污泥秽土包裹下的玉璞如顽石毫不起眼，两任楚王不仅不识货，还先后对卞和施以酷刑。可怜卞和只能孤苦伶仃，倒卧荒野，困时枕着玉璞睡，醒来抱着玉璞哭。后来楚文王听闻此事甚感蹊跷，使人剖璞，果真是一块价值连城的宝玉，遂雕琢成玉璧，深藏内宫成为国宝。京韵大鼓有唱词称赞和氏璧是“玉质晶莹无瑕洁白如雪，恰似明月高挂夜空，玲珑剔透光泽滑润，人间稀少价值连城”。

战国晚期赵惠王得楚和氏璧。秦昭王“遗书赵王，愿以十五城请易璧”。秦强赵弱，赵王惹不起，又唯恐给了玉璧却换不回十五座城。蔺相如申请奉璧前往。他说：“城入赵而璧留秦；城不入，臣请完璧归赵。”不出所料，蔺相如凭着大智大勇，终于使宝玉完好回归。

完璧归赵故事的发生地在咸阳城渭南宫区的章台宫。不太正面形象的主人公昭襄王，是咸阳城的第四任业主。

总之，龙、凤、璧都不是随便能使用的纹饰。在中国再简单的事都要按规从礼，礼入于法。秦国、秦始皇也“礼”应如此。

砖坯上刻出的龙纹、神人骑凤纹，因为一砖一刻，没有完全相同的两件，都是限量版的孤品。

02

模印砖 与印刷术

和空心砖搭配使用的，是批量化生产的模印纹饰砖，空心或者实心。空心砖依然作台阶用，规格与龙纹砖一致。实心砖有长方形和正方形两种，用作铺地或贴墙壁。

模印纹饰砖的模具，有的本身自带纹饰，一次脱模便可完成砖的外形和装饰。有的模具表面没有纹饰，先做泥坯，再用不同图案的模具像盖印章一样按需组合，形成砖坯表面规律的连续纹。

模印纹饰也不仅仅只是美观、好看。灵活变化的组合，可以衍生更多的含义。有一种组合纹饰模具，直线勾折的几何纹外形像回形针，与大小相套的菱形交错排列，两种纹样都是首尾相连，回环反复连续不断，代表"延绵不断"和"富贵不断头"。在遥远的西方，有一种被称为"Meander"的古希腊回形纹，和中国的回形纹一模一样，是王室皇冠、珠宝设计中备受青睐的素材。

这种美好的寓意怎能是东方人的独爱？怎能不爱？和申先生采购家装瓷砖，在琳琅满目的建材市场五分钟搞定一款，纹样、尺寸和规格竟然和秦宫铺地砖一模一样。

模印纹饰尤其是组合模印的技术，备受西方学者赞扬。德国学者雷德侯在他的书中写道：

∧ 壁砖（秦咸阳宫遗址博物馆藏）

∧ 咸阳塬新出土汉代组合纹饰模印空心砖

铺地砖（秦咸阳宫遗址博物馆藏）

中国人创造了数量庞大的艺术品……这一切之所以能成为现实，都是因为中国人发明了以标准化的零件组装物品的生产体系。零件可以大量预制，并且能以不同的组合方式迅速装配在一起，从而用有限的常备构件创造出变化无穷的单元[1]。

秦砖纹饰的印模，正是书中说的“零件”。这种技术被汉代全盘吸收并发扬光大成为画像砖。印模规格可大可小，纹样内容丰富，人物、建筑、车骑仪仗、舞乐百戏、祥瑞异兽、神话典故、奇花异卉，再加上多变的搭配组合，形成名副其实的画作[2]。模印技术和中国四大发明之一的印刷术有着千丝万缕的联系。

“连外国人都写书称赞这些砖的制作技术，别直接就抓碎啊。”与施工方交涉，希望挖掘机的铁爪子能“枪口抬高一寸”。

脱坯而成的模印砖，数量最多的发现还是在秦始皇陵兵马俑坑，各个“室”的地面全部铺砖。这些长条形铺地砖必然没有漂亮的纹饰，俑坑建筑的使用者是兵俑，等级比不上宫殿的主人。和千人千面、千人

1 [德]雷德侯著，张总等译：《万物：中国艺术中的模件化和规模化生产》，生活·读书·新知三联书店，2012 年。
2 此类专著、图录较多。新版有董睿著《汉代空心砖墓研究》，科学出版社，2019 年。

^ 建筑工地采集铺地砖

^ 兵马俑坑铺地砖（摄影：赵震）

千色的陶俑相比，这些砖更是默默无闻少有关注。但它们不仅烧制质量上乘，而且砖上有压印文字。

长条形铺地砖上的21种文字，包括“左司高×”“左水疕”“宫章”“宫毛”“宫水”“都仓”“大羥”“寺係”“安米”“涣邦”等内容。相同文字在秦始皇陵、阿房宫、咸阳塬都有。2003年我在宝鸡地区南湾遗址还发现有“大水”“大丁”“宫昌”“宫臧”等字样[1]。

文字明确了秦代有哪些管理部门、砖厂和工人。宫是宫司空的缩写，隶属中央官署，是央企。左司是左司空的缩写，隶属皇室。砖厂工人如昌或臧，是宫司空下属的工匠组长。还有外族人，比如“涣邦”的涣是一个译音用字，此人很可能来自戎族。另外也证明了秦朝如何对制砖质量进行品控，物勒工名制度落实到了手工业生产的各个行业。

从咸阳城到秦始皇陵再到宝鸡，相隔数百里的不同地区砖厂管理和烧砖的工人完全一致，制作和调拨应该是统一管理。

唯有统一，才能有如此一致的步调。

1　秦始皇帝陵博物院、陈仓区博物馆：《陕西宝鸡南湾秦汉遗址调查简报》，《文博》2014年第5期。

^ 十二字方砖（国家博物馆藏）

03

有字砖与君子修养

有一种砖面模印有 12 或 16 个字的铺地砖，很受藏家追捧。12 字的内容是“海内皆臣，岁登成孰，道毋飤人”，16 字的内容多了“践此万岁”4 个字。

既然是“践此万岁”，肯定是天子踩踏的御用品。文字砖的字体修长，都是秦小篆阳文。继国家博物馆 1950 年入藏了一块之后，2005 年前后此类砖再次大批量出现在西安古玩市场上，据说出自山西夏县禹王城和洪洞县范村。尽管对于其中个别字，比如是不是把“饥”错写成了“飤”，“飤人”该理解成是吃人还是要饭的乞丐，学界没有统一的认识，但这并不影响砖的重要历史价值[1]。

文字内容直白说，就是天下统一不打仗，风调雨顺收成好，人人碗里有饭吃。这些铺地砖应该都是大型宫殿建筑所使用，表达了一种期盼。很可惜，由于不是正式考古发掘出土，缺失了埋藏信息，建筑的具体属性、规模、时代都成了无头案。仅能从字体上大致推断应该不早于秦，汉砖的可能性更大。

汉砖文字依旧沿用秦小篆很正常。秦宫汉葺，汉承秦制，百代因秦

1 李零：《“邦无飤人”与“道毋飤人”》，《文物》2012 年第 5 期。

法，秦始皇时期的管理模式适合国情。北京大学著名学者李零先生曾至山西实地考察，又见字体较小的恭、言、思、问等字砖残块。他认为这种砖全文 25 个字，内容与儒家学说有关[1]。

君子有九思。视思明，听思聪，色思温，貌思恭，言思忠，事思敬，疑思问，忿思难，见得思义。(《论语 · 季氏》)

中国儒家重道德修养，君子九思倡导独善其身。

1999 年我开始参与野外发掘，在凤翔雍城战国早期秦人墓出土了一枚“忠仁思士”印章。搭档王志友告诉我说，这四个字体现了典型的儒家思想，时人将其刻成印章，作为指导自己日常行为规范的箴言。箴言章和类似内容的吉语章在咸阳平民墓葬中也有，比如塔儿坡秦墓出土的一枚印章，文字是“士仁之印”，也可读成“仁士之印”。

“道毋飤人”“君子九思”“忠仁思士”“仁士”体现了儒家思想。这似乎和秦始皇焚书坑儒、打击儒家学说的历史记载相冲突。

公元前 213 年和公元前 212 年，秦始皇在咸阳焚毁书籍、坑杀儒生。传说为了“坑儒”，秦始皇还为自己的残忍之举精心设计了一个局。他派人在骊山脚下的一块谷地种上甜瓜，利用温泉水浇灌，用心照料，待冬天终于结出果实后，秦始皇谎称请大家吃瓜，将方士儒生骗到谷地，伏兵以沙石把他们全部活埋。焚书坑儒成为西汉以来秦始皇暴虐的罪证。(《文献通考》)

凡事过往，皆有序章。儒家学说在秦国发展的不同时期境况也在不断变化。战国中期偏早的时期，儒家学说传到秦国。之后，儒家人物在秦国一度很活跃，出现了高段位的儒士。统一后，由受重视到被取缔，再到焚书坑儒遭到打击，其中一个原因是儒生话多，影响社会稳定[2]。

1　李零：《汉 < 论语 > 铭文砖 ——从考释文字东拉西扯》，《东方早报》上海书评，2016 年 4 月 10 日。
2　王志友：《凤翔黄家庄秦墓发掘的一点收获》，《秦文化论丛》第八辑，陕西人民出版社，2001 年。

很多事的对错其实并没有一条笔直的分界线。端详兵马俑坑的将军俑，我们赞誉他的气质儒雅。儒雅即温良谦恭，正是儒家所提倡的一种人文素养。如果说为秦始皇坑儒喊冤，仅凭将军俑的儒雅气质和箴言印章并不足以令人信服，那就再摆上一本秦国干部修养守则。

秦国培养官吏有《为吏之道》。所言及的五善、五失、讲礼、重民、德政均来自儒学。儒家在秦国不同时期有不同的境遇，从来没有因为某一个时期受到压制而停止活动，儒家思想的火苗在秦社会生活中从来没熄灭过。秦始皇“坑儒”百年后，这股火苗终于在西汉中期再次燃烧。如果当初书烧净，人杀完，汉武帝独尊儒术从何谈起呢?

吏有五善:一曰中(忠)信敬上,二曰精(清)廉毋谤,三曰举事审当，四曰喜为善行，五曰龚(恭)敬多让。五者毕至，必有大赏。(秦简《为吏之道》)

秦代究竟是什么样子?根据文字砖，管中窥豹。

∧ 龙纹空心砖（陕西师范大学博物馆藏）

04

混进来的汉代砖

无论是渭河北还是渭河南，既是秦都咸阳城所在，也是西汉长安城或帝王陵园的辖区，有些砖到底该姓秦还是该姓汉？答案也许随着考古发掘有一天能揭晓，也许成为千古悬案。

西北大学和陕西师范大学两家校内博物馆都收藏有空心砖，都说是采集自咸阳窑店镇，都说是秦宫殿遗物。这些砖图案有二龙拱璧、有双凤含珠，规格与发掘出土的秦砖一样，但纹饰制法、构图方式截然不同。

二龙拱璧砖的正面纹饰以玉璧为中心，双龙分列左右，回首顾盼，前爪拱璧。璧的上方和龙的足下各有一对叶形云纹；璧的下方和龙背上方各有一株灵芝草。整个画面构成二龙拱璧的场景。构图风格左右对称，双龙飞腾。图案是模印的阳文，具有减地浅浮雕的效果。而秦空心砖，纹样是飞龙，技法是阴刻。

类似制作风格的空心砖多见于西汉长安城或皇帝陵园，也用作台阶。以青龙、白虎、朱雀、玄武四种动物图像做主体纹饰，按照东、西、南、北四个方位布置，称为“四神”空心砖。

“四神”砖的纹饰和天象有关，对应天上的星宿。古人上不了天，经常抬头望望，满天星斗激发了中国人对天宫的好奇。他们以北极星和

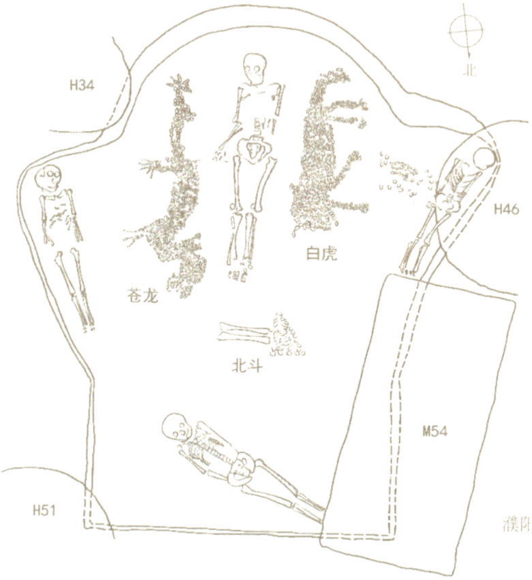

濮阳墓葬星宿图[1]

北斗七星为中心，把围绕周围的星辰分为二十八个星宿，天空划分为东、西、南、北四个正方向的区间。每一个区间设想有一种神兽。

1987 年河南濮阳西水坡一座时代为公元前 4500 年的墓葬，开启了中国天文学的考古历程[2]。这座墓葬的主人是一位老年男性，头向南，脚在北，上南下北；左为东，右为西。墓圹边缘分别有三具儿童殉人。墓主人身体的两侧和脚下有三组由蚌壳组成的图像。墓主人右侧，东方向是龙；墓主人左侧，西方向是虎；墓主人的脚下，北方向的东侧还摆放了两根人的胫骨。所有蚌壳图像构成的画面是一幅二十八宿星象图。

在湖北出土的战国早期曾侯乙墓漆箱盖上，二十八宿星图更加明确。箱盖的中央有“斗”字。斗字的周围，绕圆书写有二十八宿的名称。箱子的东侧，即左有龙；西侧，即右是虎。

濮阳西水坡的墓葬，曾侯乙墓漆箱盖，秦汉时期简牍地图方向的

1　引自《河南濮阳西水坡 45 号墓的天文学研究》图二，《文物》1990 年第 4 期。
2　冯时：《中国天文考古学》，中国社会科学出版社，2007 年。

曾侯乙墓漆箱盖图案（摹本）[1]

上南下北、左东右西，秦始皇都城和陵园地宫，帝国中轴线上的阿房宫，西汉时期的大地中心天脐坑和四神砖，中华文明的发生、发展，如同长卷画轴徐徐铺开。

从秦始皇帝陵开始，祭祀先王的活动转移到了陵园内，陵侧设置了寝殿、便殿一系列地面建筑。寝殿供皇帝灵魂起居，里面陈设皇帝遗物，宦官宫女、陪陵人员按时按点整理被褥、端茶倒水，“日上四食”，完全像侍奉活人一样。便殿是皇帝灵魂休闲宴饮的场所，也如生前所需（蔡邕《独断》）。贵族或者一般百姓参照皇帝的做法也将祭祀活动搬到墓地，只不过规模小一些。

秦都之后的咸阳塬成为西汉皇帝的陵区，从东向西依次排列了九位皇帝陵园。第一代皇帝刘邦及吕后、第二代皇帝刘盈及张皇后、长公主鲁元公主以及各自的近臣、亲朋好友，死后都挤到了秦咸阳城旧址。

1　引自《河南濮阳西水坡 45 号墓的天文学研究》图一。

这些人不仅在地下建造墓穴，还要有地上加盖的祭祀建筑，杨家湾汉墓群就属于这种情况。

杨家湾汉墓群位于咸阳宫殿区东南部，总数不少于73座。主墓属于高祖刘邦的陪葬，自身还有数千件兵马俑和舞乐杂役俑陪葬[1]。显然此墓主人等级不低，推测或者是周勃父子，或者是王侯贵族[2]，1980年该地再次出土虎纹和朱雀纹空心砖。

考古研究就像侦探断案，形成结论一定要充分考虑历史背景和地区沿革。因为有明确地层，发掘遗物时代误判的可能性相对小些，采集遗物就得反复推敲了。首先要考虑本地曾经都有哪些不同时代的遗存，接着要对比不同时代遗物的制作风格，甚至要查找同时代、不同地域的一些发现，比对之后才好下结论。

咸阳塬上秦宫和汉陵建筑的混杂局面，我们在发掘现场尚需仔细分辨地层关系，两所高校博物馆藏“二龙”“二凤”空心砖属采集品，从根本上缺失了埋藏信息，仅根据出土地在咸阳城故址，并不能就敲死是秦宫的遗物。我觉得更可能与汉代高等级墓葬有关系。

1　陕西省文物管理委员会、咸阳市博物馆：《陕西省咸阳市杨家湾出土大批西汉彩绘陶俑》，《文物》1966年第3期。
2　陕西省文管会等《咸阳杨家湾汉墓发掘简报》，《文物》1977年第10期。

05

我有
三个奢望

咸阳城空心砖上纹样，构图是以玉璧为中心，龙体环绕穿梭，周边不经意地添加云朵，留白处有细密的圆圈，这样的一幅画面被誉为是“龙行踏绛气，珠联又璧合”。能拥有这样一幅拓片，装裱后挂在家中作为装饰画，是我的一个奢望。

拓片就是古碑文、金文或图案的拷贝版。很多人都玩过一个游戏：一枚硬币，上面蒙上薄纸，铅笔在纸上涂涂抹抹，硬币上的图案和文字就清晰地显示出来。这个游戏和拓印原理相同。在没有扫描、拍照的时代，使用宣纸和墨汁捶拓出与实物大小一致、完全写真的复制技术是中国人的发明，一张三维立体拓可是千金难买。

纵然有奢望却也不能违法，国家文物局曾对文物拓印管理出台过规定。规定必然事出有因，拓印捶打的重力掌握不好，会造成器物断裂；墨汁浓度和用量掌握不好，会渗透进器物体内造成污染。就像对上了岁数的老人，你不能使劲儿碰；对漂亮小姐姐，你不能把泥污甩在她脸上。曾有某大学美术学院师生私拓南朝陵墓石刻，所幸未对文物本体造成损害，但影响很坏。拓印这事不是想做就可以做的。

采集到一块完整的龙纹空心砖，是我的第二个奢望。但咸阳城实在太大了，这个奢望有点像大海捞针。

随着考古学的不断发展，公众考古学成为其中的一支新军。什么是公众考古？或许就是公众参与到考古工作中，实现多元话语；或许是要加强考古学的知识普及，告诉公众考古是什么，为什么。无论哪种定性，我都不赞同只有每年的某日，公众才可以体验考古学，专业人士才出面普及考古学。公众考古不应该是应景模式。

这个理念得到了队友们的全力支持。田间地头的调查、物资采买的市场、发掘现场，都是我们实践公众考古的平台。逐渐收集到的各种眼见的、传说的信息，我们按线索一一核实。

慢慢地竟然捡回几块龙纹空心砖残块。有此类砖块之地，肯定原来周边有大型宫殿，由此也略微降低了一点大海捞针的难度。咸阳城考古工作再不提速来不及了，可是专业人员数量有限，顾不过来。打一场保卫文化遗产的全民之战，必要、可行、有效。

第三个奢望最闹心。

秦始皇陵地宫有石室，陵园建筑的寝殿、便殿和管理者用房铺石台阶，个别房屋以菱形花纹石板铺地[1]。2013 年发现一处回廊式建筑，西北角的青石台阶上面雕刻夔龙，围绕龙纹还有阴刻斜线。纹饰构图对称，主次分明，兼顾防滑。石台阶的复原长度 2.1 米、厚度 23 厘米。

陵若都邑。生前住城，死后葬陵。秦始皇陵园建筑的基本特征如主体夯筑、用细草泥抹墙并涂白灰，这些都和咸阳城宫殿一样。但是咸阳城考古已经历时六十年，我们在地里也整整转悠了五载，却没有石台阶，这事有点怪。

原因是多方面的。首先是建筑等级不够。即使是带浴室的一号建筑，也不是秦始皇处理政务的主殿和正宫，荆轲刺秦王的地点不在这里[2]。

1　赵康民：《秦始皇陵北二、三、四号建筑遗迹》，《文物》1979 年第 12 期。
2　瑞宝：《秦咸阳一号建筑遗址分析》，《文博》2000 年第 3 期。

∧ 秦始皇陵园建筑石台阶（摄影：朱思红）

其次是产量和用量的限制。城里建筑多，三公九卿、内史、少府各种机构的用房多，台阶用量大。陵园建筑数量少，宫观衙署多是象征性的陪葬坑，台阶用量少。陶砖制作难度小，纹饰随意。石材坚固，制作难度大、成本高，尤其是纹饰雕刻不如泥胎随意。

怪，抑或是因为实用性。宫殿台阶上人来人往，频繁蹬踏，使用率高。陶砖渗透性强，吸水性好，通风性好，防滑性好。空心，噪音传播的途径被切断，降噪性能也好。陵园建筑台阶不用过多考虑吸水性以及防滑性，有条件更多地强调礼制合规。石台阶宽 23 厘米为秦一尺；长 2.1 米为秦九尺。中国古代把数字分为阳数和阴数，奇数为阳，偶数为阴。

阳数中九为最高，五居正中，九五之尊正合秦始皇的身份。

还有很多原因。比如“复式小高层”毕竟是夯土筑造，陶制空心砖重量轻能降低压力。陶空心砖再多的优势，其实也抵不过石台阶所代表的建筑等级。不论数量多少，最核心的宫殿一定会使用石台阶。

“石台阶，石台阶，整天碎碎念。”师傅们笑话我了。那第三个奢望何时能实现呢？

< 捡回来的残砖（摄影：狄明）

06

小题大做

初来咸阳时，老师嘱咐我“拾到篮子都是菜”，意思要注意材料收集。捡回来的空心砖残块就是老师说的“菜”了，我开始打水“洗菜”，为以后“炒菜”做准备。

“队长，你咋还干这些活啊？”队友觉得这是粗活。

队长就应该干这些活，老一代考古前辈都非常重视亲手摸陶片，亲手摸过制法便有了体会。

砖内壁往往会留下陶工用手抹胎的痕迹，有指纹，比画一下比我的手指粗。泥片之间的接茬显示是用大块泥片折叠来定型，唯恐不牢固又反复压，就留下了指纹。定型需要有内衬芯，抽出的时间可得把握好。过早胎变形；过晚胎与芯可能会粘连。试探着慢慢向外拽，看，这个地方抽出的摩擦痕有停顿，呀，是刚才用力太猛了。表面的纹饰不打底稿，泥胎干燥一点的时候用利器雕刻，但陶工的手劲难以保证均匀一致，所以刀锋有顿挫。唉，稍一分神这个地方的线条跑偏了，得铲掉重来。

我曾经一块一块地摸过陶俑残片，所见泥胎的情况和砖完全一样。砖面上的圆圈，管状物体戳印形成，如二号坑坐姿弩兵俑的鞋底。这还能说兵马俑塑造是无根之源吗？秦始皇使用真人大小的陶俑作为陪葬，不论是谁激发了他的灵感，具体实现是 Made in China。

从残砖到兵马俑，对制作痕迹的认知并不是小题大做。

秦砖整体坚硬、内质密实，有人称为铅砖。为了迎合收藏交易，近些年咸阳城遗址经常发生盗砖、盗瓦的犯罪行为。很多文物爱好者也常来捡漏，回去后略做加工，改造成砚台售卖。更有挖土机的铁臂碰到砖块，三下五除二直接抓成残渣，以免施工被叫停。

碰到三类性质不同的人和事，我们都会劝阻甚至举报。要保证出土文物的信息完整，一定要依靠科学的考古发掘。三种行为都造成遗址信息的缺失，破坏文物原生态。这不是小题大做。

砖是建筑的辅料，只是我们认识秦代建筑的配角。中国古代建筑风格的传统、制陶业上承载的民族记忆、礼俗规制的严格与沿革、秦帝都咸阳城的恢宏气势，这个小题可以大做。

国运失窃，龙脉崩塌，改朝换代，独留秦砖。发出感叹的时候却不应该只看到辉煌。由于国家的统一，人力、财力、物力集中才使得中国古代建筑达到了第一次发展高峰，制砖技术也呈现了新的面貌。这种统一局面的最终远景是：岁登成熟，道无饥人。

第十二章

『骨』惑人心的一次发现

蛊，使人着迷，被施以特殊魔力的神秘物体。

考古是一项带有田野性的科学事业，当然有一些艰苦。然而，它更多地带来荣幸与激情。千年交汇于一握的体验，蛊惑得人神魂颠倒。

在咸阳城里的这次发现，我却冠以“骨惑人心”的标题，不是笔误。

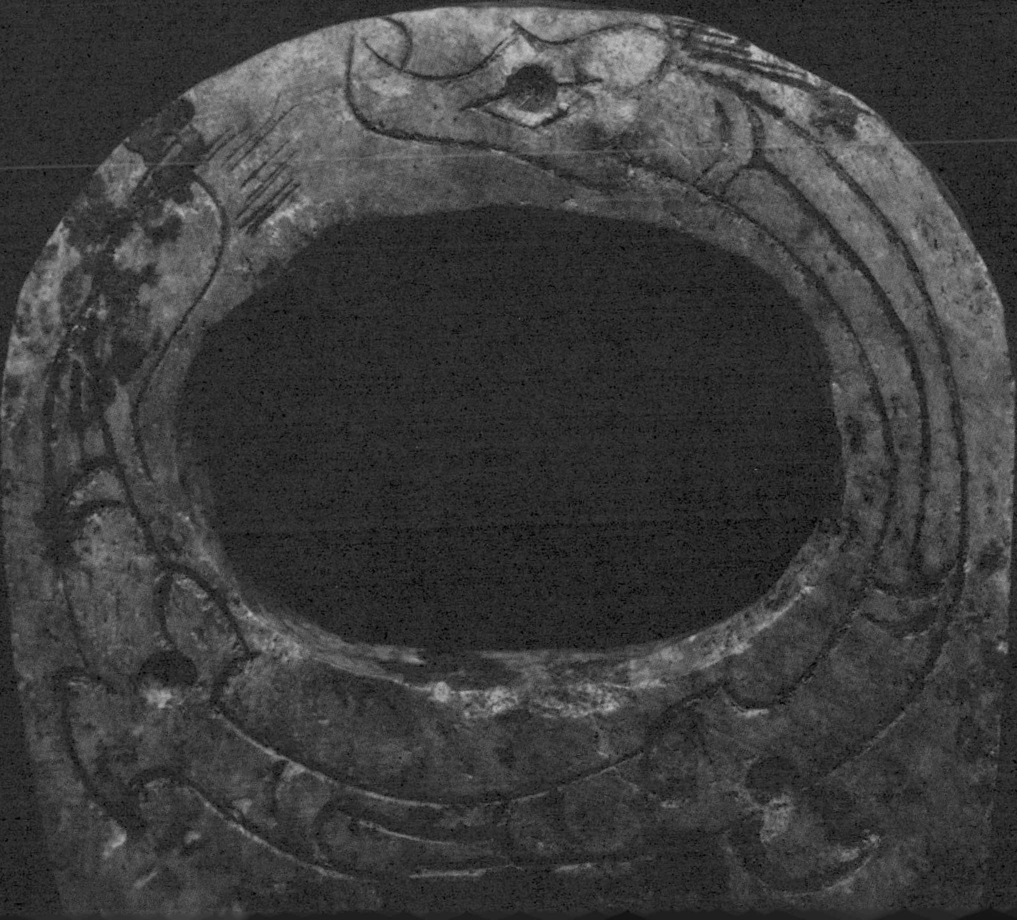

< 堆积划层

< 逐层清理

< 土要过筛

01

“万人坑”带来的烦恼和快乐

对于考古，很多人首先想到的是挖墓。2015 年元旦和小聂等村里人聚餐，我端起酒杯先干为敬，答谢乡亲们过去一年的支持，希望未来多提供线索，为考古助一臂之力。小聂马上说，在村小学后面有一座万人坑，“上学那会儿成天浪乜，捡上骨头胡耍乜”。

我不信。他说的地方与咸阳城宫殿核心区相隔不足 300 米，把人埋在那儿纯属给皇上添堵。我更窃喜，不合常理那就是另有蹊跷。

带小许和方师傅一起实地调查。穿过一片坟岗，钻过齐腰的荒草、酸枣树，走到崖边一看，我们都愣住了。断崖边确实有很多散落的骨头，量大也没错。拽着小许搂上来几块，骨条、骨块都明显有人为切割、打磨的痕迹，有的还有红颜色和花纹。这不是人骨，是用动物骨头制作过的某些器具。

骨器容易损坏、腐朽，以往咸阳城考古发掘出土的实物不多。方师傅问我：“挖不挖？挖的话我去找队长协调。”考古发掘会涉及农田、青苗、果蔬、树木等方面的损失，尽管会有相应的经济赔付，但也需要理解和帮助。方师傅是当地人，协调用地之类的外围工作全都依仗他出面。

“挖吧，探方面积不要太大，经费有限，千万不能伤到周边乡亲的坟，否则赔不起。”

探方是考古发掘区域的单位，以 T 表示。在选定的发掘区域划好方格网，大小依遗址文化堆积的厚度而定。方格就是探方，以此为单位，分工、分次发掘。也有的时候是长条形探沟。一般方向为正北，设置西北角为坐标原点，工作过程中方便记录位置。要注意的是，考古发掘不是刨土豆，探方布置好以后必须是从地表由浅到深逐渐清理。必要的时候发掘出来的土还要过筛子，甚至用水淘洗。现在有些机构甚至是官方文博单位，打着“公众考古”的旗号组织考古体验，找一块空地布置“探方”，埋点文物仿制品，动员体验者在探方内寻宝。这种以“寻宝”为噱头的活动影响极坏，尤其是对小孩子。体验考古，应该强调从地表向下逐层深入的理念。

方师傅出面和村民都谈妥了，王永和小许带 3 位村民披荆斩棘清理地表，布置出长 5 米、宽 4 米探方单位，开始发掘。虽说发掘面积不大，考古田野操作规程一步不落。20 多天后发掘结束，共计收获了大约 600 公斤的骨质遗物，还有一些铁器和磨石。数量多，小许每天往回背，兴奋地说“有点烦”。

考古工作涉及门类众多：体质人类学、冶金考古学、植物考古学、动物考古学、文物保护学……没有谁是全才，考古领队也一样。对小许背回来的 600 多公斤骨头，我研究不了。

好在考古是小众行业，一通求助电话之后，动物考古专业硕士生小侯同学就位。第二天，他兴奋地和我说：“太多了，我毕业之前可能弄不完。唉！”

小侯每天一个人在工棚里挑挑拣拣，终于在临近毕业离校之际，写出了一份初步研究结果。他写道：这批骨头来自不少于 203 头黄牛，其中有骨料、坯料、半成品和废品，产品有娱乐的博具棋子和计数的算筹、装饰品的圆环、车马使用的镳、带具等。

我负责铁器和石器整理。石器基本是磨石，作用类似砂纸，磨石质地有的很粗，有的非常细腻。铁器包括削刀，有的刃上扬，有的刃下弯，又有芝麻粒大小的锥子尖。确实太多，石渣、铁渣钻进指甲缝很难清除，我也很烦。

大家都在抱怨“多”“很烦”，却又热情高涨如受蛊惑。

∧ 龙纹带具（摄影：赵震）

02

皇家工厂
初显真容

这次收获的物件都与骨器制造有关，小聂口中的这个“万人坑”应该是一家骨器厂，生产规模挺大。原料来源单一，只有黄牛一种，却涉及二百多头。取料方式一致，把黄牛腿骨割去两端关节，再分成长条形或正方形的片、块和条。产品种类单一，只做装饰或娱乐之用，属于奢侈品，不是人们生活中的必需品。厂主是谁，服务对象是谁，想必大家能猜个八九不离十。

每个时代、每个国家都有制造业，秦国也不例外。当时制造业有官营和私营两类，官营属于国字号，由内史监管，地方的由郡守、县令和县丞监管。监管体系下，工官、吏、佐、曹长等是工厂里的各级主管；当然还得有工人，主要是工师和徒。这家工厂离宫区很近，肯定属于国字号的官营，像现在的“央企”，隶属少府，顶头上司是工官。

工厂制作的产品有点“小儿科”。圆环直径不到 2 厘米；马嘴两边使用的镳只有一拃长；棋子和麻将块差不多；算筹比牙签长不了多少。再看看几件半成品，比如带具，大小、外形都像现在人使用的皮带扣，其实是车马器，用来固定马鞍和辔具。做得甚是小巧、精致，围绕椭圆形的穿孔，阴线刻了一条盘旋的飞龙，龙须毛飘扬，还有红色的绘彩，眼睛和身体的一些部位钻有深窝，可能后期还有宝石、绿松石一类的镶

∧ 骨环（摄影：张杨力铮）

嵌。我翻阅战国到汉代的考古报告，没找到同样材质可媲美的第二件。一种车马上使用的小部件如此精致，使用此车马的人定不普通。

外形小只是表象。产品以奢侈品居多，客户群指向秦代贵族甚至是皇帝本人，这可就不是“小儿科”了。

找到这家工厂，确定厂主和客户群体，犹如掐住了这次工作的首尾两端，中间还有许多环节要解决，难怪半年来小侯总是“做不完，做不完”地抱怨。多亏出土物量大，每个制作环节的东西都有，合并同类项，按照原料、坯料、半成品、废品，逐一排序一摆，制作流程一目了然。其间，骨料、铁刀、磨石一样不能少，各种削、钻、磨，工匠的耐心、审美情趣、技艺更缺一不可。每个环节都有可能失误，事实上失误率很高，带具只有一件接近完成。

在任何一本书中，都找不到与这家工厂有关的只言片语。我们能看到的字眼，“战”“武”“杀”“伐”，每一个都充满血腥味。对秦人，

∧ 带具制作流程（摄影：侯富任）

韩非子留下的第一印象是听说要打仗，个个撸起袖子上蹿下跳，急不可待。张仪曾经动员韩王参加秦国牵头组织的连横协会，游说词是秦军光头赤膊，奋勇向前，六国的军队和秦军相比就像鸡蛋碰石头。你怕不怕？这些勇士左手提着人头，右胳膊下夹着俘虏，还在追杀下一个目标。你怕不怕？（《战国策·韩策》）可谓词词暴击，句句致命，这哪是游说，分明就是赤裸裸的恐吓。

国之大事在祀与戎。在史学家的眼中，国家存身立命的大事只有祭祀和军事战争。历史在人们的心中往往粗暴地简化得只剩下国之大事，普通人、普通事往往被选择性地忽略了。再加上“恶译”的做法，后人到底对秦人了解多少？

我在兵马俑坑里，看到了皮盾、战鼓和木车，在咸阳城的骨器工厂里，找到了带具、圆环。这些考古发现使我看到了别样的秦人，平和、有序、耐心，不乏生活的情趣。这真是小确幸。

03

纸上得来终觉浅

关于秦代手工业制造的事，基本都来自出土竹简，在前边的一些章节已经作了讲述。此外，据秦简记载，当时官营手工业生产要按照“命书”也就是订单才能生产，无“命书”擅自制作其他器物者，工师和县丞都要受惩罚。工匠在选料、用料时不得浪费，把尚能使用的材料定为不可用，也要受惩罚。

“纸上得来终觉浅，绝知此事要躬行”。带具从骨片到钻孔做穿、雕刻花纹，每进行一步都可能出现失误。钻孔做穿的方法并不科学，具体位置容易失控，孔的大小也难以保证完全一致。从最初的骨料到初步形成的坯料再到半成品，不同环节的标本数量明显渐少，最后成品率很低。手段落后，成品率低，这是真实的历史面貌。

于是，我的脑海里出现一个小伙子的形象。他拿起一件骨片兴冲冲地开始钻孔，一孔、二孔，随着钻头的转动，他嘴角紧绷，鼻尖冒汗，呼！长出一口气，四个排列整齐的钻孔弄好了，加把劲钻第五个，不料钻头一滑，孔歪了。从零开始，再来。这次一定不能出错，屏住呼吸，精准定位，啪！手劲有点大，骨片断成了两节。如此反复，终于到了雕刻纹饰的最后一步，四周磨光就大功告成了。

这时工师走过来一量，不行，这个孔穿得太小了。小伙子瘫坐地上，

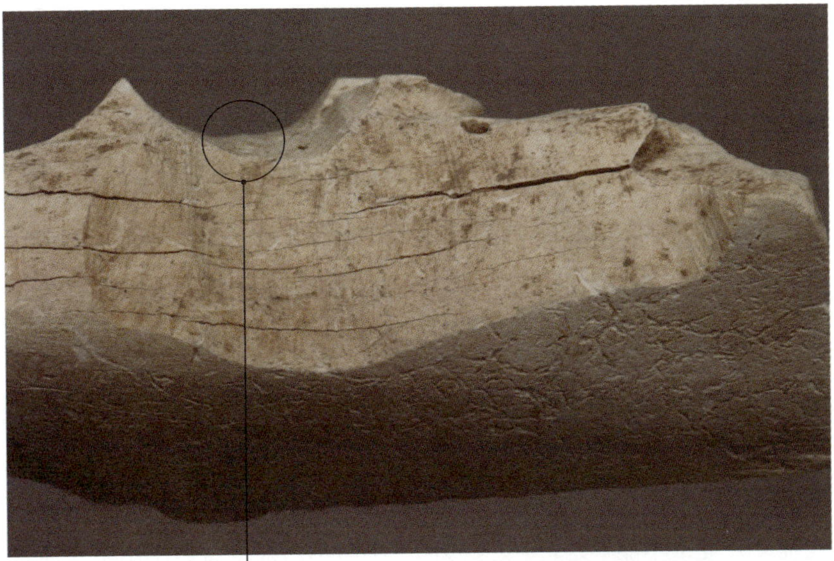

∧ 学徒“练习册”（摄影：侯富任）

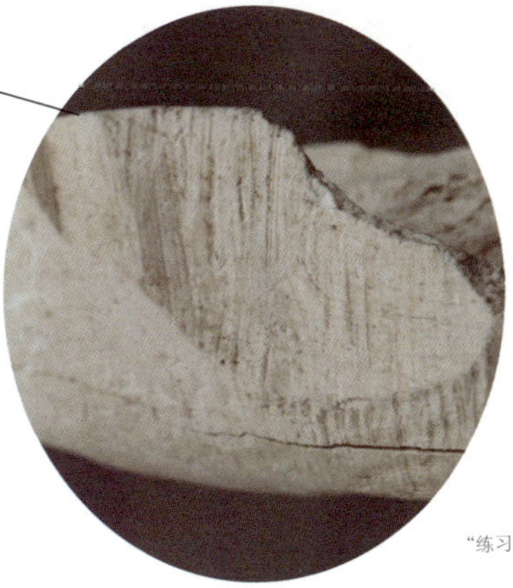

“练习册”细部

欲哭无泪，一脸沮丧。

还有一块属于尺骨和桡骨结合部位的标本，本来这个部位不适合制作产品，在取料阶段就应该扔掉，却明显进行了割锯和刮削。刮削痕迹有长有短，有横有竖，最后剩余的中心部分非常薄。

“嗯？刮削这个想要做什么东西呢？”小侯同学自言自语，嘀嘀咕咕。为了消灭疑惑，他可是绞尽了脑汁，在整理室比比画画，以笔代刀，左削右砍，如中蛊惑。我笑称这是一次“实验考古学的伟大实践”。

书本上关于实验考古学的定义很拗口。一言概之，就是换位思考。将自己置身于事情发生的时代去验证事物形成的原因。这种方法在考古研究中早已被广泛应用。

秦始皇陵出土石铠甲之后，考古人员找来相同的石材，解石、打眼、磨边、编缀，做起了秦代的匠人。最后一统计，完成一领 600 块石片组成的铠甲需要 344~444 天。可见制作一件石铠甲是何等艰难，陪葬坑中竟然出土了至少六千领，那得需要多少年、多少人。如果秦没有完成统一大业，不能“集天下之财力”，小门小户根本就做不出来。通过实验确定铠甲的具体做法，再确定能集天下财力的国家运行模式，这是石铠甲坑考古发掘的最终目的。

最后，我对小侯的实践成果予以总结：秦国的工匠还懂得废物利用。他们为了提高技艺，曾经苦练基本功。有意思吧。原来，刮削这个根本就不是为了要做什么产品，这个东西只是工匠的“练习本”。有意思吧。

这事在当时可一点也不好玩儿。秦法严苛，能用的骨料当作练习本，纯属找打。战国晚期开始，秦国手工产品的质量有严格的审验制度，出错率超过一定的比例，吃不了兜着走，连坐追责，一个小组的工资都得扣。官方又经常组织评比，县工官上交的新产品被评为下等，或各生产单位的产品在定期评比时被评为下等，生产者和管理者都要受惩罚，连续 3 年被评为下等，惩罚更重。

这可真是：早点出徒，上级有奖；吊儿郎当，通报挨批；原料浪费，连累团队；技不如人，挨打罚钱；勤学苦练，方成大器。律文上说的这些都是真的。

04

大国工匠

制造业离不开人。秦代的工匠是一个庞大的群体。大工匠是工师，另外还有小跟班的工徒，还有“工城旦”“工鬼薪”“工隶臣”“冗隶妾”等临时工，有男有女，无性别歧视。有些人我“见”过，兵马俑就是他们的杰作。

现在我们找到的这家骨器制作厂，实际上是社会生产、供给交换、消费分配系统中的一个复合体，涉及原料采备、骨器生产、废料与废片处理、产品流向和方式等环节[1]。每一个环节，又都有更细小的分支。比如说原料采备，谁是供货商？从哪运来的？怎么运的？如何保存的……还有，每一个环节的实施者具体都有谁？

关于工匠的问题，由于发掘范围太小，没能获得直接的线索。但是有一个小确幸——600 多公斤的骨器中，我们挑出了一件古琴上调弦用的轸。仅此一件，没有制作前环节的坯。琴轸不是产品，工匠中有人会弹琴。再想想距离这家工厂数百米府库里的编磬。这可又涉及秦人“讲礼”了。要知道，磬是国家礼乐器，工人可不能敲。

骨料来源可知至少有 203 头的黄牛，反映了当时秦国畜牧业的发达。

1 李志鹏、何毓灵、江雨德：《殷墟晚商制骨作坊与制骨手工业的研究回顾与再探讨》，中国社会科学院考古研究所夏商周考古研究室编，《三代考古》（四），科学出版社，2011 年。

骨料上不见屠宰或取食过程中形成的截断茬口，应该是在屠杀和取食切肉时，就为后期骨器制作做了筹划，有意识地注意保存骨骼的完整性。屠宰界的大匠可以出场了。

我们都知道庖丁解牛的故事。厨师丁，善于宰牛，以一技之长得到梁惠王的赞扬。庖丁宰牛那可是游刃有余。血腥的屠宰却姿势优美，犹如《桑林》之舞；剔骨切肉时发出的声响，仿佛是《咸池》的旋律。二百多头黄牛的宰杀不损伤骨头，原来秦代有庖丁群。

会弹琴的工人，善宰牛的厨师，不过是当时普通的手工业者。他们被称为“匠人”。关于匠人勤学苦练、励志成才的故事流传下来的并不多，远远少于读书人。孙康囊萤、车胤映雪、头悬梁锥刺股，励志的故事总是苦读，成功的标志都是位至高官，跻身政界。大思想家和文学家韩愈甚至还说过：巫医乐师百工之人，君子不齿。

可是，国家的富强，民族的振兴，哪能少得了大国工匠。在考古行业，技工是匠人，没有正式职位，只是按工时和工作量得到报酬。他们却具备丰富的考古发掘、资料整理、文物修复技术，每一项考古发掘、每一本学术报告，都少不了技工的付出。技术工人群体是中国文博事业的基石。

随着“我在故宫修文物”等一批节目的播出，更多的文博工匠走入大众的视线，得到了社会的认可。李杰是我在兵马俑发掘期间带的一位徒弟，后来入职某民营博物馆，做起壁画修复和保护工作，取得了不凡的成绩。我曾点赞道：敬业、精益、专注、创新，新时代的工匠精神，挺好。

常言道，工之子常为工，手工业多以世袭的方式传承。有点凑巧，现在文博行业的子弟很多也是子承父业。从趴在兵马俑二号坑外等妈妈出坑，到陪妈妈丹江露宿，小申同学终获文博硕士学位。她对我说，“要让历史文化走进校园”，决定入职一所小学做教书匠。我回复：工之子常为工，挺好。

05

官商
运营模式

考古学研究强调“跟着材料走”，意思是说不能天马行空，要紧扣所发掘对象的本体。然而紧扣并非拘泥，最后研究能走多远，还要打破时间和空间的维度。将骨器工厂的发现放到秦都咸阳城遗址中，再放到中国古代手工业制作历史中，故事方能高潮迭起。

时间维度上的打破，从人类开始利用兽骨开始。早在旧石器时代，山顶洞人已经开始用动物牙作为项链；新石器时期的骨铲、骨刀，还有梳妆打扮的梳子、束发的笄，考古发现的器物精彩纷呈；河南、陕西等地的商、周大型聚落或城址中，都已经发现有大规模的制骨作坊。唯独在咸阳城以往的考古工作中，对骨质遗物只是偶有提及，制作工艺、具体的生产地点并不清楚。

与咸阳城时间、地点最接近的制骨发现，有西周丰镐遗址。已经发现了6处制骨遗存，整体分布范围近10 000平方米。这里的原料有黄牛、水牛、鹿、猪、马，不仅有动物的四肢骨，还有肩胛骨、肋骨、鹿角等等，种属比咸阳城发现杂乱。产品种类也五花八门，有束发的笄、耳勺、锥子、箭镞、铲子等等[1]。显然，咸阳城的发现续接了骨器制作的

1　付仲杨：《丰镐遗址的制骨遗存与制骨手工业》，《考古》2015年第9期。

历史，体现了手工业细致分工的进步。

空间视野上的打破，从咸阳城内部开始。产品数量越来越多，远远超出皇室贵族的刚需，应该还可以用于商品交易。政府的剩余物资不能浪费，可以搞点创收拿到市场去变卖。“国有企业”参与市场经济，这事可以有。

里耶秦简有“死负剥卖课”律文[1]。“课”是考课，一种古代官吏考核制度。对官员定期进行考核，并依考核的结果进行奖惩。“死负”“剥卖”就是出卖筋、骨角、皮毛等畜牧产品，此项工作列入考核，说明是一种常态。

秦代的国家机器周密得令人难以想象。既有“课”，也有方法和指导细则，绝不钓鱼执法，《厩苑律》细说了“剥卖”畜牧产品的具体操作规程。公家的马牛等牲畜死掉了要及时出卖，防止腐烂贬值，卖了多少钱要上报。“乘服公马牛亡马者而死县”，马、牛出行死在了半道儿，死在了其他县境内，就近分割定价出卖，及时止损。精打细算，保证政府的损失降到最低。

国家层面的精打细算，大抵汉武帝时期的“均输令”堪称楷模。在先秦时期，由于各地与中央距离远近不一，政府按照运输成本适当增减供奉数量，以求大家心理平衡。到了汉武帝时期，任用桑弘羊为大农丞，实行均输法，并很快取得成效。

均输法的基本办法是将各郡国应缴的贡物，除了特需、品质特优者外，一般贡品就不再费劲地转送到京师，在当地销售变现。所获为本，再购特产运往其他地方倒卖，从中赚取差价。这样，一来减少贡赋的

1 睡虎地秦简《厩苑律》：将牧公马牛，马牛死者，亟谒死所县，县亟诊而入之，其入之其弗亟而令败者，令以其未败直（值）赏（偿）之……其大厩、中厩、宫厩马牛殹（也），以其筋、革、角及其贾（价）钱效，其人诣其官。其乘服公马牛亡马者而死县，县诊而杂买（卖）其肉，即入其筋、革、角，及（索）入其贾（价）钱。钱少律者，令其人备之而告官，官告马牛县出之。

运输成本，减少百姓辛苦，避免了皇室贡品积压，也获取了商业利润，还限制了大商人的私人垄断，可谓一举多得。活脱脱就是官方倒爷。这种做法后世有借鉴，尤其是宋代王安石变法。

世界就是这么矛盾。就像国不能缺少大匠，人们又都追捧读书、做官，拼仕途一样，秦国政府一直在参与商品经济，并从中多有获益，但是重农抑商的基本国策一直没变。至少我们一直这样认为。

我们认为，秦代有七科谪政策。七科谪又称七科适，是指犯罪的官吏、杀人犯、入赘的女婿、在籍商人、曾做过商人的人、父母做过商人的人、祖父母做过商人的人，经常是戍边服役的对象。这七种人中，和商人相关的有四种，占一半还多。我们认为的这些对不对呢？

自从募人丞印和秦简出现了募人制度，再次看相关史料记载，可能会有不一样的认识。

秦始皇三十三年曾派逃犯、上门女婿、商人“取陆梁地”，这些人是参加战斗的兵。战斗结束后建立桂林、象郡、南海三个郡县，后来“以谪遣戍”的人，与打仗的人是不是一伙，有点模模糊糊[1]。秦始皇派遣蒙恬带兵十万北击匈奴，收复黄河以南的失地，司马迁没明确说这些適戍边者的身份与七种人有关[2]。至于说秦二世元年七月发闾左谪戍渔阳、九百人屯大泽乡，就更有问题了。稍微一抓就近千人，七种人在秦代社会占的比例也太多了点，其实闾左是平民百姓。

世界其实一点儿也不矛盾。对于秦国、秦代、秦始皇，子非鱼焉知鱼之乐，我们认为的矛盾都只是我们以为。世界本来就是复杂、立体的。七种人身份特殊，重利轻生，因此有很强的战斗力，征为募人不过是利

1 《史记·秦始皇本纪》：三十三年，发诸尝逋亡人、赘婿、贾人略取陆梁地，为桂林、象郡、南海，以谪遣戍。
2 《史记·匈奴列传》：因河为塞，筑四十四县城临河，徙谪戍以充之……十余年而蒙恬死，诸侯畔秦，中国扰乱，诸秦所徙适戍边者皆复去，于是匈奴得宽，复稍度河南与中国界于故塞。

用人的本性而已。其中道理与美国大片《加里森敢死队》中招募兵来自死囚犯一样。

司马迁写《史记》，为商贾作《货殖列传》，并列记录了两位商人：乌氏倮和寡妇清[1]。

乌氏倮，籍贯西北地区，职业牧民兼畜牧业和纺织业中间商。善经营，思路活泛。秦始皇赐“比封君”，近似封君，享受朝臣一样的政治待遇。寡妇清，籍贯巴蜀地区。凭借家族有矿，坐拥家财万贯。尤其是能自强独立，令秦始皇帝敬重，尊她为“贞妇”，并出资修了纪念建筑。

司马迁却说：“一位僻壤的放牧人，一位穷乡的寡妇，混得这么好，还不是因为有钱吗！”有钱不是错，为富不仁、不忠才不对。皇帝对工商业者的青睐尤其是对寡妇清，首先是品德“贞”“不见侵犯”，干干净净做人。其次要注意此二人的籍贯——西北、巴蜀。对于一个统一的多民族国家而言，对边远地区、外部族系统的人格外恩惠，这是导向，体现了执政者的智慧。司马迁一介史官，又如何懂得权术之道呢。

比起司马迁，有一部以寡妇清为题材的电视剧很恶搞。剧中寡妇清与秦始皇玩暧昧。有时候我们可以误读历史，但永远不要“恶译”，心怀敬畏是一种美德。

1 乌氏倮畜牧，及众，斥卖，求奇缯物，间献遗戎王。戎王什倍其偿，与之畜，畜至用谷量马牛。秦始皇帝令倮比封君，以时与列臣朝请。而巴寡妇清，其先得丹穴，而擅其利数世，家亦不訾。清，寡妇也，能守其业，用财自卫，不见侵犯。秦皇帝以为贞妇而客之，为筑女怀清台。夫倮鄙人牧长，清穷乡寡妇，礼抗万乘，名显天下，岂非以富邪？

06

考古人
心中的国宝

考古学出土实物是释译过去的证据。以实物拨迷雾见真相，涉及的人物、事件更丰富、更接地气。这些实物是不是国宝，每个人的评价是不一样的。

毫无疑问，兵马俑是国宝。即便如此，有的人会说 :“唉！这就是一群泥娃娃嘛，有啥好看的！”有的人说 :“哦！这是秦始皇的地下兵团。”有的人说 :“呀，太棒了！这是中国古代文明的奇迹。”喜好不一，评价各异。

那该如何看国宝？或者说怎样让国宝好看？考古发掘出兵马俑，成立了博物馆，游人不远万里跑去参观这些实物，惊叹陶俑数量之多、制作之精美、秦始皇之不可思议，这都是表象。之后透过表象，第一层次的考古研究是弄清陶俑如何制作、为何数量如此之多。再深层次是探索秦帝国的国家管理、军事体制、国力状况、技术和思想意识的延续、发展轨迹。领悟这些，才是真正看到那个时代。这样就不会说它们只是“泥娃娃”了。

咸阳城是秦始皇的一张履历表，秦始皇陵及兵马俑陪葬坑是履历表上的最末栏，从生到死，他就在这张表上勾勾画画。咸阳城不只有秦始皇一个人，把他的履历表放在秦咸阳城中只能占一页。这样一来，咸阳城里就遍地是宝，惊喜连连吧？

曾有外地的朋友怀揣梦想，兴冲冲地来找我，说要在"咸阳城寻宝"，结果很扫兴。外表像坟堆一样的夯土台长满杂草；随处可见的残砖碎瓦其貌不扬；拉土车呼啸着从文物保护牌下穿梭而过令人心惊胆战；考古工作站的大门锈迹斑斑，低矮的板房阴冷潮湿。

"唉，人往高处走，水往低处流。你离开工作了近二十年、可以每天回家、又世界闻名的兵马俑博物馆，跑到这荒郊野外，可真是有病！"

于是我给他讲了这个"骨"惑人心的故事。起初，他的表情很怪异，听完故事的起承转合，却说："这里是西安市大北郊最低调、最高级的地方，让我来做志愿者吧。"有人味的实物，其貌不扬，却又添了受惑者。

从一件器物的外形、种类，确定使用者身份的不凡；从整体出土物的数量、工序，新工的练习品，确定生产制作方式、技术水平、工匠培养制度，甚至是工匠的弹琴娱乐；从发现地点、遗物时代，时间、空间来回穿梭。故事环环相扣，透物见了人。

咸阳城考古也许永远不会像兵马俑坑一样受人瞩目。对于这处秦都咸阳城里的骨器制作厂，蛊惑我的不仅仅是可以看到城市中的工匠身影，也不仅仅是可以看到帝国的工商业面貌。

显然，在城址里我们要寻找并记录下来的，绝不仅仅是这个城有多大，秦始皇的大殿在哪里，而是第一个统一的国家的真实面貌，以及探寻这个帝国体制对现在和未来会有哪些影响。

第十三章

国库发掘·编磬

不以事小而不为，大遗址考古尤其需要从小事做起。

可是，对咸阳城来说有点来不及了。调查、勘探、发掘，日复一日程序化的工作内容难免让人意兴阑珊，哪一天才能发现亮点？

坐得住冷板凳，携手努力，会有石破天惊的大发现，我这样给有点气馁的伙伴们打气。

01

新发掘
开始了

2016 年 5 月 7 日，平静地和企业、村镇各方人员商谈考古发掘用地协议后，急返老家送别了父亲。2016 年 7 月 5 日，星期二，热。筹备了半年之久、停滞了 30 多年的咸阳城主动发掘静悄悄地开始了。

除草的马达声惊飞了荒草中藏匿的斑鸠，微风吹拂起崭新的队旗，向北望西汉安陵，再向东远眺秦宫，真渴望这次主动发掘能打造出亮点。当天日记结尾我写道："这是一片希望的田野。"

为了希望，对父亲的追思必须放下。

所有考古发掘项目必须报请国家文物局审批。项目性质有两种，一是主动发掘，为解决考古学研究的某些问题。二是抢救性发掘，由于基建工程、保护条件等原因，不得不对遗址或墓葬进行清理。为了更好地保存地下埋藏的文物，主动发掘很少，面积控制得也很严格。

调查、勘探发现的多处夯土建筑，哪一处会有亮点？报审前选择具体发掘点时，我悄悄抓过阄。只是为了讨个好彩头，不到发掘完全结束，谁也不知道结果如何。

第一铣挖下去之后，望眼欲穿度过半年光阴，只看见建筑平面是长方形，总长 100 多米，四面的外墙很厚，单体房屋面积 300 多平方米，很宽敞。屋顶全部坍塌，瓦的时代特征属于秦代，建筑毁于烈火。火势燃天炽地，烧得木柱只留下础石，墙壁和地面一片焦土。

建筑何用？缺少可靠的判断依据，已经完成揭顶的两间房里“空空如也”。没办法，请专家来现场指导，西汉长安城考古专家刘振东先生说平面结构与武库形似。

武库位于长安城偏西南部，是西汉时期的兵器库。保存最好的第七号建筑，整体长方形，内部有 4 个大房间，隔墙厚度 6.5 米，确实和我们这里的情况高度相似。

武库出土了很多和武器有关的遗物，比如铁铠甲、箭镞、骨弭。可是我们这里的发掘面积已经接近一半，清理房间都是空无一物。

2017 年 1 月 2 日，我在日记中写道：

今天是重度雾霾。三组人员分别开展工作……主动发掘处，主要在遗址东部进行清理。发现两层夯土迹象。上层夯土边界整齐，属于五花土。打破建筑倒塌堆积，应为一处墓葬。该区域再次出现石块，今天清理的五花土夯层中夹杂的石块，大小有 3~4 厘米，石质好，打磨光滑，边棱整齐。

建筑踏步？

五花土是墓葬的指征，与夯土、道路踩踏土一样都属于“活土”，与之相对应的是“死土”，又称生土，是自然形成的原始土壤。墓穴从地表开始挖坑由浅至深，不同颜色的活土和生土经过开挖、回填翻搅在一起，各种土色掺杂形成五花土。

有晚期墓葬打破了早期建筑，这个结论简单。可石块到底是什么？很烧脑。

越来越多的残石块堆放在一起，最大的不超过一个巴掌，看不出完整的复原形状。根据墓形判断，后代墓葬应该属于南北朝或隋唐时期，那个时期常常使用石棺或者石榻。石块是墓葬被盗后打碎的葬具，还是夹杂了秦代的石台阶？

苏秉琦先生是中国考古界的顶级人物。他说："在考古工作中，你只有想到什么，才能挖到什么。"这句话貌似有点唯心主义，实际是说工作过程中要经过思考，有预判能力。我曾奢望能在咸阳城里找到一块石台阶，难道这么快就如愿以偿了？队友反驳："你还成神了，想啥来啥，不可能。"

石块既薄又窄，不是台阶。2017 年 1 月 5 日，随意拿了几块回驻地，琢磨琢磨再说吧。晚饭后张杨打水清洗，一边刷一边说："你说它咋也没个字，唉！"本来指望新发掘能石破天惊，可半年的辛苦之后得到的只有"石化"。难掩的失望岂是一声叹息能表达。

小说《飘》的主人公郝思嘉说："毕竟，明天又是另外一天了。"

第二天，太阳快要下山时分，板房内的光线渐渐昏暗起来，护院的狗警卫无精打采地缩在角落里避寒，我绞尽脑汁地想如何寻找新发掘的亮点，厨房炒菜的叮当声已经响起，另外的一天又要过去了。

会利走进办公室准备下班，很随意地翻看张杨晾晒的石块，突然说："这上面有字。"

我头也没抬。这些石块被不止一个人、不止一次翻看过。会利参加考古队工作时间不长，平常只做内勤，我不相信她的"慧眼"。

她拿起另外一块又说："你过来看嘛，就是有字。"

"快！给我拿个台灯！放大镜！"笔画纤细，若隐若现，"乐府""北宫"四个字确认无疑，心跳加速。"妈呀，真的，真的！快给张杨打电话。"

02

缘分带来的小骄傲

这四个字就像密码，石块的功用终于被破解。这是乐府使用的乐器——石磬。磬是一种打击乐器，主要特点是顶部有孔，悬挂敲击。孔称为倨句，敲击的面称为旁，侧面为博，孔两侧的边一长一短，短边为股，长边为鼓。

北宫是咸阳城渭河以北宫殿的统称，曾经出土过很多封泥。乐府一词的含义有两个：一是指古代中央官署设立的国家乐团，隶属少府，团长称乐府令丞，负责采集民歌，或为诗文谱曲，组织歌舞演唱。西汉初期汉高祖荣归故里沛县，意气风发，作诗《大风歌》："大风起兮云飞扬，威加海内兮归故乡，安得猛士兮守四方！"经过乐府配曲一时间成为流行歌[1]；二是指带有音乐性的文学诗体，产生于西汉武帝时期。"孔雀东南飞，五里一徘徊"的《孔雀东南飞》、"唧唧复唧唧，木兰当户织"的《木兰辞》就是乐府诗。

后世长期误以为"乐府"机构为汉代所创，与秦人无关。1976年春节，袁仲一先生在秦始皇陵园内散步，偶然发现当地村民新取土的地方有

1 《汉书·百官公卿表》：少府，秦官……其属官有乐府令丞。《史记·乐书》：高祖过沛，诗三侯之章，令小儿歌之。高祖崩，令沛得以四时歌舞宗庙。孝惠、孝文、孝景无所增更，于乐府习常肄旧而已。《汉书·礼乐志》：孝惠二年，使乐府令夏侯宽备其箫管。

< 部分石磬的刻字（摄影：张杨力铮）

∧ 基本完整石磬（摄影：张杨力铮）

一个亮点，他上前一看、一抠，竟然发现了一件带有“乐府”二字的错金银编钟。每次回忆起这件改写历史的奇遇，平时含蓄低调的袁先生都眉飞色舞，当夜他“日夕倒载归，酩酊无所知”，以致受凉感冒卧床好多天。

乐府钟与以后发现的秦“乐府令丞”封泥以事实证明乐府机构始创于秦代。非常不幸，乐府钟发现10年之后被盗出境，长时间黄鹤无踪，下落不明。一晃又是10年，此物奇迹般地在香港出现，只是在辗转贩运易手的过程中，“乐府”两个字被锉磨殆尽。人们想不明白，犯罪分子这种焚琴煮鹤、愚不可及的行为究竟是出于何种动机，导致这件文物在科学价值方面所受到的损失永远难以挽回。

因此，可以说带有“乐府”二字的秦代乐器，石磬是目前可见的唯一实例。

晚上，老李备下豪华套餐，我却只顾夸夸其谈。我的兴奋不仅仅是主动发掘有了亮点，还另有一种可能会被误解是“自大”的骄傲。

自从2014年6月来咸阳城已经两年，大家忙忙碌碌却没有大收获。士气低落、人员流失，项目经费捉襟见肘，加上冬季的雾霾，憋得人愈发透不过气。

老李说：“憋在房子里也没用，出去转转吧。”出了工作站大门，我沿着一条新建道路散心。这条道路就像一把利剑撕开了秦咸阳城遗址，又从西汉帝陵穿过，平时我不愿意到这条路上来，即使路面宽阔、整洁，路中心绿化带种植有及膝的灌木，看上去风景很美。

不走平坦大路，哪有沟沟坎坎，哪新近有挖土，下意识地上前去看一看，脚下碰到石头、瓦块下意识踢一踢，这可能是考古人的“职业病”，也因此有了袁先生与乐府钟的奇遇。不知从何时开始，我也被“传染”了。

^ 敲击及磋磨痕迹（摄影：杨璐）

下意识地，我蹿入并不好走的绿化带。当然踢到不少瓦片，这里是宫殿遗址的核心区，残砖碎瓦随处可见。突然看到一块石头，长条形不太规则，十几厘米，表面脏兮兮、灰突突，边棱却很整齐。下意识地，弯腰捡起。

"你又捡了个啥？"一家绿色农业开发企业老总经过，以一种调侃的语调问我。

我答："宝贝。"我不知道石块是什么，也根本没想到会有多大的价值，置于案边多日没再理会。

申先生来工地探班。一进门直接甩过来一句话："你这是从哪儿弄来了一块石磬？"

一句话点醒梦中人。赶快招呼人进行清洗。清水洗去脏土杂物，

∧ 采集石磬（摄影：李钦宇）

通体磨制光洁，内质细腻如泥，呈现出墨黑的本色。股上边、股博及底部的刮削、磋磨痕迹清晰。旁面上有明显“聚团”的小疤，尤其是其中一面靠近中间的位置疤痕集中，大小形状较统一，米粒大小的小圆窝，这是演奏时反复敲击造成的。按照残缺部分复原大概形状，与秦汉时期的石磬造型吻合，真是一件宝贝。

我在秋风瑟瑟、暮霭沉沉之时，采集到的石头残块竟拥有尊贵的身份，招惹得队友们坐不住了，问我：“就在绿化带里吗？断裂的另外一部分会不会就在附近？”他们跑去再找，也不算是空手而归，捡回来一些刻字的陶器残片。

乐府钟和石磬残块，尽管都是工作之余的收获，仍然要交公，我们都不会私匿起来。只有把它们作为学术研究的材料，才能体现其价值，发现也便有了意义。之后我执笔写了专业文章，判断石磬残件应为秦王室宫廷用器，原本属于咸阳宫或为北宫乐府所有。

石磬残块上没有自证文字,判断只能是一家之言。残块从哪里散落、流失出来的？我不敢奢望再有下文。

现在有了“北宫”“乐府”刻字，一家之言得到证实，石磬残块的出处得以解决。散步中的职业病，抓阄确定的发掘点，冥冥中竟然有这样的巧合。

饮下庆功酒。餐桌的另一边，张杨和小许又在干号那首谢天笑的摇滚：“我一步一步走向明天……”

03

磬不只是乐器

秦都咸阳城的奢华，我们虽然可以参照杜牧的《阿房宫赋》无限地发挥想象，但实情实景摆在面前的时候，还是感到震撼。这次发掘共计出土石磬残块约 650 公斤，数量多，又都是残块，已经数不清具体件数。残块上的刻字内容包括宫、商、角、徵、羽五音和左、右、四、八之类的编号数字，说明石磬是很多套的编磬。

从考古工作的意义上讲，编磬的确认解决了整体建筑“何用”的问题，这是秦代的一处府库，储藏物资的库房。

从编磬作为乐器来讲意义更大。这种乐器起源于远古时期，当时的人们发现某些石头可发出悦耳之声，于是在劳动之余敲击石头，装扮成各种野兽的形象跳舞助兴。“石”逐渐演变成“石磬”，“击石拊石，百兽率舞”逐渐成为原始的祭祀仪式[1]。

国之大事在祀与戎。祭祀和军事战争一样，都是举国的大事。在国家级别的活动中使用的器具往往是国家重器。石磬就是这类礼仪乐器，有定国安邦的重要作用。与金属乐器钟、镈等组合成为“金声玉振”和“金石之音”。贵族宫廷礼乐、宗庙祭祀、朝会宴飨、婚丧冠射等重

1 《尚书·益稷》：戛击鸣球……予击石拊石，百兽率舞。

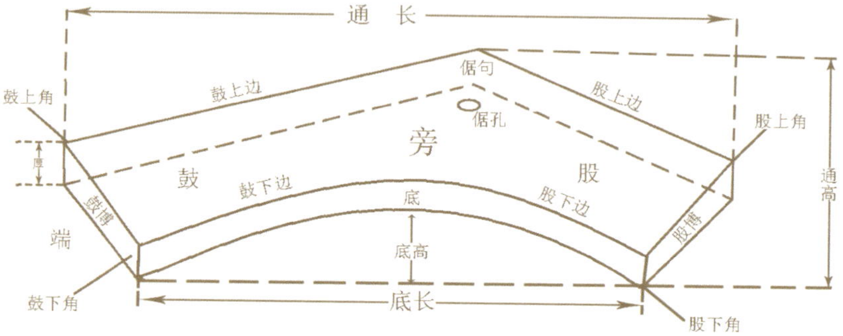

石磬各部位名称[1]（绘图：狄明）

要典礼仪式上，“钟磬琴瑟以和之”的合奏曲在“干戚旄狄以舞之”的伴随下，陈陈相因，沿绎数千年，为神州律吕做出了卓越贡献。

既和且平，依我磬声。（《诗经 · 商颂 · 那》）

石磬有独立悬挂的特磬，多数是高低音节不同的编磬。演奏时将磬依次悬挂在架上，用木槌敲击。旋律悠扬，音色平和，悦耳动听。一首交响乐从钟、镈开始，声音干脆利索；以磬声终曲，余音绕梁，绵绵悠长。这则乐器组合的范式又被引入施政思想，以乐喻事，提醒帝王做事要条理清楚，善始善终[2]。

周公作礼，一切事务需按礼制来办，制磬、用磬便形成一套标准制度。《考工记》里详细说明制磬由磬人负责，鼓与股的夹角即倨句是135°，鼓、股、博三部分长度比例是3:2:1[3]。很多学者按书核对考古出土的实物，并没有一例能完全对应得上。这事不用太纠结，石材不一

1　引自王子初主编：《中国音乐文物大系 · 湖北卷》第256页，大象出版社，1999年。

2　《孟子 · 万章下》：集大成也者，金声而玉振之也。金声也者，始条理也；玉振之也者，终条理也。始条理者，智之事也；终条理者，圣之事也。

3　《考工记》：磬氏为磬。倨句一矩有半。其博为一，股为二，鼓为三。参分其股博，去其一以为鼓博；参分其鼓博，以其一为之厚。以上则摩其旁，以下则摩其端。

从而音有别，只要经过调音符合了音律就行。

上升到了礼，磬不再只是一种令人欢愉的乐器。1970 年，石磬演奏的《东方红》乐曲伴随中国第一颗人造卫星东方红一号遨游太空，奏出了中国当代航空航天事业的第一强音。以此种乐器奏响此种乐曲，其寓意不言而喻。

考古出土石磬的数量很多，比如殷墟遗址的特磬，湖北随州战国曾侯乙墓的编磬。秦国的石磬，在咸阳城府库发现之前只有 3 批。甘肃礼县大堡子山秦公陵园祭祀坑，有编磬两组共计 10 件[1]；凤翔雍城秦公一号大墓，有 30 件石磬和石磬残块，刻字“天子郾喜，龚桓是嗣”“高阳有灵，四方以鼏”，提示了这些石磬的使用者是秦共公和桓公之后的秦景公；第三批是长安神禾塬发现战国秦陵园，墓主可能是秦始皇的祖母夏太后，有 16 件石磬，部分有“北宫乐府”刻字，原本应悬挂于木架之上，可惜木架遭烧毁不存[2]。

三批石磬的发现映射了秦国从封国、王国、帝国到灭国的四个历史阶段。礼县秦公，列秦襄公居宝鸡之前，是秦族，属于周天子的封庸小弟，初始封国；凤翔雍城期间，发展壮大为王国；神禾塬大墓属于咸阳城南部分，即将走向帝国顶峰；咸阳城府库石磬属于最后收尾。

人都有亮宝心理。话说当年我和小申老师一起追剧《知否》，剧中盛明兰为丈夫击鼓鸣冤，晕倒在宫门口，亮宝的机会来了。

“盛明兰为何要击鼓鸣冤？”

古时候大禹治理天下，在大门上悬挂钟、鼓、磬、铎、鞀五种乐器，当时推行“五音听政”制度。民众击打不同乐器，代表需要大禹出面处理的五种政务，谁要献言献策去敲钟，上奏令人忧虑的事就击磬。

1　早期秦文化联合考古队：《2006 年甘肃礼县大堡子山祭祀遗迹发掘简报》，《文物》2008 年 11 期。

2　陕西省考古研究院：《陕西长安神禾塬战国秦陵园遗址田野考古新收获》，《考古与文物》2008 年第 5 期。

演变到后来，历朝各代的衙门口或大堂前都仍然摆放或悬挂一面大鼓，老百姓告状要“鸣冤击鼓”，官吏们听到鼓声就升堂问案。盛明兰固执地敲鼓，就是五音听政制度的遗留。如果她要上奏疫情，就要击磬。

“然后呢？”小申老师知道我要分享的绝不是石磬本身，继续追问。

考古出土的乐器如有可能一定要进行测音。秦乐府钟的钟壁内侧有调音带四条，经测定其声为 C 调。府库出土的编磬因残损过甚，只有一件经过了初步测音，为降 B 调。虽历两千年之久，乐府钟和编磬的音色依然清脆准确，余音绵长。我要向小申老师亮的宝，重点在乐器表象背后的“余音”。

“夫政象乐，乐从和”。磬声既和且平，关系国家命运。石磬的发现说明秦始皇也相信周礼的这套说辞，研究收获才是我亮宝的最终底牌。这张底牌，这缕余音，与秦人一段被黑化的历史有关。

04

秦人讲礼吗

秦人能登上历史的舞台并最终在秦始皇时期达到天下一统的高峰，首先是借助了祖先非子擅长养马的一技之长。一般认为，他们久居西部地区，礼制观念薄弱，受中原地区礼仪制度的影响较少，对于《诗》《书》《礼》《乐》的宗周文明也就不曾从根本上接受，以至于“孔子西行不到秦”。

孔子为了复兴周礼，东周时期曾车前挂上石磬，带着门徒周游列国，但就是没有去过秦国。故事流传的版本有很多，摘录其一。

据说孔子带着学生先是到了楚国，由于令尹子西的反对，并没有得到重用，就打算去秦国。楚王怕秦国重用贤人孔子，于是佯送暗阻。当孔子师徒一行风尘仆仆地赶到白羽城东门外（今河南省西峡县一带）的时候，楚人使诈关闭了城门。士兵假装骂道：“你们这伙冒充孔丘的强盗，连日来攻城骂战，今日又来公开欺诈！”孔子正要上前解释，只听城上高喊：“那伙儿人马又来了。”孔子往东一看，果然有一队人马要攻城。一会儿工夫，两方就打起来了，在城外一场混战。孔子见势不妙，调转车头向东逃奔。孔子西行虽有惊无险，但最终去秦不能，归楚不得，只好打道回府，回了鲁国。

故事后来不知道怎么讹传，最后被演绎成了秦国不讲礼法的证据。

有人说孔子西行不到秦，是因为儒家学说在秦国根本就行不通，孔子去秦国简直就是找死。

秦人不讲礼法的另外一条证据，还有击缶而歌。缶，瓦器，装酒装水。秦国民间流行敲击它来伴唱（《说文解字》）。外交场合的一次明争暗斗中，秦王被迫演奏过一支击缶曲（《史记 · 廉颇蔺相如列传》）。

秦王与赵王渑池会盟，席间请赵王鼓瑟。酒桌助兴本来是乐师做的事，对赵国来说这是公开侮辱。没想到，赵王忍气吞声鼓瑟之后，秦国史官还要记录在案，这可欺人太甚。以其人之道还治其人之身，赵臣蔺相如对秦王的公然挑衅进行了反击。秦王偷鸡不成反蚀米，自讨个没趣。主人公秦王即昭襄王——秦咸阳城的第四任业主、芷阳陵园的老大、完璧归赵的主角之一。

缶、盆作为乐器，还有另外一个故事。听说庄子的妻子死了，朋友惠施心里很难过，前去吊唁。可是当他到了庄子家的时候，眼前的情景却使他惊掉下巴。只见庄子岔开两腿，像个簸箕似的坐在地上，拿着木棍有节奏地敲着瓦盆唱着歌。从这个故事看，敲盆、击缶可能在丧礼上更常用，宫廷宴享、节日庆典不会“击缶而歌”。

因为郑国修渠的间谍案，嬴政龙颜大怒，限令全境驱除外来客，李斯上书列举反例好言相劝。不能这么干，您身边充斥着各种舶来品，秦国本土音乐是击缶，拍腿弹筝，可是现在外国歌您不也听得很嗨吗？

看来秦人确实有“击瓮叩缶，弹筝博髀”的习惯，他们“叩盆拊瓴，相和而歌，自以为乐矣”，这是一种自娱自乐的酒间助兴。由于偏见，被一些自以为是的假正经斥为粗俗不堪、低俗下流的野调，斥责为“今夫穷鄙之社也”（《淮南子 · 精神训》）。但是，朋友之间喝酒聚会，谁会以意大利歌剧助兴呢？

不论击缶是不是野调，从时间上讲，那是很早以前的事了。早在

∧ 宝鸡太公庙秦公镈（宝鸡青铜器博物院藏）

1978 年，陕西宝鸡太公庙出土了保存完好的青铜钟五件、镈三件，有铭文，属于秦国某位王公用器。经过测试，五件钟在四、五之间似缺一件，第五件后缺一件，全套应为八件，发音规律与西周铜钟相同[1]。按照时间顺序排列一下，礼县大堡子山、宝鸡太公庙、雍城一号大墓，这三处发现说明，秦国最晚在春秋中期之前就已经有了礼乐制度。

战国中后期以后，秦国引入商音和周乐，逐渐向高雅艺术靠拢。商音主要保留于在今河南省中部的郑、卫两地，此地本是商朝统治中心，郑卫之音不是乡村民歌。周乐是王室宫廷的韶乐，也称舜乐，更属传统的宫廷音乐。听过编磬演奏的《韶乐》，孔子高兴得“三月不知肉味”。所以说秦国乐坛高雅音乐兼有很多种。

秦始皇时期悉纳六国礼仪，采择其善（《史记·礼书》）。健全后的皇家音乐机构形成两套系统建制。奉常所属的“太乐”，服务死人，出土乐器对应秦始皇陵乐府钟。太乐机构原本是全部在城里办公，自秦始皇陵开始，帝王陵园中设立寝殿，隔三岔五现场组织祭祀活动，奏乐助祭少不了。少府所辖的“乐府”，服务活人，出土乐器对应咸阳城府库石磬。乐府钟、北宫乐府石磬相继发现在秦始皇陵园和夏太后陵园，应该属于部门之间调拨。

秦国有没有雅乐，讲不讲礼法？从春秋早期至秦代一脉走过来，反映在秦高层的礼制乐器成组成套，并没有缺环。答案不言而喻了，规矩一直在，礼制一直讲。

1　宝鸡市博物馆卢连成、宝鸡县文化馆杨满仓：《陕西宝鸡县太公庙村发现秦公钟、秦公镈》，《文物》1978 年 11 期。

05

一夫作难而七庙隳

编磬属于重要的国家礼乐器，府库所见为何会是一堆碎块?

“朝歌夜弦”是指曾经繁荣的文化生活，这样歌舞升平的局面并没有持续多久，秦末战争的硝烟很快弥漫在咸阳城的上空。两个重要的人物先后来到了咸阳城，分别是刘邦和项羽。

秦二世元年(公元前 209 年)九月，项梁叔侄杀了会稽郡守殷通，举起义旗。不久便召集了二十余万兵马，拥立楚王第十二皇孙十三岁的熊心为王，并与刘邦所部会于薛城。各路人马很快会师并暂时结成统一战线。大家商议一番之后决定采取分工的组合模式，分头进军。

项羽北向救赵，解巨鹿之围后从北路向西攻秦，刘邦从南路西进，向关中进发。只有任务没有奖励机制不行，又达成两路人马在击败秦军后谁先入秦都咸阳，谁当关中王的约定。

刘邦率军勇往直前。军中有能人，张良是其一。张良，韩国旧贵族，对秦始皇恨得牙根发痒。借着仇人外出巡游，张良安排杀手扔大铁锤砸中副车。谋杀未成，张良只得潜伏多年，好不容易有了用武之地。刘邦军队凭靠张良等人的谋划，避实就虚、剿抚并用，一路夺关斩将，直抵关中。萧何又是其一。萧何是秦国沛县的一名刀笔吏，刘邦的老同事，两人合作起来得心应手，不需要磨合期。终于汉高帝元年(公元前 206 年）十月，刘邦兵临咸阳城。

咸阳城的第九位，也是最后一位业主子婴向刘邦投降。

只比我大三岁，你却有如此多的荣华富贵？进入秦宫，想想秦始皇生前的荣耀，刘邦决定先睡一觉，过把瘾。关键时刻，樊哙、张良对刘邦劈头盖脸一顿训斥。忠言逆耳，刘邦听从了劝说，与百姓约法三章，取信于众，妇女无所幸，财物无所掠，封府库宫室，把咸阳城完好无损地交给了项羽。

与刘邦及谋士截然不同，项羽出身豪门，家族“世世为楚将”，出道时有叔父项梁引导，拉楚王后裔垫背，自号西楚霸王，明确昭示了一种恋楚的情结。秦都咸阳城对他而言，是发泄家仇国恨的出口。报仇不仅仅是一命抵一命，杀了子婴还不够。

富贵不归故乡，如衣绣夜行，谁知之者！（《史记 · 项羽本纪》）

项羽要得胜归巢回故乡楚地。这种情结最终变成了一种毁灭性的力量，能带走的抢，带不走的也不能便宜了他人。烧、砸、毁，掠美人财物，继而屠城发泄，咸阳城大火三月不绝。

我们发掘的府库建筑明显被大火烧过，有的房间地面在焚烧前甚至被人翻动，留下了杂乱的深坑，不只一件石磬上有人为砸击的痕迹，“金声玉振”搭配使用的金属乐器只剩了一件残柄。这样一看，嫌疑人是谁昭然若揭。

项羽火烧咸阳城，如同杜牧说阿房宫毁于楚人一炬，今人理解不可拘于字眼。咸阳城内宫殿很多，陵随都移，东西陵区也属于咸阳城。战火遍布之处都是咸阳城所属。史家、诗人明确不了第一个放火点在哪里，战乱时期的人祸不可防、不可控。

远古时代石磬出现后，很快成为精神层次的符号，具有安邦定国的作用。当项羽来到秦朝的心脏之地，当他面对富丽堂皇的咸阳城，

∧ 石磬残碎状况（摄影：张杨力铮）

当他面对重要的秦宫礼器石编磬，保全不可能，带走也不现实。如果灭亡一个国家，必须要毁宗庙、断祭祀，“一夫作难而七庙隳”。覆宗灭祀是消灭敌人最解恨的办法。

表面上看，项羽实现了摧毁一个国家根本的愿望，石磬并没有人们想象的那么坚硬。这次在府库发掘出土的石磬总量约 650 公斤，绝大多数成了碎片，劫后余生的完整石磬竟然只有 3 件。正可谓：覆巢之下岂有完卵。

石磬历经磨难，在两千多年后的今天被我们偶然捡到或科学地发掘出来，实在是非常难得。数量之巨，反映了秦帝国雄厚的实力和对传统礼制的继承，被砸击的点点疤痕同时也叙说了一场血雨腥风。

第十四章 国库发掘·封泥

封泥也叫泥封，类似于西方古代文书上的火漆。秦汉时期纸张还没有发明和普及，文书的载体是竹简或木牍。这样的文书在上呈或下传的时候需要使用封泥进行保密和防伪。

府库发掘出土了一枚封泥。数量少，个头小。在面对媒体采访的时候，曾几次刻意强调它的价值，但总得不到青睐。

01

封泥
出来喽

2018年府库遗址发掘结束。这组建筑平面像横过来的英文字母“L”，方向80°，坐北朝南。咸阳城大型建筑的方向都有点偏，这和天象星宿没有关系，只是渭河流经此地时，河床偏向了东北。

建筑东西长105.8米，南北宽20.3米。四面垣墙宽2.4米，复原高度约4.9米。内部隔墙宽3.3米，夹心饼干一样分3层夯打。建筑分为5大房间，由西至东依次编号为F1~F4、F7和F8。单间套内面积约330平方米，立木柱的柱石，横四纵三，共计12块，建筑行业的术语称为面阔五间，进深四间，平层大开间。

沉寂30多年的咸阳城考古终于有点动静了，引起媒体高度关注。结构清楚、规模宏大、巨量石磬，考古成果的意义很多。对考古队来说是强心剂，前辈和上级领导看到了希望，新建设开发是时候摁摁暂停键了，主政者应该再想想特色发展方向。

强心剂预示革命并未成功。堆了整整一间板房的石磬残块需要逐一清洗、拼对，还有石磬上的刻字如北宫、乐府、数字编号、宫、商、角、徵、羽，都需要逐块逐字辨识、解译，我不得不开始恶补秦汉时期出土文献。

出土文献指相对于传世书籍而言的文字资料。甲骨文、金文、简牍、帛书、石刻、陶文、盟书、瓦当、玺印包括封泥等等，发掘出土的带

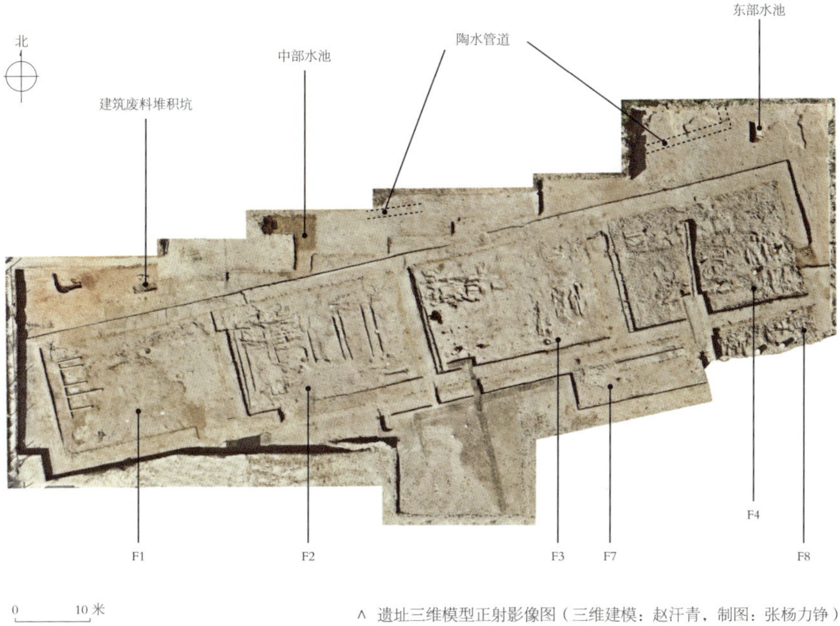

^ 遗址三维模型正射影像图（三维建模：赵汗青，制图：张杨力铮）

字文物统称出土文献。20 世纪 90 年代渭河南相家巷出土秦汉封泥与咸阳城考古关系尤其密切，灵光乍现——府库里也可能会有封泥。

从外形看，封泥就是一块干泥，比橡皮稍微大点，一般用作简牍的封口。简或牍上写好公文，用绳子一枚一枚地串起来编缀、卷好，在外面加一枚带凹槽的木质封泥匣，再用绳子把简、牍、木块一起绑好，取一团软泥按入方槽中的绳结上，然后加盖官印，泥块正面就形成了凸起的印文。简单点揪一块泥直接使用，封泥的形状不规则；再讲究点搭配使用封泥匣，封泥的形状方方正正。封泥匣相当于今天的信封，古人会在顶端写上文字，一般为发出地点、收件人等信息。由此得来“一封信”的数量单位“封”。公文到达目的地，阅读者取下泥块叫“开封”。

国家级库房的物资入库、调拨应该有批文、凭证。公文需要封缄，送达、签收、拆封、阅览，封泥随手丢弃。现在我们看封泥是文物，在当时拆封之后就是垃圾。

我提醒队友们：“墙角旮旯，你们得注意封泥。”

“封泥是个啥样子？”有队友问。

大部分队友的身份是考古技工。他们具备实战技能，调查、勘探、清理、修复、绘图，动手能力强，辨土眼力很棒。但是和全国考古行业的情况一样，技工流动性大，全国各处工地跑，见多却未必识广。即使我本人也不是所有发掘出土物都门儿清。

野外考古“不”坐班的好处就是能随时工作。晚上整理好封泥知识的短文，我发到内部群里，要求大家睡觉前认真阅读。

封泥很小，如果被填埋在垃圾坑和杂土混在一起，被发现、挑选出来还比较容易。这次发掘的建筑被大火焚烧，整体残毁得一塌糊涂，要想在废墟中发现橡皮大小的封泥，还真是有难度。我提醒队友们注意，但自己心底其实并没抱多大希望。

周末，王永在群里发了一条语音：同志们，封泥出来喽！从语气就能感受到他的兴奋心情。这种兴奋透着如释重负的轻松，他可以交差了。

当晚照旧搞点小庆祝。每次前线只要有点收获，后勤老李都要借口“生活需要仪式感”，多加盘菜。三盅酒下肚，王永微醺，接连重述封泥从废墟中“蹦”出的过程。

他说：“太难认了，和杂土混在一块，都是一样的颜色，手铲一拨就觉得稍微有一点硬，我拿起来想掰一下，呀，还有字哩！”

他回味封泥出土的时刻，我却走神想起了明代大圣人王守仁。王守仁的代表理论是“心学”，所谓“明本心”，“致良知”。他提出专注于事就是专注于心，要有这种专注力就要锻炼自己的心，心外无理、心外无事。有事的时候，心着于事务即心事相合。

王永说的“手铲一扒拉，感觉有点硬”，听起来轻描淡写，却正是

∧ 1981 年咸阳考古队员（摄影：张建林）

考古工作强调的状态。他是一心一意在做自己要做的事，这种状态就是朴素的心学。历时六十余年的咸阳考古寻城，每一位考古人又何时不是这种状态？

考古不是挖土，动手轻，细辨土，专心致志，这是真正的考古状态。当然田野考古需要“设计”，领队要有预判的能力。

02

用途大家猜

府库建筑属性的判断，一是根据建筑的平面结构，墙厚高，密闭性好，符合库房的标准；二是其中有一间出土大量未使用过的编磬等乐器。其他房间具体存放过哪些物品？揭开房顶倒塌的筒瓦、板瓦，屋里一无所获，要找到答案还得费点周章。

编号 F2 的房间内部结构有点怪。成排的柱础石之外，还有一些两两成组、窄窄的、低低的小墙，宽度只有不到 20 厘米。周边没有倒塌夯土说明本身很低，两两成组说明是组合使用。

蹲在小墙边，我推测这些墙的用途。首先想到的是秦汉时期对府库管理的许多规定。

库器处藏必高，燥湿适，牖户必分节，出入器必以时。恐处藏之空漏，室屋毁败而吏啬夫弗知，大罪也。（银雀山汉墓竹简《守法守令》）

府库中器物的储藏在高处，干湿度要适当。库房出现墙壁空洞、房顶漏水、房屋毁坏这些事，官吏和库管员失察不知，这是非常严重的渎职。如果矮墙是货架，两两成组搭架板放置物品，通风又隔潮。

我又想到中国历史传统和宫里生活的必需品。吃穿用度，粮食、织物是刚需，保存特别需要通风、防潮。只是项羽一把火，木柱、房檩都被烧得只剩黑灰，即使有粮食和织物，肯定已经无形无影。

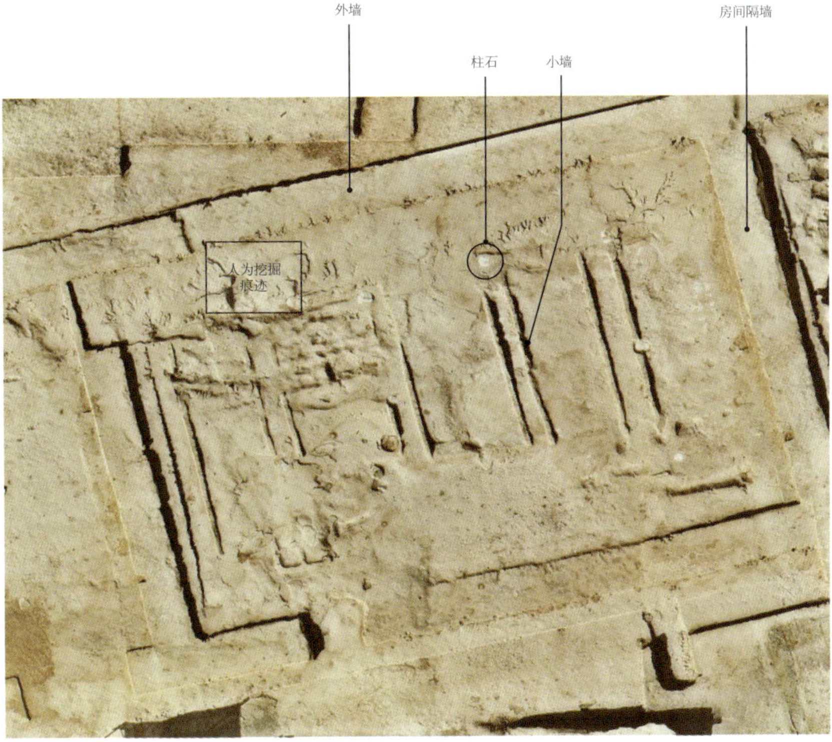

∧ 第二间房屋结构（三维建模：赵汗青）

“对于被大火焚烧的遗址，怎样可以确定曾有丝织品？”再次请教中国丝绸博物馆周旸女士。自从在兵马俑发掘时结缘，每遇关于织物方面的问题都要求助于她。

周旸介绍说，通过酶联免疫技术可以确定土壤中是否含有丝织物的微量物质。她们团队通过这项技术，在河南荥阳汪沟发现五千多年前的丝织品残存。按她所说，我们提取了部分土样，希望通过后期的科技检测证实。

正巧，封泥出来喽。

封泥有四个字，内容是“大某缯官”。第二个字很模糊，也许是“府”，也许是“内”。大府和大内，一个属于天子系统，一个属于国家系统，

^ 封泥（摄影：张杨力铮）

总之是财政部之类的单位，负责财政和物资调拨，建筑是府库的属性判断依据又增加了一成。第三个“缯”字非常清楚，坐实了这间房屋放置的物品至少有丝织物。

缯本义是古代对丝织品的总称，制作衣服缺不了。同时缯也是祭祀品，古代国家大型祭祀，除了献玉、献肉，也埋缯帛。没有金属丝，弦乐器用缯作弦丝，所谓丝弦悠悠。职官单上没有缯官一职，他们应该是很基层的小官。

封泥解密了考古发掘的一个谜。它本来的用途是什么又是一个谜。我给出三种备选答案：公文上的封缄、织物上的封缄、库房门上的封缄，发动大家一起做选择题。

如今银行百元大钞一百张一沓，拦腰束纸条打捆，工作人员在纸条上盖章。这事在秦国也一样。秦律规定，一千枚半两钱是一个计数单位，装筐以后需要丞令盖印封缄（《金布律》）。零七八碎的东西打包，担心别人擅自拆启，也要封缄。长沙马王堆西汉利苍夫人陪葬的一件硬陶罐就有类似的用法[1]。

入禾仓，万石一积而比黎之为户。县啬夫若丞及仓、乡相杂以印之，而遗仓啬夫及离邑仓佐主禀者各一户以气，自封印，皆辄出，余之索而更为发户。（睡虎地秦简《仓律》）

秦国谷物入仓，以一万石为一积，中间用篱笆分隔，设置仓门。仓门由上下级多方人员共同封缄，给最下级单位的主管人员单独留一门，由他们独自封印，以便发放粮食。这是封库。

物勒工名制度的出发点是分辨物品的好坏，检验具体数量，在秦国几乎应用于所有陶器、漆木器、金属器物。织物表面不能刻字，但质量需要监管，因为布当钱用。店家售卖商品，只收钱拒收布，国家不允许，相关人员要受罚[2]。

布袤八尺，幅广二尺五寸。布恶，其广袤不如式者，不行。（睡虎地秦简《金布律》）

缯布有货币的功能，如果长度和幅宽不够，势必危害商贸秩序，必须得有强制要求。如果长宽不符合定式，绝对禁止流通，反之就得颁发合格证。让人吃惊的是，这个时期钱与布的汇率是 11 : 1。

缯官封泥是织物入库验收时所用，这一可能性最大。这个谜底是“我猜”，不是一锤定音。

1 湖南省博物馆、中国科学院考古研究所：《长沙马王堆一号汉墓发掘报告》，文物出版社，1973 年。

2 《金布律》：贾市居列者及官府之吏，毋敢择行钱、布。择行钱、布者，列伍长弗告，吏循之不谨，皆有罪。

03

洛阳铲发神威

考古工作过程提倡全局意识。大咖们经常说“站在墓葬找墓区，站在墓区找居址”，就是这个意思。

2018 年府库建筑主体发掘即将结束，省局及院领导多次莅临指导，孙周勇院长指示还要再顺藤摸瓜，再对周边区域开展钻探和调查，再找相关遗存。

钻探是考古工作的环节，使用的工具首推洛阳铲。听名字就知道，洛阳铲产于河南洛阳，传说是洛阳盗墓者于 20 世纪初发明并为后人逐渐改进，著名的考古学家卫聚贤在 1928 年目睹它的奇效后引入了考古钻探。

洛阳铲和地质钻机是同一原理，只不过钻探深度不同而已。铲头半圆形，底部开刃；上接柄，一节节随意延长。师傅们双脚外八字站稳，双手握住探杆向地下戳，一铲一铲将地层深入土样提取上来。它几乎可以说是中国考古的神器，随着对外联合考古项目的日益增多，洛阳铲也漂洋过海，发挥出了东方神力。

钻探使用的一些“洋”工具，颇似医用核磁共振仪，根据地下物

∧ 勘探及发掘的水管道（摄影：狄明）

质反馈上的一些曲线，分析地下埋藏[1]。有一位英国考古学家曾对我表露出对中国神器的不屑，意思是都高科技的年代了，考古也要与时俱进。话没错却不可盲从，高科技也不是没有短板。比如探地雷达用于测量地下的空穴、石质结构和较大的金属物品比较有效，在秦始皇陵地宫探测中有尝试，但对土遗址未必有效。

还真是，不怕找不到就怕想不到。一番钻探，师傅们果然发现在建筑的北部约 3 ~ 5 米处有水沟、水池、陶水管等设施。对应 F2 的水池规格最大，储水量可达 200 多立方米。水池的东北部与一条陶水管道相连。陶水管道的直径一头大、一头小，套合延伸的总长达到了 54.7 米。

织物属于易燃品，屋外对应一个大号水池，让人很容易联想到消防储水。

1 中国社会科学院考古研究所：《科技考古的方法与应用》，文物出版社，2012 年。

04
火警长鸣

古装影视剧经常有更夫半夜巡街，边走边敲边喊："天干物燥，小心火烛！"防火是中国古代建筑传统伴生的另外一个传统。

中国建筑土木结构的特点，搭配有"水火无情"的警言。火灾是一种难以控制、破坏力巨大的灾害，木质结构很容易引发火灾，防患于未然非常重要，因此历朝历代都很重视防火。建筑上设置厌胜物是防火措施之一，尽管并没有实际效果。北京故宫里抬眼一望，建筑大殿屋顶正脊两端都蹲坐一只张嘴的神兽——螭吻。龙生九子，它是老幺，属水性，喜欢东张西望，被安排在建筑物的屋脊上，先从氛围上造势。

显然神不是万能的，人防更重要。商周时期虽然强调农牧并举、重视水利，但防火更是重中之重[1]。东汉荀悦曾说，防为上，救次之，戒为下，防范胜于救灾，出了事再怎样处罚都是下策。

秦代有防火方面的法律规定，尤其是对府库类建筑的防火问题非

1 《管子 · 立政》：君之所务者五。一曰山泽不救于火，草木不植成，国之贫也。二曰沟渎不遂于隘，鄣水不安其藏，国之贫也。三曰桑麻不植于野，五谷不宜其地，国之贫也。四曰六畜不育于家，瓜瓠荤菜百果不备具，国之贫也。五曰工事竞于刻镂，女事繁于文章，国之贫也。

常重视[1]。贮藏谷物的地方要高筑墙。其他建筑的墙如果和库房建筑相连，那就把存放草料的房舍和茅草覆盖的粮仓单独加高。无关人员不能靠近库房。不是本官府人员，不准在其中居住。加强值班，严格警戒。夜间应严加守卫，开仓门时即应注意灭掉附近的火。总之是小心，再小心。

有违反法令而遗失、损坏或失火的，其官吏有重罪，上级大啬夫、丞也须承担连带罪责。不准把火带进库房或文书档案室。主管领导负责办理物品的入库手续，物品一旦入库，基层领导比如官啬夫和吏，得轮班值夜看守。经检查没有火才可开闭门户。巡察自己管理的府库是令史的职责。如果需要改善办公条件，新建宿舍，选址不要靠近府库、档案库。

库藏羽革，炀风必谨，工用必审。（岳麓秦简《为吏治官及黔首》）

天干物燥，存放羽、革易燃物品的库房一定要谨慎小心。千叮咛万嘱咐，不听者重罚。在路边随便弃灰倒垃圾（“弃灰于道者要受刑”），脸上刻字（“黥”）。

轻罪重罚，后代人都说这可忒狠。实际上这条秦律早有母版，在殷商时期对同样的罪残酷到要剁手[2]。弃灰于道，一方面会造成环境污染，另一方面死灰复燃也极易引发火灾。

水火无情，相关问责在历朝历代都是严惩不贷，决不姑息。宋朝时期谁敢擅自在禁火区点火，罚劳动改造一年；如果造成火灾，不论烧毁房舍多少间、损失多大，一律杖毙（《宋刑统》）。这种零容忍的处

1 睡虎地秦简有《秦律十八种·内史》：有实官高其垣墙。它垣属焉者，独高其置刍廥（存放草料的房舍）及仓茅盖者。令人勿（近）舍。非其官人（也），毋敢舍焉。善宿卫，闭门辄靡其旁火，慎守唯敬（儆）。有不从令而亡、有败、失火，官吏有重罪，大啬夫、丞任之。毋敢以火入臧（藏）府、书府中。吏已收臧（藏），官啬夫及吏夜更行官。毋火，乃闭门户。令令史循其廷府。節（即）新为吏舍，毋依臧（藏）府、书府。

2 《韩非子·内储说上》：殷之法，弃灰于公道者，断其手。

罚态度并非商鞅之法的独创。

防火从来不是小事。既要防范火灾，也要采取有效措施以防万一。汉墓中经常出土一些陶质水井明器，有时会在井栏上印着“东井”和“灭火”一类的文字。“东井”为星宿名，指二十八宿之一的井宿，象征水事。“灭火”也有人认为是“戒火”。无论是“戒”还是“灭”，其实都属于汉代救火设备的仿照。到了清代，南京城设置水龙局，有专职的“消防员”，扛龙夫和挑水夫配水龙、备水桶等救火物资，随时待命。电影《大红灯笼高高挂》四房太太的小院都放一个大水缸，蓄满水，也是为了防火。

全国范围内的秦国大型建筑，考古发掘已经很多，但明确有救火设施的并不多。府库附属设施的发现，意义不凡。

池中水哪里来？有何用？为何要防火？逆向再推一下，结论仍然是库房曾经存放过易燃品。缯官封泥、水池，多重推理证据相结合，推动着我们越来越接近府库的真相。

小小的泥块，橡皮大小的封泥，帮助我们确定了建筑房间内存放物品的种类，又为我们解释紧接其后发掘出的水池和水管道做了铺垫，又引导我们认识到府库在使用期间，人们是怎样充分结合当地的自然条件，利用储存地表水的办法针对性地设置了消防设施。封泥就像是一把钥匙，打开了秦咸阳城工程建设的巧思。

不以事小而不为。来咸阳之前，袁仲一先生叮嘱说“捡到篮子里都是菜”，提醒我要从小事做起。从 2003 年开始，因为经常参加野外发掘，每到春节我必去袁先生家里拜年。2014 年之后，我却连一个电话也没给先生打过。现在可以交作业了。

2018 年 1 月，接袁先生和师母来咸阳。整整一天，年逾八旬的先

∧ 袁先生及师母收“作业”

生和师母毫无倦意，看了封泥，看了石磬，看了很多调查采集的带字陶片。先生说：好东西太多了。

让历史遗物回归本境，重新赋予考古科研的价值，这是考古人的理想。勿以事小而不为，考古人应该尽到历史拾遗者的职责。

05
想点文创

缯官封泥品相不太好，四个印字稍微凸起，没办法拓印出清晰的笔画。无论怎样说也比不上相家巷的那次发现重要。相家巷封泥中有数十件被定为上等级文物，“右丞相印”为代表的五件封泥甚至被认为是当年秦始皇亲手所拆。与缯官封泥可类比的内容，相家巷曾有“右织”“左织缦丞”。

没有花纹的缯帛织物称“缦”,“左织缦丞”是左织室下生产的官署。秦国王室自己有东织、西织的织室，专门用来做礼服。织室和缯官之间肯定有工作交集。

对缯官封泥我总也看不够。自我陶醉中，脑洞乐府和织物的一些交集场景。《阿房宫赋》的“歌台暖响，春光融融。舞殿冷袖，风雨凄凄”；《舞赋》的“罗衣从风，长袖交横”“裙似飞鸾，袖如同雪”“体如游龙，袖如素霓”;《盐铁论》的“女乐充宫室，文绣衣裳”；直到清末斌椿出洋英国的“长裾窄袖羽衣轻，宝串围胸照眼明；曲奏霓裳同按拍，鸾歌凤舞到蓬瀛”。有歌有舞必有织物。

由于地理条件的限制，在陕西发现秦代的纺织品非常不容易。秦始皇陵兵马俑塑造写实性强，我清理陶俑甲衣时，隐约觉得似曾相识。那件编号第九的将军俑甲衣上绘制的菱形几何图案，和湖北江陵楚墓、

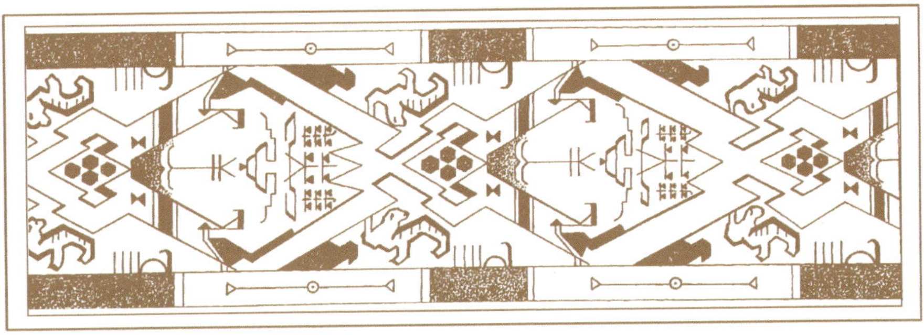

绢地锁绣图案[1]（绘图：狄明）

湖南马王堆汉墓出土织物甚至是新疆“五星出东方利中国”等织物在审美、织造技术一脉相承。一号坑笼箙里衬和夹层发现的绉纱，一直是我的骄傲和大爱。

咸阳城宫殿出土的纺织物，种类有锦、绮、绢和麻。成品包括单衣、夹衣、丝绵衣和包袱皮。有一些锦和绢地锁绣还可以看到菱形几何纹为主体的图案。比如绢地锁绣，菱形图案内部的上下有头向一致、背尾相对站立的小鸟。菱形图案外面的交叉处有头背相对的走兽。兽和鸟相互呼应，打破了主体菱形几何纹的拘谨，画面动中有静。这些图案是用不同颜色的平纹织物裁成斜条贴绣上去的，绣花线是合成的彩色缙线。

贴绣相对于提花织物，最大的好处就是随意性。随意性不是随便，之前得有设计。现在发掘的封泥与宫殿相距一千多米，也许织物就是缯官给办理的出库或检验手续呢。

织物躲过秦末的烈火、躲过两千多年岁月的侵蚀保存下来，成为咸阳城考古的大收获，有没有对今天社会的现实价值？

1　引自《秦都咸阳考古报告》图三〇一。

考古给予我们的绝不仅仅是得到古人的宝物。现代的工艺美术设计、城市规划设计，都能从这些丝织图案中汲取营养，得到启迪。

为何不开发一款秦风丝巾，领带，桌布……

队友狄明帮我绘制了织物图。2014 年他随我到咸阳后，绘图水平飞速提高，终于成为“狄老板”。有朝一日，这份织物图也许还真能成就狄老板一番事业。

现在我们看封泥就是一块干燥、稍硬的泥块，但因为它的使用范围非常广，是办公必备的耗材，当时有专职人员管理[1]。皇帝使用的封泥有专门的管理员、特定的产地和特定的颜色，东汉时期甘肃东南部地区武都郡的紫色泥为皇帝的御用品。

封泥原料不能干燥，变硬就没法用了，需要密封保管。河北满城中山王刘胜墓出土有封泥筒，通高 14.5 厘米，口径 5.5 厘米，现藏于河北博物院。器物通体装饰细密繁缛的凤鸟图案，口、足和盖，这些部分都是鎏金。

为何不开发一款汉风铅笔筒、首饰盒、米缸……

2018 年 12 月 4 日，府库发掘全部结束，现场整体回填。斑鸠已经习惯了这里的嘈杂，安然地在荒草里踱步。不再鲜亮的队旗降下，一切归于寂静。从 2016 年 7 月开始，只针对一座库房，我们在这里花费了两年半的 800 多天时间，共计揭露面积 4400 余平方米。从建筑结构、营造过程、配套设施，从建筑本体到近邻附属设施再到外围生产制作、管理区，最终形成了一套比较完整的信息链。希望的田野给了我们满满的收获。

总觉得少了点什么。随着发掘成果见诸报端，开发项目被终止，

1　《后汉书 · 百官志》：守宫令一人，六百石。本注曰：主御纸笔墨及尚书财用诸物及封泥。丞一人。

粗制滥造的人造景观被责令拆除，大笔投资打了水漂。事后，企业老板将愤懑宣泄给了文物工作者，我们对明知其所为却难采集证据的无事生非，只能打掉牙往肚子里咽。

21 世纪的朝阳产业，古遗迹是一笔无可替代的可利用资源。还有哪些文创可以再做？我的脑洞似乎停不下来了。

封泥让湮没在尘埃下的历史重见天日，我们知道了原来咸阳城里有这样一位掌管织物的小官，知道了咸阳城国库物资的存放方式、礼乐制度、消防设施。一个国家枝梢末节的故事都能显示出来，也许这是考古学的意义所在和有趣之处吧。

五彩织锦的流光溢彩和轻歌曼舞的纸乱金迷之后，府库内的一切，秦帝国的一切，似乎都灰飞烟灭。站在遗址边，感受微风拂过，瞥一眼不远处的咸阳宫殿，我想正是考古学的意义和有趣，才让考古人有了专属的一份岁月静好。

第十五章

『中央银行』的钱版

诗云：千秋唯有长城在，不见当年秦始皇。莫道区区秦半两，曾看刘项入咸阳。

刘邦、项羽入咸阳只是王朝的更替。区区半两钱和雄伟的万里长城一样，影响的不仅仅是秦代。

咸阳城里有秦半两是很正常的事。在垃圾堆里翻出与铸钱有关的文物，正常也不正常。

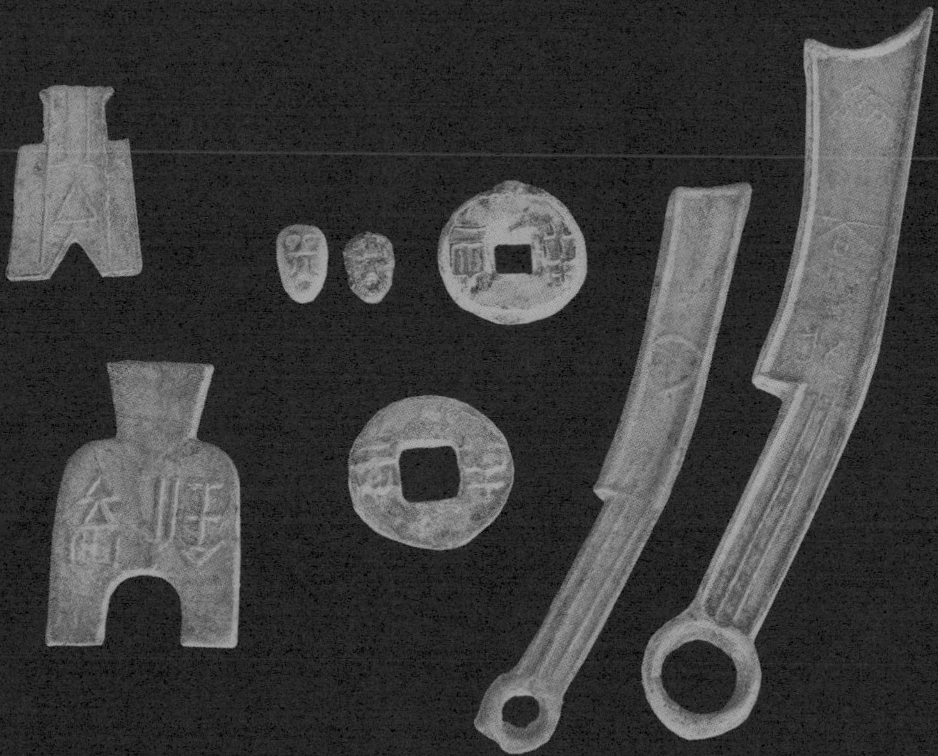

钱模（摄影：狄明）

01

搂草打兔子

库房发掘出石磬的消息经报道后广为人知，村民老席来看热闹，我放下手里的活和他聊宝贝的价值，陶醉状地喋喋不休。

他看着石头，不解地说："就这？俺村以前的砖厂垃圾里有很多啊！"

很多？太有诱惑力了。快去，快去。

老席提到的砖厂在府库的南侧。多年取土形成的深坑像张开的大嘴，已经吞掉了府库的一间库舍。我曾诧异怎么能允许在遗址核心区挖土烧砖，却从没想过去实地看看。听了老席的话自是非常懊恼，马上和方师傅前去。

垃圾堆很大，四周长满荒草，污浊物让人无处下脚。但是这些都丝毫没有影响大伙儿午饭的食欲，垃圾堆中大有文章。翻，无论垃圾堆多脏必须要翻个底儿掉。第四天，方师傅说："你来验收吧，东西多滴（得）很。"

一大堆各式建材，比如屋顶覆盖的瓦、瓦前使用的瓦当、龙纹空心砖残块、石磬半成品、磨石、立木柱的础石、一端凸出一端内凹的榫卯砖、手印砖……方师傅逐一分类，空地上摆放了一大片，真是"多滴（得）很"。

半成品的石磬和磨石，与库房石磬制作有关，由此解决了石磬加工地的问题。龙纹空心砖、柱石、筒瓦和板瓦说明这个地方原来有高级建筑。榫卯砖和手印砖是汉唐时期墓葬的筑材，反映了当地历史沿革。有这么多“垃圾”应该很知足了。

“嘿嘿，超额完成任务有奖不？”方师傅端过来一个整理箱，眉眼里洋溢着欣喜，“你瞧，这一堆是啥？”

“铸钱的？咋还有这东西！”两米开外我已经看到一串串圆形钱的轮廓了。

箱子里的残块由细泥土烧制而成，虽然不能拼接完整，但基本形状能确定下来。外形有点像铲子，上边有喇叭形的浇口，下边有主、次浇道和钱型。钱型位于主浇道两侧，各有 2 排，钱径约 2.7 厘米。个别残块表面有黄色细砂和黑垢，浇口、浇道和“半两”字都赫然凸起，这是翻铸过钱范的模。

秦始皇统一天下，半两是法定钱币，铸钱的遗物自然格外珍贵，难怪方师傅特别用箱子装起来。

搂草打兔子，意外收获，奖！

晚上开始查阅相关的研究文章，却有点心塞，我们其实并不是最早的发现者。早在 2002 年因村民建房，在同地已经出现过相同的遗物，发现者在文章中介绍说这些钱模是母范[1]。

模范是一个名词，意思是模具，实际上这个词代表了金属铸造的两个流程，先做模再翻版出范。很多范组合在一起形成内外两层、中间空心的合范，空心里边浇注金属液体，液体凝固后打烂模具才得到成品。脱模翻范，以范成器。

1 姜宝莲、袁林、秦建明：《秦半两钱陶范母的发现与相关问题》，《秦文化论丛》第十辑，三秦出版社，2003 年。

∧ 凤鸟纹陶模

金属器铸造都是模、范分开说。纹饰凸起的为模，下凹的为范，最后铸成的器物纹饰再反过来又是凸起。秦始皇之前虽然没有大型陶俑，兵马俑貌似“横空出世”，但中国很早就有了逼真写实、夸张写意的巨量陶范、陶模。它们为兵马俑的出现做好了准备。

铸钱也是一种金属器的制造，按说分类应该模、范分开。但不知从何时起大家都称钱模为“母范”，祖范翻母范，再用母范翻子范，然后铸钱，以“祖、母、子三代”的关系叙说工艺流程，怪不得人们常说钱能“生”钱。

听我讲这范、那范，志愿者老米一脸茫然，有点懵圈。“模是姥姥，范是妈，钱是儿子。这回采集的是姥姥。”他恍然大悟。“钱模本身又是模印后入窑烧制的，还得有太姥姥。”我补充道。

这么多宝贝，这次行动听起来很低调却很重要，旁听的方师傅嘴里噙着香烟，很是满足和得意。

02

钱模的三重价值

我还有很多欢喜没对他们全说完。

首先，时间往前推、往后看，半两钱可以串起秦国在咸阳期间的兴衰史。

公元前 336 年，秦惠文王二年初行钱，半两钱开始规范发行，秦国独立的金融系统正式确定[1]。十年之后从他开始，秦国君改称为“王”，之前一直是“公”。西周男子有公、侯、伯、子、男五等爵，最上为天子周王，公的政治地位低于王。公、王一字之差，身份等级含义不同，秦国君爵位上调到顶格的时间比金融独立晚了十余年。

十年弹指一挥间。梳理其间惠文君所经历的大事，便能体会到成事者的艰难。

公元前 335 年，攻取韩宜阳；公元前 333 年，犀首为大良造，张仪为客卿；公元前 332 年，魏献阴晋，更名宁秦；公元前 331 年，义渠内乱，庶长操将兵定之；公元前 330 年，与魏战，虏龙贾，斩首八万，献河西之地；公元前 329 年，伐魏渡河，取汾阴、皮氏，围焦降之；公元前 328 年，始置丞相，魏献上郡十五县予秦；公元前 327

1 《史记·六国年表》：惠文王二年，天子贺。初行钱。

年义渠君称臣……

惠文君在战争、动乱、政体改革中耗费了十年的光阴。从“公”到“王”，政治地位的升格标志着秦国开始豪横了，不仅金融独立，政治地位和周王几乎比肩。豪横的标志之一就是考古发现在称王的头几年，秦国经常会在兵器所刻的铭文纪年前冠以“王”字，如王四年相邦张仪戈、王五年上郡疾戈、王六年上郡守疾戈、王七年上郡守疾戈、王八年内史操戈。等到后来诸侯大国都已称王，在称王的这件事上秦国才低调下来，武器上不再加刻“王”字。如此张扬的个性，琢磨起来倒真是挺符合秦人的性情。泄个密，铭文有没有“王”字是初步分辨秦国兵器铸造时代的一个诀窍。

惠文王按下了帝国机器的启动键，为之后统一打了基础。

一百多年后，秦始皇分一国之币为三等。黄金是硬货为上币，以镒为单位，供巨额支付如进贡、馈赠；圆形方孔的半两铜钱为下币，供日常交易使用，重量约合 8 克。珠宝不能当钱使[1]。实际上，布也兼有货币功能。

又过了十年，秦二世“复行钱”，再次推进半两钱的币制。虽然有学者认为“复行钱”是秦始皇预定的事务，但具体落实是二世[2]。只是无可奈何花落去，时间来不及了，古钱学家丁福保先生有诗云，“莫道区区秦半两，曾看刘项入咸阳”。

第二，铸钱地点和工艺的传承。

汉代在长安城设有铸钱工厂，钟官属其中之一。钟官在今西安市南户县鄠邑区兆伦村，被誉为“目前唯一确知的、世界最早、规模最

1 《史记·平准书》：及至秦，分一国之币为三等。黄金以镒为名，为上币；铜钱识曰半两，重如其文，为下币；而珠玉、龟贝、银锡之属为器饰宝藏，不为币。

2 《史记·六国年表》：（始皇）三十七年十月，帝之会稽、琅邪，还至沙丘崩。子胡亥立，为二世皇帝。杀蒙恬，道九原入。复行钱。

∧ 陶模

大、时间最长的国家级铸币场”，是西汉王朝的“中央银行”。这个国家铸币场，前身是秦上林苑内的一处金属铸造厂，铸钱工艺使用陶钱模，和我们采集的一致。

想到传承，我突然意识到一件事，撇下老米转身进入标本存放室。府库所在地有西汉晚期的一片废墟，包括有三大间房子、引水管道、过水池和一合铸造“大泉五十”的钱范。大泉五十是西汉晚期的钱币，外戚王莽谋权的产物。原来传承不只在秦上林苑和西汉钟官，砖厂附近的铸钱生产也可以延续到西汉晚期。

第三，明确了秦代造钱工厂的地点、规模、方法。

频繁出现，存量不少，生产就在当地而且规模较大。考古文章涉及很多数据，测量过程烦琐，读起来又乏味，做一道数学换算题，枯

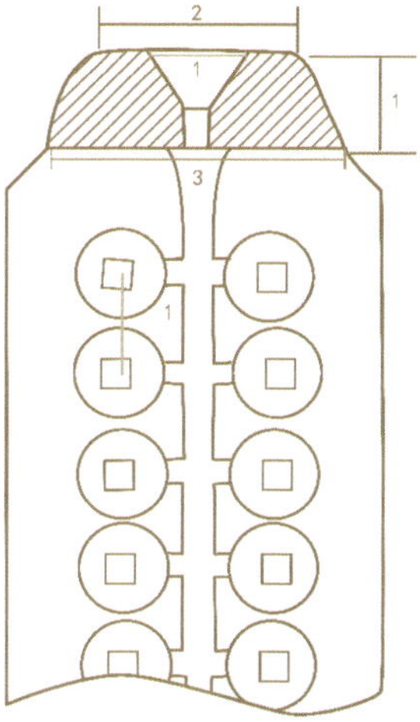

钱模设计尺寸比例[1]（改绘：狄明）

燥的事情便有意思起来。秦一尺约合今 23.1 厘米，一寸为 2.31 厘米，一寸半为 3.47 厘米。钱模是以接近 3.5 厘米为长度单位进行的设计，浇口高 =1，顶部长径≈ 2，底部长径 =3，短径 =2，浇口口径 =1，钱模总厚度 =1，钱与钱的中心距离 =1。想不到数据中竟然暗藏玄机。

铸钱模具一合分为面和盖两片，使用时二者合扣。相对于面上的各种玄机，盖低调了很多。表面平整没有凹槽，因为接触了金属液体，留有钱形和一些黑垢。会利问，这些黑垢能不能水洗？不能。那可不是污垢，留下来通过仪器检测有助于了解合金成分，或者判断是否使用过脱模剂。

会利拿药棉把残块逐一包好，双手捧进库房，嘴里叨叨着“有用就是宝贝”。此景让我有点恍惚，仿佛又回到了兵马俑坑。她的动作、念念有词和当时我的搭档一样。

考古工作收入不高，从业者前赴后继。考古人嘴里念叨的宝贝不只指值钱。钱是宝贝，没人不爱，但人不能钻钱眼儿里。

1 据《秦半两钱陶范母的发现与相关问题》图四改绘。

^ 七国货币[1]

1 引自秦始皇帝陵博物院编：《平天下——秦的统一》第 212 页，西北大学出版社，2019 年。

03

钱“眼”和拜“金”

“钱眼”“孔方兄”，只有中国人能知道所指何意。

半两钱在内的中国古代钱币，外圆、内有方孔的造型体现了民族传统。对这个造型的寓意衍生了很多神乎其神的说法[1]，什么外圆象征天、内有方孔象征地，如此一来，钱便浓缩了天地的神力，有钱就可以任性了呗。

有一则故事解释了天圆地方到底是怎么回事。学生单居离问孔子：“天是圆形，地是方形，是不是真的呀？”同窗曾子替先生回答了他：“离！你傻啊，如果形状真是这样，地的四角盖不严实啊！”“天道曰圆，地道曰方。”可见天圆地方说的不是天空和大地的自然形状，而是天道、地道的哲学。

天圆地方的说法影响极深。秦始皇陵出土铜车马，二号车前、后室有穹隆式的篷盖，能防风避雨、防尘防晒。常有导游向观众介绍说这种造型来自天地的形状，意思是秦始皇虽然身在车辇却胸怀天下，很神。可读书阅史品文化，最忌讳的是一知半解，最可恶的是以讹传讹。

铜车马篷盖真正的“神”奇之处是制造工艺。曲面的篷盖中间最

1　石俊志：《半两钱制度研究》，中国金融出版社，2009 年。

厚不超过一枚硬币，制法是先铸造一块小铜片，然后从中间向四周加热锻打[1]。整个车篷那么大，需要合金延展性好、温度控制得当，还少不了多人合作，一气呵成。

思想意识来源于客观存在。铜车篷盖造型来源于现实生活能见到的动物，比如乌龟的壳。钱币圆形只是便于携带。铸造铜钱一版上有很多枚，从版面上掰下来，边缘有毛糙的断茬。为了集中打磨毛茬，钱孔中间插一个木棍。方孔中插木棍最稳当，磋磨时能保证不晃动。如此而已。没有那么多附会，更不能将附会塞到秦始皇身上。

外圆内方的钱币造型一直沿用至清代，首创之功也不能贴给秦始皇。

先秦时期各诸侯国的货币有刀形、铲形、贝形和圜形等等各种样式。造型来源与日常生活脱不了关系。食物吃不了、布料用不完，于是出现交换、出现货币。铲形的布币似耕田翻土的农具耒耜。刀币可能仿铸游牧半游牧的戎狄部族，草原人更喜欢随身携带削刀，现在也是一样[2]。贝形的鬼脸钱又称蚁鼻钱，像海贝。圜钱，圆形、圆孔，初看像玉璧，玉璧象征大地，大地象征母亲，母亲织布必用纺轮。

魏国、秦国在战国时期先后使用圜钱。方孔圆钱大量出土于燕国和齐国，后来又被秦国借鉴。“孔方兄”绝非秦始皇的发明，只能说从秦始皇统一货币之后，外圆内方的形状被彻底固定下来。

说到秦，所有丰功伟绩和功过是非全都甩给秦始皇并不合适，也许考古实物能恢复他的本来面目吧。

钻钱眼儿和拜金意思一样。钱币以黄铜为主的二元合金铸造，拜金的“金”并不是金子的“金”。黄铜加锡成为吉金，与灵玉观念合并，一个象征品德，一个体现财富。黄澄澄的真金在咸阳城里有过不

1 侯介仁、杨青：《秦陵铜车马的铸造技术研究》，《西北农业大学学报》1995 年总第 23 卷。
2 陈隆文：《春秋戎狄尖首刀币在先秦货币史上的地位与影响》，《陕西师范大学继续教育学报》第 22 卷 2005 年第 3 期。

∧ 咸阳城出土瓦形“陈爰”金币[1]

少，有时是各种器物的错金装饰，有时是金版。秦人对黄金的崇尚更多来源于外界刺激。从甘肃礼县、陕西宝鸡地区，到咸阳城和秦始皇陵，黄金和秦人的脚步如影随形，但从未喧宾夺主。秦始皇仍然强调黄金以镒为单位、不流通，这是遵循传统的另一种表现。

在西方，公元前550年至公元前330年有波斯帝国，时代比秦始皇的帝国早一点。波斯帝国的货币形状是圆形、无孔，质材有金、银、铜三种。大流士统一货币前，两河流域和埃及的硬通货主要是银币，金币用于送礼行贿，铜币是辅币，仅限某些商业城市和地方统治者铸

1　引自秦始皇帝陵博物院编：《平天下——秦的统一》第211页，西北大学出版社，2019年。

造使用[1]。

大流士统一后的货币质地仍然以真金白银为主。钱币正面为人像，头戴王冠，身穿长袍，左手持弓，右手持矛。人物头像的货币从未在中国古代出现过。晚清时期的光绪元宝，原料以红铜为主，背面图案是一条龙，隐晦地代表了皇帝，半土半洋。民国时期的孙中山纪念币、“袁大头”银圆，钱币正面是人物头像。

从原料到造型，钱币上的中国传统彻底消失了。观念上的拜金和钻钱眼儿，何时能消失呢？

1 李零：《波斯笔记》第 241~242 页，生活·读书·新知三联书店，2019 年。

04

秦始皇的理想与现实

统一货币是秦始皇的理想，实现需要基础，所谓分久必合，水到渠成。秦始皇所处的时代，各国之间除了打仗，相互之间也做生意，国际化金融体系正在形成。战国时期赵国的 1 斤 =217.46 克、l 两 =13.59 克、1 朱 =0.566 克，数值较秦值大体相近。

话说《战国策》里有一件和猎头有关的故事。孟尝君在齐国受到排挤不被重用，梁国国君听闻此事，马上空出上将军的官职虚位以待。这里的梁国应该是定都大梁的魏国。为表达诚意，梁王派人多次携带黄金千斤、车百乘到齐国挖人。孟尝君的门客，那位弹剑而歌的冯谖对主公说:“您再等等，梁国的动静这么大，齐国国君一定能有所耳闻。”果然，齐王派太傅带了黄金一千斤、两辆四匹马拉的彩饰车驾、齐王自佩的宝剑一柄，致书向孟尝君登门道歉。(《战国策 · 齐策四》) 齐国的“黄金千斤”与梁国“黄金千斤”等值，否则孟尝君肯定跳槽。

话说回来，大势所成，秦始皇开始为货币的一致性画句号了。

诏令天下统一使用半两。金库里的钱以千枚为计数单位，装筐打捆。商品明码标价，币值只有一种，支付的时候不找零。不满一枚钱的东西，零头直接抹掉。有人觉得这有空子可钻，偷点价值小于一钱的桑叶，

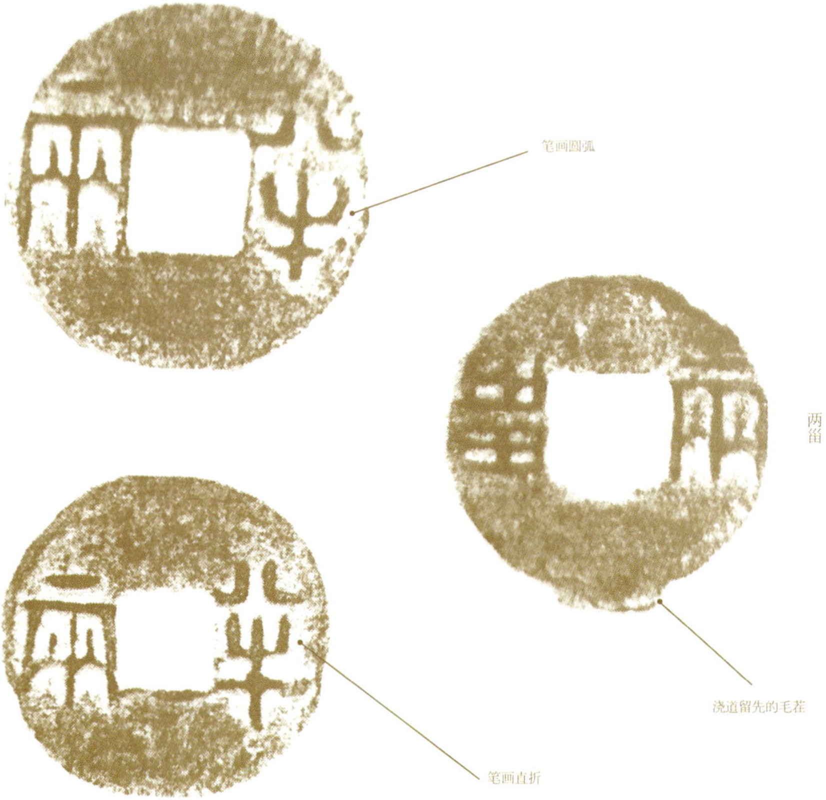

半两

半两和两甾[1]

1　改自《西安张家堡秦墓发掘报告》图九三。

虽然官府没办法追缴赃款，但送其去劳动改造 30 天是免不了的[1]。

这个时期政府大多以实物支付薪酬。我和将军俑“聊”八卦，他的岗位工资是年薪两千石粮食。刘邦比秦始皇小三岁，他上班时领过薪酬。后来刘邦要服役去了，同事们送红包，每人送钱三，萧何独送五。听这段故事，有人说当时钱值钱，有人说钱发行量少。

《史记》记载了刘邦在吕公家吃霸王餐的事。吕公初居沛县，由于和县令是好友，很多人为了拉关系便上门拜访，吕公组了一次饭局。总管萧何规定说：凡是贺礼钱不到一千钱的人，一律到堂下就座。刘邦可不管这些，份子钱不出，还夸口说“泗水亭长刘季贺钱万”，随就上座。按照古时兄弟伯、仲、叔、季次序排行，刘邦是老幺，别名刘季。

这两件事放在一起，稍微咂摸一下就能感觉到，刘邦这人人品有问题。萧何能开出上座一千钱的价码，刘邦夸口带了一万钱而且被相信，可见货币的发行量未必真少。

秦始皇时期半两钱究竟发行了多少？无解，缺乏实物。金属是国防物资，销毁再用是惯例。但是关于市场流通货币的真实状况，答案非常明确——“各随时而轻重无常”。（《史记·平准书》）

理想丰满，现实骨感。尽管秦始皇很努力，统一货币的句号画得并不圆。

在西安市南郊有一件陶器里面装了一千枚铜钱，清点之后发现多数是半两，还夹杂几枚其他钱币，比如有战国时期齐国的賹化、秦国的两甾[2]。两甾钱是半两的异形钱，两者的面值相同。

在西安市北郊张家堡秦人墓地共计出土半两钱约三千枚，涉及四大版型，有的版型又被划分为五式。有一位墓主似乎有收藏钱币的嗜

1　睡虎地秦简《法律答问》：或盗采人桑叶，赃不盈一钱，可何论？赀徭三旬。
2　陈尊祥、钱屿：《陕西长安张堡秦钱窖藏》，《考古与文物》1987 年第 5 期。

好，独占 2525 枚，其中包括一枚两甾。即便都是半两，却有四种不同版型[1]。

型、式划分是考古类型学的基本内容的分类方法。比方对一群人，可以先按照性别分出男、女两型，各型再根据年龄划分出老、中、青、幼儿不同的式。式有时间早晚的先后关系，老人属于第一式。三千多枚分成四型五式，说明钱版有很多。

就在张家堡这个墓地，有一座墓随葬了铅质钱和一件陶鍪。鍪是巴蜀人的煮饭锅，铅钱在四川巴县也出土过[2]。远隔千里、看似无关的两个人，有共同的生活习惯和葬俗，这会是一次伤感的离别吗?

兵马俑坑也出土过半两钱，有的直径 3.1 厘米，有的直径 2.4 厘米。陵园内的半两钱更离谱，直径只有 1.9 厘米。蹲在探方边，听老师们讨论统一货币的大事，我却操心起丢钱的人。这个工匠真悲摧，好不容易挣点现金，荷包却漏了洞。

很明显，即使考虑铜钱残损、生锈造成的误差，秦始皇也并没有完全实现统一货币的理想。统一伊始，百业待兴，金融系统依然是乱象环生。

1 陕西省考古研究院：《西安张家堡秦墓发掘报告》，三秦出版社，2018 年。
2 西南博物馆、四川省文物管理委员会：《四川巴县冬笋坝战国和汉墓清理简报》，《考古通讯》1958 年第 1 期。

05

半两钱的“打版车间”

秦国铸钱不限于中央，地方也铸。秦简记录了一桩假钞案，说某个地方查获了私铸的新钱110枚，钱范二合，人赃俱获。（睡虎地秦简《封诊式》）中央、地方以及民间私铸，要想实现半两钱版型完全一致、重量标准丝毫不差，显然不可能。

治乱，秦始皇告诫自己要有耐心。钱只按照数量计算，大小、轻薄不考虑，交杂一起使用，不许拒收残币[1]。睁只眼闭只眼，暂且默许乱象再蹦跶十年。

现在我们明白了秦二世时期复行钱的原因。乱。初期过渡，乱也正常，接下来得考虑进一步深入。深入的具体程度与国家经济形势息息相关。国泰民安，金融秩序稳定，钱的大小、重量标准严格；反之，钱越来越小，越来越轻薄。

秦末风云打乱了钱币统一的节奏，半两钱最乱的时代还在后头。西汉直至吕后时期铸造汉半两，直径约2.3厘米，大小、版别和秦末半两很难区别。总体趋势看，钱文笔画越来越直折，钱径越来越缩小。由于放纵私铸，文帝时期榆荚半两大量出现。榆荚钱质地轻薄，有的

1　睡虎地秦简《金布律》：钱善不善，杂实之……百姓市用钱美恶杂之，勿敢异。

小如鸡眼。治乱的接力棒交给了另一位有干劲的君王——汉武帝。随着五铢钱的发行，半两钱终成历史。

既然半两钱流通使用经历了秦国、秦代和西汉前期三个阶段，采集钱模属于谁就需要追究了。西汉半两钱直径在 2.3 厘米左右，采集钱模直径 2.7 厘米。测量一下模上的钱型直径便排除了西汉。那是秦始皇的秦代，还是二世的秦代呢？还真不好说。

秦始皇二十六年诏告天下，通知全国统一度量衡，直至三十七年秦二世接手，中间跨度十年。若没有纪年文字，即便借助碳十四、热释光、光释光等技术手段，精准到十年之内还是有难度。这时候就可以发挥考古类型学的神威了。

同一型半两钱按照式的分组，从第一式排队，直径越来越小是已经掌握的变化规律，采集钱模的直径 2.7 厘米，属于稍大类，时代稍早一点……那么，秦始皇时代的可能性更大。

是秦始皇二十六年之前的战国晚期？还是之后的秦代？还是用考古类型学的方法来判断。现在全国范围内发现的半两钱模和范大约有 32 处，按质地有铜、铅、石、陶。陶模翻铸铜范，属于铸钱发展史上的高级阶段[1]，时间要晚一些。

既然决定要统一货币，秦始皇面临的首要任务是确定钱版。官方钱版的钱文、钱型应该非常规范。从垃圾堆里翻出来的这些钱模正是如此，尤其钱文，虽然是篆体，但笔画方正，已经很接近隶书了，并不是战国晚期的篆体风格。

概括结论，采集钱模属于秦始皇时期的标准版型。我喋喋不休地说，申先生听得有点不耐烦：“这就是帝国中央银行的原版。”

1 姜宝莲、袁林、秦建明：《秦半两钱陶范母的发现与相关问题》，《秦文化论丛》第十辑，三秦出版社，2003 年。

“对啊，原版，秦始皇工作狂魔，大小事必过问，亲自过目也可能哈。”把想法和队友们一说，大家都挤过来看。这一刻我们和遥不可及的秦始皇好像有了交集。

传说秦代半两钱版的文字是李斯手书。李斯是丞相，位于三公之首，参与了重大国策的制订，文采斐然，书法“古今妙绝”。这些钱模上的文字有没有可能真是李斯的笔迹?

这些猜想，由于缺乏确凿的实物证据，自然不能写入正式报告，但考古研究强调分析遗物的出土环境。有了出土环境，一些设想和推理便增加了依据。砖厂紧邻咸阳城宫区，2012 年之前附近已经捡到过模、范、铜渣、鼓风管，2014 年又找到一处骨器厂。这次在垃圾堆里翻到了高级建筑使用的龙纹空心砖，附近有类似工业部的办公厅。整体片区是官属手工区，钱版应该最标准。林林总总的出土环境资料加在一起，李斯亲笔书写的可能性远远大于其他郡县地区。

统一钱币的同时，秦始皇统一文字。李斯奉皇帝指示对史籀大篆再加工形成简化字，为了尊崇大篆，新字称“小”篆。书同文，以秦小篆作为官方用字。书同文的落实情况和钱币一样没有一刀切。秦律密如凝脂，案件太多，卷宗记录量大，小公务员或者官奴隶的底层文化人发明了第二种简化字——隶书。

钱版所见“半两”二字的笔画平直，有隶书的韵味，这是接受了自社会底层发起的文字演化结果。一切皆因实用。秦始皇治国措施比如半两钱的定型，有对历史传统的继承；崇尚的品行比如小篆之“小”，其实谦卑、低调。继承传统，尊重历史和现实，这可和我们刻板印象中的那个不可一世、唯我独尊的秦始皇不一样。

不褒即贬的评价对任何人都不合适，况且是这样一位努力工作、有伟大抱负的人。

^ 芷阳铜钱模（陕西省考古研究院藏）

06

工作难度再加大

咸阳地区是秦汉时期的都城核心或近郊。钱模或范发现的数量大约有 8 例。在临潼芷阳宫遗址发现的一件铜模，和我们采集的秦代陶模比较一看，可以发现它的支浇道略斜，不太直[1]。

又是芷阳。

芷阳得名与兹水有关，灞河古称兹水。春秋时期秦穆公在河岸东坂上修建离宫，取名霸宫，改兹水为霸水。战国时期昭襄王将霸宫改名芷阳宫，设县。芷阳向东通向三晋地区的函谷关、向南直达楚地的武关，属于战略交通要塞。

又是昭襄王。

我和张杨描述咸阳城考古的宏伟蓝图：跳出咸阳塬，跳出渭河南北，跳出秦代，考古视野在时间和空间上再扩大一些。张杨挠着杂乱的自来卷发，说："这难度有点大。"

除了芷阳、咸阳的模之外，其余 5 例是范。从铸造工艺看，有 7 例是面、背扣合浇铸，1 例是盘状叠铸。叠铸就像食品店蒸馍，"笼屉"一层一层垒叠，最多能叠 8 ~ 10 层。钱形绕圈排列，铸造好以后把钱

1 张海云：《陕西临潼油王村发现秦"半两"铜母范》，《中国钱币》1987 年第 4 期。

掰下来形成的毛茬会多一些。

孤例不立。我心揣怀疑，给会利下达任务：“给钱除锈的时候一定要注意观察毛茬数量。”她说：“唉，还要观察毛茬，这难度有点大。”

垃圾堆里翻出了宝物，有如此大的价值，看来方师傅和提供线索的老席确实应该奖励。但是……方师傅听到“但是”，嘿嘿地笑了，用力嘬了一口奖励的香烟，说“这难度有点大”。钱模是翻印的，还得有母版，“太姥姥”找不到，句号画不圆。

考古工作永远干不完。我不仅给队友们提出了新任务，自己也定了个小目标，常态化开展公众考古活动。

考古界的前辈张忠培先生说：“我们的考古学家，不应只把我们的学术研究停步于书斋中，还应做公众化的考古工作，使考古学和我们的民族形成血肉的关系，成为我们整个民族的精神财富。”2002 年学者在这个地方采集到了铸钱遗物，2018 年我们才再次进行了工作。16 年的时间，文物保护、宣传的滞后，砖厂持续取土造成的损失难以估量。

历史考古学重在何为？如果文物工作只是为了科研，实际上也就没有存在的价值。考古是人民的事业，文物保护是人民的事业，公众考古是文博人必须要做的事业。2019 年文化遗产日，咸阳城考古志愿者团队组建，我们提出的口号是“确认过眼神，我是文物保护人”。

垃圾堆里翻出的钱模，真正地目睹了刘项入咸阳。其形，凝结了中国古代货币发展的历史；其字，连接了汉字的演化；其背后，代表了一个真实的秦朝，真实的秦始皇。

2019 年，秦始皇帝陵博物院举办“平天下”展览。钱模残块被调入展，它们虽不如将军俑靓丽，但我还是腾出时间，专门去看了看。

第十六章

渭河岸边有秘密

渭河岸边屡禁不止的盗掘行为，引起了我对咸阳城遗址西南区域的关注。沿着河岸漫滩，满目大大小小的盗掘坑，秦汉时期的建筑瓦片俯首可拾，这个被圈在文物保护区之外的河滩地，究竟隐藏了咸阳城的多少秘密？

铜器座纹饰[1]（绘图：狄明）

1　引自《秦都咸阳考古报告》图一六一。

01

心有疑窦 再出发

因为利益的诱惑，长期以来，考古工作都有一股顽敌——盗掘者。

我们在砖厂垃圾堆里翻宝，好利之徒在距离宫殿区西南 4 公里的渭河滩地也没闲着。盗掘者穿着潜水服,带着金属探测仪淘“金”寻宝。遇到稽查人员，他们佯装戏水，漂浮在江心，万一被抓个现行，也因为这个地方不属于古遗址保护区，被罚点小钱，歇业几天，权当休假。

2018 年春夏之季,800 多枚楚国蚁鼻钱从此地流入古玩市场[1]。尽管早有耳闻，无意间看到相关文章，我立刻如坐针毡。

这次流出的钱币数量之多，品相之好，藏家遇到自是欢喜。没有买卖就没有杀害，我对买文物没有好感。这个片区与咸阳城“长陵车站手工业遗址”文物保护区南北相连，出现多国货币已经不是第一次，法律和道德层面的问题暂放一边，擦擦冷汗，倒一杯茶，我应该想想河滩地出现“外币”的原因。

河水清澈见底，阳光照耀下，水面闪着点点星光，静静地向东流淌而去。水鸟在枯草丛里微微低语，不时传来扑翅声，空旷的河面更显得孤寂和冷清。我满腹疑问，站在河边却没有兴致赏景。

1　党顺民：《咸阳渭河沙坑出土的楚国“蚁鼻”钱浅议》,《收藏》2018 年第 12 期。

接着，我们实地勘察，走访知情人，翻阅原始考古资料。既然心有疑虑，那就采取行动。

最伟大的力量就是同心合力。

张杨等人带上探铲出发了。他们发现，在渭河两岸长约 3 公里的范围内，不仅沙滩里常见板瓦、筒瓦、瓦当一类的建筑材料，探铲穿透河沙近 3 米的土样中有人类活动形成的活土、黑色木炭颗粒、陶片。

在咸阳市文物考古研究所苏庆元老师的协助下，文物局退休干部高忠玉先生拿出了自己珍藏的第一手资料。高先生老家在渭河滩地一带，2008 年闻听由于河水干枯，岸上出现大量“古董”，他马上前往调查并写过书面汇报。时过境迁，陪同我们再次站在河岸边，高先生回忆所见，话语中透着不甘。

东子是居住在渭河南岸的一位文物爱好者。他带了一纸箱子的陶器残片急匆匆地跑来，说南岸河滩上还有很多，有些浸泡在水里，可惜自己不习水性，又问“这些东西对考古是否有用”。我挑出一块板瓦，向他解说其中的历史信息：上面的戳印是“咸亭沙里”，亭的意思是市场。都是秦代咸阳城典型的遗物，当然有用。

《秦都咸阳考古报告》中有大篇幅内容介绍长陵车站手工业遗址的一些情况，我逐页逐句地翻看。长陵车站区域是咸阳考古的第一站，从 1962 年至 1982 年出土过非常多的金属残器，有秦始皇二十六年和秦二世时期的诏牌、刻有“私库”文字的太后或皇家用器、巨大的铜板、各国钱币，还有一批设计精巧、制作讲究的高档器物的残件。

文字枯燥，看乏了就琢磨插图和照片。考古报告或简报的插图叫线图，通过直角坐标正投影的方式绘制，以正投影体现外廓，以剖面表现内部结构，具有文字、摄影、拓本等手段所不具备的优势。我圈出一件第七号窖藏所出的器座线图，求助狄明帮忙翻绘。

狄明是考古队的小兵大匠，性格朴实稳重，不爱多说话，心细又坐得住，每天在电脑上处理各种线图，一笔一笔地描，为我们写专业文章提供保障。

“气死了！”

不爱说话的狄明发怒，肯定是因为电脑又崩盘了。电脑配置低，运行速度慢，指示标转了一圈又一圈，我俩大眼瞪小眼，干着急。

终于翻绘完成的线图呈现出了纹饰的精美细节。大小像茶托的底座上部布满错金银的凤鸟和云朵。两只凤鸟侧面相对，身体却缠绕、勾连在一起。头部的细节有区别，外侧的一只顶部是短冠；内侧的那只顶部平直的长羽像花翎；应该代表了一雌一雄。两鸟的周边填空一样地布满了旋涡状的云纹。器底下半部是勾连云纹。

纹饰线条纤细、婉转。一则让人感受到了秦国工匠手艺的精巧，二则让人展开无限的联想。画面中的凤鸟是一雄一雌，暗示平衡、和谐，云纹勾连循环反复，无限扩散的空间没有尽头。

重新绘制的残器图太过精美，我分了神。这残器上的云和凤鸟的造型、构图，甚至是所用原材料都有点眼熟。

02

秦宫银盘长了“腿”

2018年6月17日，星期日。野外考古队没有周末假日之说，申先生照例探班，看到书案上一堆山东齐王墓的发掘资料，问道：“咋又关注起山东的事来了？”

1978–1980年山东省淄博市发掘了一座西汉初年大墓的5个陪葬坑，经考证，墓主可能是西汉初年第二代齐王刘襄，出土了一万两千多件文物[1]，其中有3件给我留下了很深的印象。

汉初期，刘邦稳定政局以后，立次子刘盈为太子。刘肥是刘邦的长子，却因是庶子不能继承皇位。为了弥补歉疚，刘邦册封刘肥为齐王，在今天的山东临淄一带划拨了一块好地。从刘肥到刘襄，齐国是西汉地盘最大的诸侯国。封地虽好，齐王的日子却过得很窝心。

汉惠帝二年，弟弟刘盈在长安以家礼设家宴款待刘肥。吕后对此十分不满，动了杀心。刘肥侥幸回到住地，在身边人的劝说下忍痛割地讨好吕后。先割一块送给妹妹、吕后女儿鲁元公主为汤沐邑。汤沐邑，入干股，拿红利。接着又割济南郡以封吕后侄子吕台为吕国。还没完，在吕后操盘下，又割琅琊郡给吕后的妹妹吕须的女婿刘泽以封琅琊王。

1　山东省淄博市博物馆：《西汉齐王墓随葬器物坑》，《考古学报》1985年第2期。

一号银盘图[1]（绘图：狄明）

二号银盘图[2]（绘图：狄明）

齐国七郡严重缩水，齐王所受的精神伤害更大。

忍字头上一把刀，悼惠王的谥号总结了刘肥的一生，长子刘襄继承诸侯王位。吕后去世后，西汉刘姓宗亲、开国功臣们开始清算吕家势力。刘襄首先起兵尽诛诸吕，成功之后大家投票选举新皇。惠帝刘盈早逝没有子嗣，刘襄呼声最高、功劳最大，有理由胜出。

事与愿违，毫无功劳的代王刘恒登上皇位。壮年齐王，差半步就当上皇帝的刘襄郁闷去世。吃穿用度、稀世珍宝随之埋入地下，其中包括一套三件鎏金银盘。

三件银盘造型规整，纹饰精美。一号最大、最重、纹饰最繁复，整个画面铺满变形的龙凤纹，令人眼花缭乱。二号和三号大小、重量和纹饰完全相同，有波折和花叶儿、云朵和游龙，装饰简洁。这些纹

1 引自《西汉齐王墓随葬器物坑》图二八。
2 引自《西汉齐王墓随葬器物坑》图二九，6。

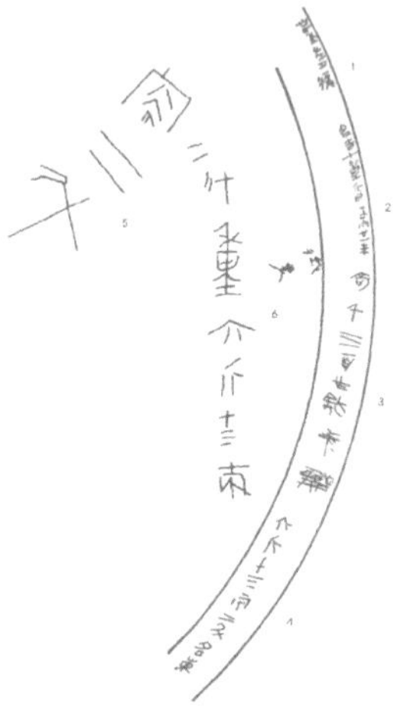

一号银盘刻文摹本（绘图：狄明）

饰和咸阳残器座如出一辙。

按照属性，文物划分为可移动和不可移动两类。齐王墓陪葬坑不可移动，其中陪葬物的银盘可移动。原本三件是一套，“长腿”移动分别入藏中国国家博物馆、山东省淄博市博物馆。

这不是银盘首次“长腿”。

三件银盘都刻有铭文，尤其是一号内容最多。底部文字是容量、重量和使用部门“御羞”，属西汉时期的特点。口沿文字有四段，由上至下分别是“三十三年左工（疾）”“名吉七重六斤十二两廿一朱”“奇千三百廿二斩”“六斤十三两二斗名东”。[1]

第一段表示制作年代和制作者，第二段是器物重量。虽然有留白，前段文字笔画较粗重，后段稍微细浅，但内容连贯，从制作者到器物

1　徐龙国：《山东临淄战国西汉墓出土银器及相关问题》，《考古》2004 年第 4 期。

重量、容量，交代得清清楚楚，刻字形体比较小，笔画特点不是秦代规范的小篆，说的事发生在秦国。

第三段和前两段显然不是同次形成，字迹潦草，结构松散，间距也大，内容涉及器物重量有“釿”字。这是战国时期韩、赵、魏三国的计重单位，说明器物曾与三国之一的某个国家有关。第四段和第三段之间稍有空白，内容包括重量和物品属于谁所有。

由于每次所刻铭文记载的银盘容积、重量、价值不一样，反映的年代、国别也不相同，由此判断三件银盘曾经多次、多地辗转易主，就像“长”了腿。

发掘者为银盘复原了一条旅行线路：

战国时期，在韩赵魏之一制造→秦始皇时期作为战利品成为咸阳城宫殿中的宝器→西汉时期刘邦攻占咸阳，获取宝物，并在御羞校验，正式过户到刘姓名下→辗转到了山东齐王府中。

铭文顺序是从第三段跳跃到第一段、第二段，再跳回第四段。确定这样的先后顺序和故事情节，与历史事件不冲突，有一定的合理性。不论是西汉前期的皇帝还是齐国诸侯王，谁都没有在位三十三年，银盘的龙凤纹图案又具有战国时代的特点，在这一时期秦王嬴政在位37年（公元前246–前210年），符合条件。

但推理过程遗漏了一个人。战国时期的秦王在位期限符合“三十三年”的还有秦昭襄王，秦始皇的太爷爷，长寿至75岁，统治的时间超过了前任孝公、惠文王、武王的总和，也超过了后面孝文王、庄襄王和始皇帝的总和，龙椅一坐半个世纪。太子嬴柱做了一辈子的备胎，只继位3天就驾崩了。

昭襄王治国期间国力上升，特别是军事成就毫不逊色于始皇帝。他重用谋士范雎、勇将白起，远交近攻，取得了对六国兼并的决定性胜利。五十一年（公元前 256 年）攻陷洛邑，立国 879 年的赫赫宗周正式终结。周王投降认罪，献出自己全部家当——三十六座城邑、人口三万，才勉强保住了一条性命。象征天下的九鼎摆放到了咸阳城，秦国正式成为天下共主，诸侯皆来归顺。三年后他重返故都，站在雍山血池祭天台告慰先祖德公：子孙饮马于河的预言已经只剩半步之遥。

恰好秦昭襄王三十三年（公元前 274 年），昭襄王派穰侯魏冉攻打魏国，攻城四座，斩首四万。或许正是此次战争，银盘来到了咸阳城里的秦宫。

又是昭襄王。

03

残缺中欣赏美

向申先生解释了关注山东齐王陪葬墓的缘由，我又试探地问道："你看银盘上刻文是不是读、写的顺序都有点别扭？"

如果先刻好了第三段再刻第一、二段，有点像填空，起笔第一个字得规划好位置，一个字一个字顺序排好，这样才能保证文字疏密得当、斗榫合缝。实践起来有一定难度吧？不如依次续写水到渠成。有没有可能银盘是秦器流传到了三晋地区？

申先生听完，写下两个字：证据。

首先，金银器不是中原文化的典型器物，西北地区利用金银材料时代更早[1]。秦国发家于甘肃地区，金柄铁剑、戎人豪车、金饰件多。

其次，秦始皇的辉煌有循序渐进的积累过程。一座秦始皇陵，数百座的陪葬坑，青铜水禽、铜车马、兵器，逆推证明金属制造技术的基础强。

再者，咸阳城出土过很多类似让我分神的残器座，只是拿不出似银盘般的完整器。

残缺是墓葬和遗址出土物的明显区别。墓葬随葬完整器，葬仪之

1 江楠：《中国早期金银器的考古学研究》，吉林大学博士学位论文，2015年。

后深埋地下有可能保持原来的模样，除非受到后世盗掘的破坏。河北宣化辽代张文藻夫妇合葬墓建于 1093 年，棺木前摆放着一桌祭品，一千多年后依然如故，时间仿佛在关闭墓门的瞬间永久凝固。有趣的是壁画上题留两行字，“墓有重开之日，人无再少之颜”[1]，感叹了人生无常，落寞之情跃然壁上。

遗址不一样，出土物很多本属当时的废弃物，即使偶有完整也难敌日后自然和人为的损伤。有些材质比如金属可以销熔反复利用，想在咸阳城发掘到秦始皇铸造的十二金人堪比登天[2]。

咸阳城遗址出土器物 99% 都是残器。电视主持人自嘲“地球不爆炸，我们不放假，宇宙不重启，我们不休息”，考古队也是一样。雨雪天气可以休息，不过是在被窝里多赖一会儿，想起一堆残器需要修复，赶紧穿衣洗漱。师傅们进入整理间都喜欢挑墓葬出土器。残片全，慢慢粘就是了，几天完成一件，就很有成就感。遗址出土的残器不一样，尽管存放石磬残块的整理间配有空调，大家依然是能绕过就绕过，这种拼图太难完成了。

断臂维纳斯美轮美奂，考古出土残器也一样，不一定需要画蛇添足来补全。1982 年发掘的第 7 号窖藏还有 6 件同样精美的器座，虽然都是残器，表面锈迹斑斑，但通过线图表现出来的龙、凤和云朵，蜿蜒勾连，细节清晰，尤其是一个窖藏中出土一“群”，足见秦宫用器精致、豪华，错金银线条一笔一画的动势凝聚了金属制造业水平、物质财富程度、审美趣味等等诸多内容。

使用金银等贵重的金属材料装饰龙凤和云朵，总之还是有权有钱人的特例，不具备普遍性。这个时期、这个地区，普通人使用的器具

1　郑绍宗：《河北宣化辽张文藻壁画墓发掘简报》，《文物》1996 年第 9 期。
2 《史记·秦始皇本纪》：收天下兵，聚之咸阳，销以为钟鐻金人十二，重各千石，置廷宫中。

错金银蟠龙凤纹铜器座和蟠龙凤纹铜管[1]（绘图：狄明）

1 引自《秦都咸阳考古报告》图一六〇，1-3；图一七六。

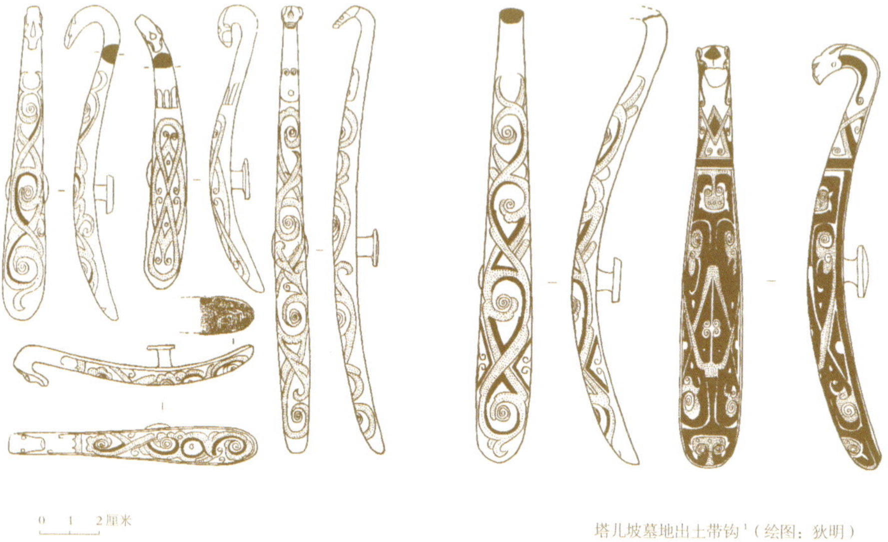

塔儿坡墓地出土带钩[1]（绘图：狄明）

又有哪些金银材质的使用和工艺呢？

这个时期普通人最常用带钩来连接腰带两端。满堂之坐，带钩各异，秦墓出土精致带钩的例子顺手拈来。塔儿坡墓地是咸阳城附属的一处大型平民墓地[2]，总计出土180件带钩，按照工艺可以分为包金错金银类、错金银类、错银类、普通类。长不过一拃，粗不过一支笔杆的弧形钩面上密集分布复杂繁缛的纹饰，亮出了秦国工匠的真本事。

由于自然环境的原因，陕西地区很少能发掘出完整的秦国漆器，只有错金银金属扣边。扣边是漆器底、口等部位的箍，2017 年我在咸阳城一座战国晚期贵族墓葬中见过实物。

考古学文化断代和王朝更迭不同步。1949 年 10 月 1 日中华人民共和国成立，这一天是新纪年，老百姓仍然继续使用制作于民国时期的碗。西汉长安城周边发掘的西汉早期墓葬如果没有非常确凿的证据，时代推断还是笼统为秦末至汉初更妥当些。即使墓主下葬时已经属于西汉

1　引自《塔儿坡秦墓》图一一一、一一二。
2　咸阳市文物考古研究所：《塔儿坡秦墓》第 143 页，三秦出版社，1998 年。

∧ 枣园汉墓铜扣边[1]

王朝，器物制作也许是秦朝。

1997 年北郊枣园南岭西汉墓出土了 9 组扣边，铜胎错金银纹饰和咸阳发掘秦墓无二致。有的以涡纹为主饰配以变形云纹，呈二方连续式排列；有的圆口沿总高 3.5 厘米，却有 4 个台面，每面布置嵌金银纹饰。口沿一周纹饰为三角形涡纹，一金一银上下交错构成一组长方形图案，二方连续式排列共 11 组 22 个单体。斜面上部错金宽带一周，其下为金银交错的菱格纹亦呈同样数量的二方连续纹。纹饰繁而不乱，构思巧妙，表现出精湛的制作工艺[2]。

在咸阳城找残器，又看到介绍秦始皇陵附近出土鎏金铜凤凰的短文。鎏金铜凤凰通座高 9 厘米，凤凰展翅翘尾，尾冠相接站立在半球形座上，凤羽纹饰清晰可辨，在羽毛间及半球形座上有许多小孔，可能原来嵌有宝石[3]。

1 引自《西安北郊枣园南岭西汉墓发掘简报》图三一。

2 陕西省考古研究院：《西安北郊枣园南岭西汉墓发掘简报》，《考古与文物》2017 年第 6 期。

3 赵康民：《陕西临潼博物馆新征集的青铜器》，《文物》1982 年第 9 期。

^ 宣太后漆盒及文字（常德市博物馆藏）

04

交流不只一条路

三晋国家的任何一方虽然和秦国你来我往，多次交手，但都不曾攻占过咸阳城。如果银盘是秦宫之物，属于咸阳城中的宝贝，三晋又怎样从秦宫中得到它的呢?

各朝各代皇室宝物重器流散到外地，有的是因国难，比如国家博物馆新藏虎蓥，八国联军攻占北京城被英国人所得；有的却是由于赠予或交换，比如和氏璧，如果当初秦王如约给赵王 15 城，玉璧也就归秦王所有了。

秦宫的宝物“长腿”跑到外地的情况非常多。1999 年湖南常德地区考古发掘了一座二椁二棺的楚人墓，根据铜印章可知墓主是“噩宦大夫”。“噩”与“鄂”相通，是封邑地名，“大夫”为官职。陪葬品包括一件扣器漆盒，金属扣边上有针刻铭文。内容是“十七年太后詹事丞某、工师某、工季”。铭文和口、底部位的纹饰属典型的秦宫漆器特点[1]。

和银盘一样，漆盒文字内容包括了纪年和制作者、所有者。“詹事”是秦国专为太后、王后、太子诸宫设置的机构，负责宫内事务。战国

1 龙朝彬 :《湖南常德出土“秦十七年太后”扣器漆盒及相关问题探讨》,《考古与文物》2002 年第 5 期。

晚期在位时间超过 17 年的秦王有惠文王、昭襄王和秦王嬴政三位。太后头衔自昭襄王的母亲宣太后开始，之前没有，排除惠文王；嬴政时期的太后，祖母有华阳太后和夏太后，母亲有赵太后，十七年（公元前 230 年），华阳太后去世了，不可能再为她制作用品。一连串排除之后，宣太后、夏太后、赵太后都可能是漆盒的主人。

因为楚人不曾攻占咸阳，就不可能以战争手段获得秦宫的珍品，漆盒能“跑”到湖北，首先应该考虑赠予方式。无独有偶，长沙有这样一件漆卮，器铭写着“廿九年，大（太）后詹事丞向，右工币（师）象，工大人台”。廿九年是秦昭襄王廿九年（公元前 278 年），太后所指也是宣太后[1]。宣太后是楚国人，入秦以后跟娘家人总还有一定的联系。她在掌握政权、秦楚关系良好的年代，以自己宫内的器物赠予母家和楚国友人，实属正常的人情往来。

秦昭襄王时期和三晋地区的外交局面一直就是打打和和，大战频发伴随和平会谈。文献记载寥寥数字太过简略，细枝末节无从得知。秦昭襄王三十三年魏冉攻打魏国，掠夺银盘入秦宫是一种可能；三十三年之后本为秦宫之用的银盘作为示好的礼物，以赠予的方式辗转到三晋的可能性也还是不能排除。

通过一则故事我们似乎能嗅到一点和战争硝烟不一样的气息。

秦昭襄王三十六年（公元前 271 年），昭襄王派使臣王稽出访魏国并挖到一位能人——范雎。范雎和昭襄王见面后促膝长谈，对双方感兴趣的国际问题交换了看法并商讨了如何落实远交近攻的政策[2]。

昭襄王说：“寡人早就想亲近魏国了，可是魏国翻云覆雨变化无常，

1　李学勤：《四海寻诊》第 7 页，清华大学出版社，1998 年。

2　参见《史记·范雎蔡泽列传》。昭王曰：“吾欲亲魏久矣，而魏多变之国也，寡人不能亲。请问亲魏奈何？”对曰：“王卑词、重币以事之；不可，则割地而赂之；不可，因举兵而伐之。”王曰：“寡人敬闻命矣。”乃拜范雎为客卿，谋兵事。卒听范雎谋。

我无法同它亲近，这可如何是好？”范雎来自魏国，对魏国的国风和魏王的秉性知根知底，他给昭襄王出主意：“先说好话、送重币来拉拢；不行的话就割让土地收买；再不行寻找机会发兵攻打。”这路数如孙子兵法所言，“上兵伐谋，其次伐交，其次伐兵，其下攻城，攻城之法为不得已”，完全是一个套路。

此番对话之后昭襄王到底拿了多少重币，史书没有再提，不过肯定已达极限却没有奏效，最终不得已还是采取了孙子兵法中的下下策攻城。使五大夫绾伐魏，攻取怀邑；后二岁又占领了邢丘。

秦昭襄王时期，秦魏王室之间频繁联姻。昭襄王的嫡母、父王的王后是魏女；昭襄王的前任，哥哥武王的王后也是魏女。秦晋之好早在秦国居雍城期间已经很多。秦穆公娶晋国公主，又将 5 个女儿嫁到晋国，尤其是女儿怀嬴先后嫁给叔侄关系的两任晋国公子。秦穆公也因此成为晋怀公姬圉的前老丈人、晋文公重耳的姐夫兼老丈人。韩、赵、魏三分晋国实际上还是老班底。

总之，这套银盘“长腿”跑到了西汉齐国临淄，之前某一阶段一定曾属于过秦宫，在今天陕西咸阳之地出现过。不论是战争掠夺还是示好赠予，“三十三年”所指昭襄王的可能性最大，这又跟宣太后有关系了。

这个女人简直是一匹桀骜不羁的烈马。太后称谓始见于她；太后专权也自她始；太后滥情又无情尤她最甚。她把持朝政数十载营造了大秦的盛世，政治功绩堪比武则天。

宣太后之前，秦国曾有母后协政的先例。公元前 386 年秦惠公病死，两岁幼子出公即位，母后垂帘听政，重用宦官与外戚，“群贤不说自匿，百姓郁怨非上”，很快母子双双命丧，献公嬴师隰取而代之。宣太后胆大，不顾前车之鉴。

宣太后确实胆大。在与韩国使臣尚靳的一场交谈中，竟然以宫闱内的黄段子打比喻[1]。忽略其中不雅，宣太后指名道姓和尚靳两人单聊，宾主双方畅所欲言，毫无避讳，应该是旧识，而且交情不浅。政治家之间的友谊是两国睦邻关系的缩影，正如会谈之前韩使对秦王所强调，秦韩两国一衣带水，唇亡齿寒，睦邻邦交历史悠久。

在考古发掘中经常会遇到这种出现异地文化风格的器物。很多时候若只简单、直接地想到是战争掠夺，思路相对狭隘。往往还要考虑和平方式，有外交送礼、婚嫁中的媵器、丧葬中的赗赙、贸易交流等多种可能。

1　参见《战国策·韩策二》。楚围雍氏五月。韩令使者求救于秦，冠盖相望也，秦师不下殽。韩又令尚靳使秦，谓秦王曰："韩之于秦也，居为隐蔽，出为雁行。今韩已病矣，秦师不下殽。臣闻之，唇揭者其齿寒，愿大王之熟计之。"宣太后曰："使者来者众矣，独尚子之言是。"召尚子入。宣太后谓尚子曰："妾事先王也，先王以其髀加妾之身，妾困不疲也；尽置其身妾之上，而妾弗重也，何也？以其少有利焉。今佐韩，兵不众，粮不多，则不足以救韩。夫救韩之危，日费千金，独不可使妾少有利焉。"

05

风景今朝是，身世昔人非

为了阻止城址西南部渭河两岸屡禁不止的盗掘，考古队反反复复去勘探、调查、挖小探沟、翻绘残器线图，一来二去耗费的时间已近3年，还是没找出答案。

探索，坚持，热爱。再看咸阳城西南部所谓“窖藏”集中存储的残器，欣赏美之外又有了不同。

它们涉及的器物种类庞杂，秦始皇二十六年和秦二世时期的诏牌、刻有“私库”文字的太后或皇家用器……最让人咋舌的是一堆铜块，总重量500多公斤，有棱有角，壁厚1.6厘米，最大的残块半米长，实测重量8.97公斤。一堆残器与其说是窖藏，却更像废品收购站集中保管、正在等待上缴再利用的物资[1]。

秦简《金布律》规定报废的国家公器每年七月之前要上交内史。内史既是官职又是机构。机构内史类同北京市，中央直管，辖区囊括整个关中地区；官职内史位同九卿，相当于北京市市长，副国级待遇，向上可参与朝政，向下统辖关中各县的治民事务，管理户籍、工业、商业、

1 耿庆刚：《咸阳长陵车站61XYCLJC3的再发现》，《文博》2013年第3期；陈力：《秦都咸阳金属窖藏性质试析》，《考古与文物》，1998年第5期；徐龙国：《秦都咸阳的手工业和商业遗存初探》，《文博》2003年4期。

调发劳役和征收赋税[1]。

这些内史的职责从“长陵车站手工业遗址”到河岸咋看咋有。遍地分布水井，陶窑和由陶窑输出的垃圾坑随处可见，这相当于过去的工业园区。甚至我们帮内史“设计”了市府政务大厅，岸边俯首皆是的板瓦、筒瓦和瓦当，老百姓修房盖屋可用不起。

文物一旦落在商人手中依然精美，可惜它们问世的历史时期却无从考证，它们也无法为当地的历史文化做出更多注解，甚至想向世人诉说自己的故事都不再有可能。至于流失的多种“外币”，我只能猜测有可能是用于买卖的现金，出土地属于贸易区——“城市 CBD（中央商务区）”。我对张杨解释道。

日中为市，致天下之民，聚天下之货，交易而退，各得其所。（《易经·系辞下》）

咸阳城里有市。昔日李斯和赵高、胡亥翻脸，于二世二年七月受过五刑之后被腰斩于咸阳市，灭三族。五刑，先刻字削鼻，再剁去脚趾，又笞杖并割首级，尸体剁成肉酱。一代政治家的仕途生涯以体无完尸而终。

考古遗址定名一般采取自然小地名 + 特征的原则[2]，以往对咸阳城西南区冠以“长陵车站手工业区”并不符合原则。当然每个时代有每个时代的局限性，这种局限性来自材料、理论和认知的发展，不能因为局限性而做出好坏的判断。但是，因定名局限对文物保护和咸阳城考古有一些负面影响，河边众多的遗址被保护区甩在了圈线之外，区域功能一而再、再而三地缩水，留到现在只剩“制陶”一项。

哲学家说人不能两次踏进同一条河流，诗人说“风景今朝是，身

1　彭邦炯：《从出土秦简再探秦内史与大内、少内和少府的关系与职掌》，《考古与文物》1987 年第 5 期。
2　夏鼐：《关于考古学上文化的定名问题》，《考古》1959 年第 4 期。

世昔人非”。河水带来的变化不只是时间、物是人非，还有河道变迁。清乾隆时期渭河突然北移了 3 公里以上，我们今天看到的渭河，实际是两千多年前渭河北岸的漫滩和低层阶地。看似默默温顺实则无情的河水，冲刷掉了一些历史的痕迹，淤积的沙粒也掩盖了很多未解之谜。

纠结于已经发生的缺憾和损失，对亟待揭晓的谜底并无益处，当务之急是赶快开展工作，纠正误区、弥补损失。我相信一切过去都可以被阅读，任何事物都是在特定情境中形成的，其间必然存在联系，只要耐心读，终有一天人们能揭开这些秘密。捡起一块卵石投向江中，看着水波泛起的涟漪，我想，要不干脆买套潜水服或者求助水下考古队！

出道于山东、出自秦宫的银盘，无论怎样“长”腿都见证了咸阳城的一段历史。仅单纯从鉴赏的角度，秦咸阳城出土残器有维纳斯断臂一样的缺憾之美，只要耐心读也会别有滋味。

在我看来，这都是咸阳考古的任务。

第十七章 青铜诏版显圣意

帝王心，海底针，历史上最神秘的人物莫过于皇帝。

站在二十一世纪的秦都咸阳城，通过秦始皇和二世胡亥留下的两块习惯上被称为“诏版”的诏牌，以旁观者的角度接近已经翻篇两千多年的这两位皇帝，揣测圣意，心戚戚然。

01

胡亥的另一面

“咋？咱们要做水下考古吗？”

渭河岸边的秘密成了我的心病，与从事水下考古的同行通电话打听该怎么做，一旁干活的师傅把目光转移到我脸上，像看一只怪物。

“心若在梦就在，失败了从头再来……”咸阳城里开展水下考古只能是梦，几乎没有实现的可能，我没回答他的问话。悟真求实，立足眼下，我哼着小曲儿继续翻看发掘报告，书中有介绍诏版的内容。

各个朝代但凡制订了国策，办妥了大事，都要以皇帝的名义发布告示，让老幼妇孺都知道发生了什么事。为了广为传播、留存久远，告示经常被刻在金属版上制成诏版。

咸阳城遗址先后同地出土诏版五块，可见当时发行量不少。两块完整，分别属于秦始皇和秦二世胡亥两个时期。

秦始皇二十六年诏版，长方形，长 10 厘米、宽 6.5 厘米，厚 0.2 厘米，一个烟盒大的薄铜片。正面有秦小篆文字，内容是：

廿六年皇帝尽并兼天下诸侯，黔首大安，立号为皇帝，乃诏丞相状、绾，法度量则不一，歉疑者，皆明一之。

总计有阴文 40 字，字体大小不到 1 厘米，竖 6 行，横排字数不等。意思是今年统一了天下，百姓安宁，立下皇帝称号，下诏书给丞相隗状、

二十六年诏版[1]

王绾，纠正法律及度量衡器具的不一致，使有疑惑的人不再困惑，全国上下统一起来。薄薄一个小铜片，文字布局欠佳，无太多美观可言。

另外一块是二世诏版，大小与二十六年诏版接近，只是四边中部外伸，文字大约 60 个字[2]。多出来的 20 个字属于补续，内容主要是说，法律、度量衡是始皇帝定下的制度，也是他的功绩，我继位以后只是按先皇的既定方针继续奉行，不敢贪功。大家都要听明白啊。

在所有人心中，二世胡亥恐怕都是一无是处的形象。混蛋、篡位、乱政、荒淫、亡国之君。我读二世诏版有了模模糊糊不一样的感觉——这个接班人挺懂事，守规矩，至少对父亲非常尊崇。

二世继位后第一个月发布过一份诏书，2013 年湖南益阳兔子山 9

1 引自《秦都咸阳考古报告》图一六，5。

2 元年制诏丞相斯、去疾：法度量尽始皇帝为之，皆有刻辞焉。今袭号，而刻辞不称始皇帝，其于久远也。如后嗣为之者，不称成功盛德。刻此（诏）故刻（左），（使）毋疑。

^ 二世诏版[1]

号水井中发现了写有诏文的木牍[2]。文字内容涉及继位合法性的问题，交代了“朕奉遗诏”；又公布了下一步的工作安排，涉及司法改革、经济改革方方面面；最后嘱咐道：大家要化悲痛为力量，吏、黔首其具行事，各干各的事，“毋以繇（徭）赋扰黔首，毋以细物苛劾县吏”，还没忘赈济平民黔首，体恤底层官吏。满篇充斥着一股积极向上的正能量。

这份诏文述说的二世继位合法性与西汉初年的《赵正书》相互印证。北京大学藏竹简《赵正书》提到秦始皇在外出巡幸，途中突然发病，丞相李斯和御史冯去疾冒死进谏，要求尽快立随行公子胡亥为继承人，以正君位，以防万一。秦始皇同意了大臣们的建议。

1　引自《秦都咸阳考古报告》图版二〇，6；图一三八，2。

2　湖南省文物考古研究所、益阳市文物处：《湖南益阳兔子山遗址九号井发掘简报》，《文物》2016 年第 5 期。诏文：天下失始皇帝，皆遽恐悲哀甚。朕奉遗诏，今宗庙吏及箬以明至治大功德者具矣，律令当除定者毕矣。元年与黔首更始，尽为解除故罪。令皆已下矣，朕将自抚天下。吏、黔首其具行事，毋以繇（徭）赋扰黔首，毋以细物苛劾县吏。亟布。

皇位是天下最香的香饽饽，篡位之人总会欲盖弥彰，官方公布“朕奉遗诏”也许仍然是一块遮羞布，此地无银三百两。但是篡位不是眼前的苟且,还有长远的打算,我不禁怀疑千古以来众口一词的“浑不吝”,是不是有点被黑化、被妖化。

胡亥崇拜父皇，所以才会有李斯建议停建阿房宫时的勃然大怒。继位后也没有改弦更张，“复行钱”，很老实地沿着父皇的既定路线走。被推上皇位，被劫持主政，被自杀，终于只剩被动地背黑锅。

“天下失始皇帝，皆�恐悲哀甚”。秦始皇突然驾崩，没有给陪侍出游、心情大好的胡亥留出一点儿缓冲的时间，惊恐、无助、悲痛，一个“遽”，一个“恐”，一个“甚”，像三连发的子弹击得人心痛。

人非草木，孰能无情？考古人的生活没有假期，终年在野外，对家庭自是歉疚。在咸阳城五年多的时间里，调查、勘探、发掘、宣传，偶尔管管“闲事”和建设开发吵架，忙忙叨叨，人生最痛的两次别离埋在了心底深处，胡亥失去至亲与我有了共鸣。

庆阳是我的第二故乡，父母离去，思念无处寄放，便会经常翻看与这里有关的考古信息聊以慰藉。这个地区也有和诏版有关的物和事。

^ 廿六年诏版（镇原县博物馆藏）

02 秦代也有八两秤

镇原是庆阳市的一个下属县，距离秦咸阳城遗址约两百公里，沟壑环绕，地理位置偏僻。在这个县的博物馆里有一件二十六年皇帝诏版，烟盒大小，四角钻有小孔，钉在器物上使用[1]。

影视剧里经常有“奉天承运，皇帝诏曰”的圣旨，听诏者跪地接旨后双手捧着。徐州圣旨博物馆珍藏有明代天启四年四连体诰命圣旨，长 4 米，宽 2 米，上面用金漆书写了四道圣旨，四周全部用金漆手绘 99 条飞龙；天启六年的诰命圣旨，丝织七彩鹤锦面，全长 4.6 米，书写 434 字，字字珠玑，美轮美奂。

而秦代圣诏只有烟盒大，这差别忒大了。镇原县的诏版四角有孔，说明是钉在某种器物上；咸阳城二世诏版四边各伸出一个长条，可以镶嵌在主体器物上；还有甘肃省博物馆等其他地区的一些铁权，诏版上端有环与权钮套合，主体嵌铸在铁权内就像是一个吊牌。

本来就是一个说明牌，择要摘录一些帝王发布的最高指示，附加在权、量、桶、度各种称重的、测容积的、定长短的器具上，发挥即效的传播作用。

1　王博文：《甘肃镇原县富坪出土秦二十六年铜诏版》，《考古》2005 年第 12 期。

∧ 两诏文铜权（秦始皇帝陵博物院藏）

∧ 廿六年诏铁权（甘肃省博物馆藏）

秦代真正意义上的诏版当然也有，规格大约长 65 厘米、宽 30 厘米，但是并没有完整的实物留存下来。国家博物馆藏品中有一些大小与镇原、咸阳诏版类似的小诏版，正面刻有完整的诏文，背面却有阴文反书大字，原来应该是铸造大诏版时使用的铜范。诏版铸造完毕，铜范没用了，就截成若干小块，在另一面又刻了诏书[1]。用这类大字铜范铸造的诏书才是真正意义上的布告，国之典策，称为金版，独立使用，悬于国门或张榜公布于郡县。

早在隋代开皇年间，人们已经开始著录秦诏版，当时也是在西安附近有人挖掘到带有两块诏版的铁权[2]。在所有反映度量衡制度统一的实物上，如今全国各地林林总总至少得有二十件诏版。

是不是有诏版的主体器物就是当时的度量衡标准器？这是一个涉及度量衡制度统一程度的问题。

1 史树青、许青松：《秦始皇二十六年诏书及其大字诏版》，《文物》1973 年第 12 期。
2 王利器：《颜氏家训集解（增补本）》卷六《书证篇》第 455~456 页，中华书局，2013 年。

所谓权衡利弊，是综合考虑问题，比较得与失。古人利用杠杆原理使用权与衡杆两个部件称重。衡的一端挂权，一端悬物（《汉书·律历志上》）。权即秤锤。以前陪母亲集市上买菜，复秤发现不对劲，然后又返回和商贩吵架，我总想不通，明明看着秤杆上扬得很高，商贩究竟如何捣鬼的呢？后来物理老师告知，秤锤底部或者侧壁上都有一个洞，里面本来放着调整精度的铅块，商贩把这个铅块掏出一部分甚至烧一烧，会导致秤砣质量变小，成了所谓的“八两秤”。

秦代权的进制单位有铢、两、斤、钧、石。一石折合现在约 30 公斤，一石为一担，这是同义换读，一石粮食恰好是一个人所能挑担的重量。咸阳宫遗址博物馆里有高奴石权的复制品。每次陪小学生参观，我会提问此字的读音。小学语文会考多音字，其实处处留心皆学问，也许考试能多得几分。

据说一铢有粟 100 粒或者 120 粒。在量制萌芽初期一定有过以个体计数，与结绳记事一个道理。母亲生前数黄豆，医生说这是治疗阿尔茨海默病的一种方法，我从来没耐心陪她一起数。提问“石”的读音，说到一铢计量的来源，眼前总会浮现母亲粒数黄豆的情景。

秦时标准一斤约合今天的 250 克，战国晚期各国的重量单位基本如此。小型权每斤约合 250 克，大型权每斤约 260 克甚至达每斤 270 克。秦二世时权轻，一斤约为 243 克，河北大学博物馆藏秦代两诏铜权实测重量 220 克[1]，咸阳市博物院藏瓜棱形小铁权的重量只有 215 克，名副其实的“八两秤”。

按说统一度量衡，权重的量值应该一致，可实际上却存在很多“八两秤”。有人认为这是使用范围不同，小斗出，大斗入。大型权尤其是

1　邵凤芝、李文龙：《河北大学博物馆藏秦代两诏铜权》，《文物春秋》2016 年第 5 期。

重 120 斤的石权用来收田租，量值高对国家有利；小型权更多是用来称量货币，量值低对国家有利[1]。

这种和乡村地主一样的套路有点 Low，有损于国家形象，权衡利弊得不偿失。按照秦律，度量衡不精准要受到责罚。量器误差在两升以上，罚铠甲一领，不满两升而在一升以上，罚盾一件[2]。秦二世时期出现“八两秤”有社会原因，秦末动荡，经济萧条。造成同一时期的大、小权量值有差别的原因很多，比如埋藏环境的干扰，器小容易锈蚀等。

万物有序，循序渐进。度量衡、半两钱甚至最终真正的国家一统亦莫过如此。这就需要有定期的度量衡校验，计量局每年至少要审验一次。西汉齐王府的一号银盘上三段重量的刻文就是屡次校验的结果。

1 巫鸿：《秦权研究》，《故宫博物院院刊》1979 年第 4 期。

2 睡虎地秦简《效律》：甬（桶）不正，二升以上，赀一甲；不盈二升到一升，赀一盾。《工律》：县及工室听官为正衡石赢（累）、斗甬（桶）升，毋过岁壶〈壹〉。《内史杂》：有实官县料者，各有衡石赢（累），斗甬（桶）期践。

∧ 峄山刻石局部[1]

1　蔡庆良、张志光主编：《秦业流风：秦文化特展》第130~131页，国立故宫博物院，2016年。

03

继承、托古与赝品

流传到现在，秦代度量衡实物上有诏版的情况有三种：有物有铭——器具和诏版在一起；有铭无物——器具已经遗失，只留下诏版；有物无铭——器具在，诏版脱落遗失。诏书内容有始皇二十六年诏、二世元年诏和二帝双诏。短短十年的工夫，这种大量复制、转载、传播的公告遍布天南地北，可见是真正地昭告天下，大一统的局面。

再加上会稽、峄山、泰山等地类似内容的刻石，东方大帝秦始皇着实狂刷了一把存在感。在遥远的西方，波斯帝国居鲁士二世有同样的嗜好，留下黏土圆柱和贝希斯敦铭文等一系列作品。居鲁士所作所为在秦始皇之前，也就难免引起了东、西二帝谁学谁的一番议论。

居鲁士二世圆柱外形酷似一个玉米芯，黏土制成，上面刻有楔形文字，核心内容是宣示他为世界之王，未来会以慈悲之心对待被征服者并包容各地方宗教。居鲁士二世骄傲地说：我，居鲁士，世界之王，伟大之王，合法之王，巴比伦之王，苏美尔和阿卡德之王，宇宙之王[1]。

东、西二帝所作刻石或圆柱的内容比较一致。文风比较起来，居

1　李零：《波斯笔记》第 188 页，生活·读书·新知三联书店，2019 年。

鲁士圆柱铭文全部用自称，自傲、热烈、奔放；秦始皇刻石颂词借旁人之口，有东方人的含蓄，铜诏版像一则简讯，删减了歌功颂德、溢美之词，叙事简明扼要。

谁学谁的问题没胆猜，我试图从中国本土给秦代刻石和诏版找源头。

中国古代器物上出现记述事情的文字起源于青铜器，以现存于台北故宫的西周毛公鼎最长，有接近五百字之多，分成七段叙事。内容是说，周宣王即位之初，亟思振兴朝政，于是请叔父毛公协助打理国家内外大小政务，毛公尽职尽责，成绩有目共睹，得到嘉奖。毛公为这事特此铸鼎，并代代相传。其中心思想与皇帝刻石“六王专倍，贪戾慠猛，率众自强”是一个意思——你们大家要明确并牢记，我的行为合法。

秦孝公十八年（公元前344年）商鞅出面制作了标准量器方升，沿袭了西周以来刻字记事的传统。表面上看商鞅方升是量器，是秦国统一度量衡制度的萌芽，但刻字开篇说的却是十八年齐率卿大夫众来聘的外交活动。

聘是聘问，按照周礼，天子与诸侯、诸侯与诸侯之间，定期不定期需要串门走动[1]。虽然方升后段文字有容量标准，但实质和毛公鼎一样。器物留给秦始皇，经过审验后继续沿用并加刻了40个字告示。好大喜功却不贪功，在统一度量衡这件事上，秦代父子二人步调一致，并没有涂改先人的功绩。

有来龙就得有去脉，出现、发展、定型、流传……这种反映度量衡制度的公文不仅秦二世沿用，尤其在西汉末期被王莽发扬到了极致。

1　《周礼·秋官·大行人》：凡诸侯之邦交，岁相问也。

王莽诏版[1]

王莽是西汉第 14 位皇帝刘衎的岳父，篡位后托古改制，大批量发行形制、铭刻都有统一标准和严格规定的诏版[2]。以紫铜铸造，千篇一律，整齐划一。长、宽均为 25 厘米，重 950 克；正面阴刻篆字 9 行，每行 9 字，共 81 字。大意是按天神意旨在岁次戊辰年（公元 8 年），根据星象、阴阳德行，建立“新”，就皇帝位，改历法，易服色，统一确定计长短的丈尺、计容积的斛斗、计轻重的斤两等法则，将诏书颁行天下，希望大家共同遵守，使其世世代代永久保有。诏文内容佶屈聱牙，规天矩地，火星、木星、阴阳五行……皇帝九五之尊，81 个字却令人浑身起鸡皮疙瘩。

不论是哪种器具上的秦诏版，都是从右边起手开写，版面利用随意，

1　引自唐友波：《上海博物馆新藏新莽衡杆与诏版及诏书解读》图三，《上海博物馆集刊》2008 年。

2　详见《考古》2018 年第 8 期有关山东邹城市邾国故城遗址新莽铜度量衡器初步研究的讨论。诏文内容：黄帝初祖，德帀于虞。虞帝始祖，德帀于新。岁在大梁，龙集戊辰。戊辰直定，天命有民。据土德，受正号即真。改正建丑，长寿隆崇。同律度量衡，稽当前人。龙在己巳。岁次实沈，初班天下，万国永遵。子子孙孙，享传亿年。

^ 二世诏版赝品（摄影：王宝东）

文字简洁精炼，落落大方。王莽诏版上的讲究显然多了起来。人越是缺什么就越想要什么，王莽篡位之事无可争议，名不正言不顺，诏版处处附会，格式拘谨，内容缺乏“尽兼并天下”的霸气与底气。篡位不光彩，历代都受鄙视，但客观地说，对度量衡制度的统一，王莽付出了辛苦的劳动。近代学者胡适评价王莽“受了一千九百年的冤枉，至今还没有公平的论定”，他说“王莽是中国第一位社会主义者”。由于王莽的篡位行为，那些超前的治国思想比如人人有地种、把田地分给老百姓，比如他办事认真、对人恭敬友佳的品行，也就被遗忘了。

相对于王莽诏版给人带来的不舒服，一件怪模怪样的二世诏版逗得我“又叒叕”地笑了。

20 世纪 80 年代中期，山东临朐县文管所征集到一件铜诏版。该诏版外形像一枚印章，背面有桥形钮，钮两侧各铸凸起回首顾尾云龙纹，两条较大的龙纹，各背靠近钮两侧，两条较小龙纹，略靠近边缘，钮上下各有一团火焰珠，四角各铸有如意祥云纹。正面文字保存完好，铸刻小篆体阳文，正书 60 字，自右向左竖铸，内容与秦二世元年诏版相同。

阳文有钮，使用时可以戳盖在物体上。秦代纸张还没有发明，印盖在丝布一类的织物上也许行，戳印的织物是何用途？戳印在陶器泥胎上？至今考古没发现过与之对应的实物。山东倒是有带诏文的秦代陶器，使用单个字模一个一个分别戳印。龙、火焰珠、祥云，秦代器物上的纹饰没有这种造型。

据说陕西富平县也有一模一样的器物。赶紧电联朋友王宝东，他发来器物和记录的笔记、照片，看完方安下心。随着科技的发展，文物造假手段越来越高明，一眼看穿的鉴宝能力对考古人来说越来越难。

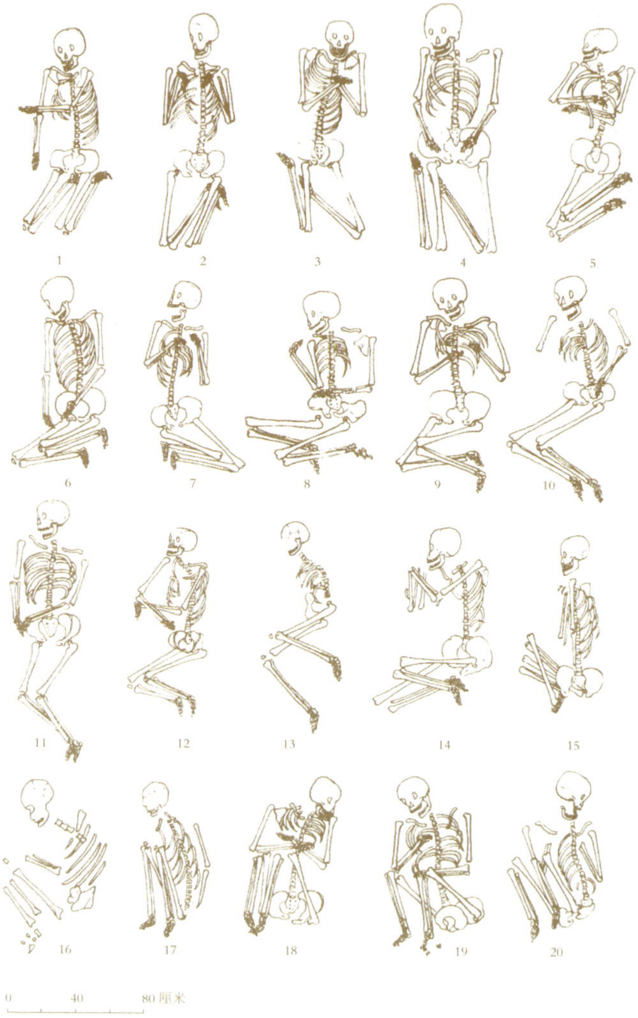

秦人屈肢葬[1]（绘图：狄明）

1　引自《西安北郊秦墓》图三一。

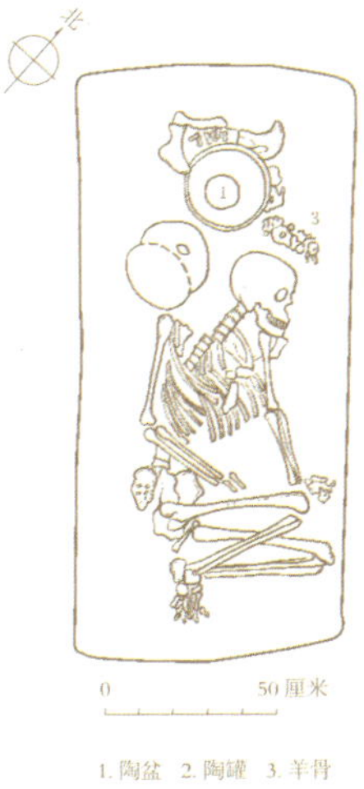

辛店文化屈肢葬[1]（绘图：狄明）

04

知其然与知其所以然

现在我们知道了秦代诏版的来龙去脉，所谓“道头知尾”，知其所以然更重要，探索过程更漫长。

忙里偷闲的时候，队友们一起看影视剧。有一部美女明星长泽雅美出演的日剧涉及一点考古方面的情节。长泽雅美说道 :“什么是考古的真谛？……不断探索的行为才是真正的考古乐趣。”因为这句话，我主张给这部剧评 9 分。

为何在偏僻的甘肃陇东能发现秦诏版？必须把它放到历史环境中去考量。镇原所在的甘肃庆阳地区，文献称为“大原”，是沟通西北与华夏核心区域的重要通道，东周时期是各种势力的角逐舞台，近几年又有重大的考古新发现。

考古新发现的消息勾得我心痒，这下可有由头抽身回趟家了。组亲友团参观考古发掘现场，石家墓地一百多座东周时期的墓葬和相关的车马陪葬、祭祀坑，西周风格的铜鼎，草原风格的金虎……甘肃省考古所的同行们毫无保留地亮宝展示。

“这些人咋缩成了一团？”亲友团中有人好奇地发问。“屈肢葬。

1 引自《甘肃永靖张家咀与姬家川遗址的发掘》图一七。

回家我给你们讲。”我为家庭唯一能做的贡献只有讲一堂家庭考古课了。

屈肢葬相对直肢葬而言，指的是尸体所摆放的形式，在人刚死之时将下肢卷曲起来再入棺埋葬，秦国盛行此种葬式。

物以类聚人以群分，生与死采取同一种模式的人群属于同类。在甘肃地区与早期秦人相伴、与秦文化不同的“类”有辛店文化。这个类别的人以耕田种地为主，更偏向畜牧，使用屈肢葬，甚至有时足跟屈卷靠近臀部，达到令人匪夷所思的程度，这点与春秋时期秦国的平头百姓非常相似[1]。

秦贵族圈的葬式却不是这样，他们和东方其他国家一样选择直肢葬，使用传统姬姓周人的礼俗。文化特质很神奇，它具有强大的力量。秦宗室一直保留着华夏圈的基因，迁都、东归、回家成为执念，秦部族群体却糅杂了多种文化来源的传统。

石家墓地的人生前住在哪儿？2018 年，为寻找其匹配的居址，在相距不足一公里的遇村再次进行考古工作，问题却复杂化了。遇村虽然有城却也夹杂墓葬，葬式以仰身直肢为主，兼有仰身屈肢。

所谓阴阳两隔，同一个时期活人居址和死人墓地各有其所。遇村“城”中的“活人”与墓葬中的“死人”不是同一个时期的人，这便是“风景今朝是，身世昔人非”了。死人中张三和李四又不是同一个族群，这么乱的更迭，你方唱罢我登场的节奏。

秦惠文王出兵教训过不听话的义渠人，宣太后又使美人计堕其心志又大义灭亲，昭襄王在今镇原境内修建长城设县把守。统一之后的第二年，秦始皇开始安排各地巡游，首站就是这里。“朕今天至此，特赐你们一些从咸阳带来的礼物”，县丞双手接过盒子，薄铜片的诏版即

1　谢端琚：《甘肃永靖张家咀与姬家川遗址的发掘》，《考古学报》1980 年第 2 期。

在其中，“谢陛下。臣等谨遵教诲努力做好法度量一致。”我被自己的想象逗笑了。

在咸阳城，诏版集中出土于“长陵车站手工业区”窖藏。这个区域的城市功能前章已经说过——工商业区。泄个密。2017 年为配合基本建设，队友“老大”在此发掘出了一“窝”形制相同、大小近似的陶器。那天他驾驶电蹦车满载而归，“过来卸车，挖出来一窝（堆）饭盆。”这个师傅平时不苟言笑，不怒自威，颇有江湖老大的范儿。我悄悄告诉会利和老李 :“这是陶量，抽空测一下容积。”

一“窝”陶量与数件附加在度量衡器具上的诏版，初始功能是商业买卖，深层次再追，又回到了内史职能，“秦人”视之却不珍惜，确实可惜。

05

圣意不难测

透过文物表象读历史，需要借助出土环境、历史背景和人的情感思维，关注与各方面的关联，这就是考古学的情境研究。研读各种介绍情境研究的著作[1]，我突然有点小得意。原来我在各种发掘场合的脑洞，有些竟然可以提升到情境研究的高度。兵马俑坑中削刀、动物骨骼、炭灰等等迹象的背后，需要联系到当时参与修陵的人员组成、秦律条文，甚至要想到人们的需求和心理活动。

帝王心，海底针，人们都说圣意难测。皇帝制作诏版出于怎样的需要，又有怎样的心理活动，用考古学情境研究的方法加以分析，似乎有了揣测的可能。

各个时代的诏版都是为了一个目的——广而告之。秦国以法家思想治国，秦法严苛，繁如秋荼，密如凝脂，要想发挥法律的实际效力，就得先进行普法宣传，加强教化。诏版以及狂刷存在感的皇帝刻石，圣上之意原本是为了申明法令，把治国方针政策传播出去，让普通百姓都心知肚明，遵纪守法。

这种做法并不是秦始皇的创意，稍早之前有商鞅倾情出演。徙木

1　（英）伊恩·霍德、（英）司格特·哈特森著，徐坚译：《阅读过去》，岳麓书社，2005 年。

立信是人尽皆知的故事，经常被作为诚信的故事来讲。商鞅变法前夕在栎阳城南门立起一根木椽，下令如若有人将木椽搬到北门有赏金，金额从十两、二十两一直涨到五十两的时候，终于有一位大汉站了出来，商鞅当即兑现赏金，以示秦国官府说话算数。

商鞅的这次行为秀，初看是想让百姓确信变法，实质是告诉百姓有法必依。在法令颁布初期，以简单易懂的方式，让所有人明白法律，从而避免“不教而诛”。

早在商鞅之前，法家有关法令教化的实践已经开始。郑国正卿子产主持制定了一套国家法律——刑书。刑书先是写在竹木简上，由国家的官吏掌握施行。法律掌握在少数人手里，子产一看这不行，于是公元前 536 年，下令把刑书铸在鼎上，放在王宫门口，让全国百姓都能够看到。这是中国历史上第一次公布成文法。

在潮流推动之下，二十多年之后晋国采取同样的方式第二次公布成文法。大儒孔子反对说：“晋国大概因此要灭亡了，人民知道了法律，只看鼎上的条文，不看贵族脸色，显不出贵族的尊贵。”尊卑贵贱是儒家学说的铁律。特权阶层当然认为刑律越隐秘越好，否则人人懂法，动不动就拿起法律的武器维权“要说法”，局面将不可收拾。

有了之前这一系列铺垫，秦始皇时期法律制度的公开透明已然成了常态，大规模复制诏文铺天盖地发行没人再有异议。秦始皇与居鲁士二世这两位东西大帝谁向谁学的问题，该有结论了吧？

想了解秦始皇，陵园和兵马俑陪葬坑是必到之处。想深度了解秦代，咸阳城遗址不可或缺。小申老师带学生研学，又顾虑热门景点人头攒动影响效果，我眼前一亮，劝她试试“打卡秦帝都”，也许在这随便一站，就能和秦始皇的脚印重合，还真有点酷。

研学第一站在秦咸阳宫遗址博物馆。这家名不见经传的科级小馆，坐落于宫殿遗址区内，展品不多，但代入感很强，免费开放又鲜有游客，馆长亲自陪游讲解，享受VIP待遇。推荐这条研学路线，也不是完全无所图报，酒香也怕巷子深，多宣传才能改变咸阳城参观人少的窘境。

不过，这里确实缺乏亮瞎人眼的国宝，照本宣科讲完诏版，耳边会传来哈欠声。赶快进入互动环节，我们一起来揣测圣意，诏版上为何写"黔首大安"？

秦始皇能扫六合，也能心思缜密地揣摩人性。诏版是面对大众的普法宣传，语言要接地气，句句戳心、针针见血、直击心底才能实现最好的效果，"大安"是最得当的选词，圣意中体现的是一种向下兼容是为上者的德行。

诏版上"黔首大安"的昭告天下，竹简《仓颉篇》上"幼子承诏，谨慎敬戒，勉力风诵，昼夜勿置"的劝学和睡虎地秦简《为吏之道》上"必精洁正直、慎谨坚固、审悉无私、微密纤察"的训导，看来，秦始皇在教育行业上着实下了一番功夫。

秦皇暴政，二世凶残，对他们似乎除了刀枪剑戟的杀气和血腥，很难贴上赞扬的标签。人性复杂，可人的行为更复杂，对历史人物和事件不要急着下结论，也许有一天考古揭示的真相浮出水面，竟和我们以前的认知完全不同。

考古研究不能带着预先的假定和偏向。戴上有色眼镜，就不可能得出客观公正的结论。反过来，如果结论真实，即使会有人不高兴或冒犯某些人的利益，也不能畏惧或妥协。

我发现自己对咸阳城、对秦始皇，潜意识里已经开始有某种倾向。而为了争取更大的空间，也不得不有所妥协。不能再陷于一个时代、一个点而不能自拔。

秦咸阳城的考古故事，能接近尾声了吗？

第十八章

一条穿越时空的隧道

对秦都咸阳城这座帝都，可能很多人会以为“楚人一炬，可怜焦土”是真实的写照。

有道是“音尘绝，西风残照，汉家陵阙”，“五陵年少争缠头，一曲红绡不知数”。咸阳作为一个地理概念，从秦到汉直至大唐盛世，消失的只是王朝的政治符号，这片土地一直都顽强地存在于历史中。

晚霞笼罩，秦都的背影越拉越长。

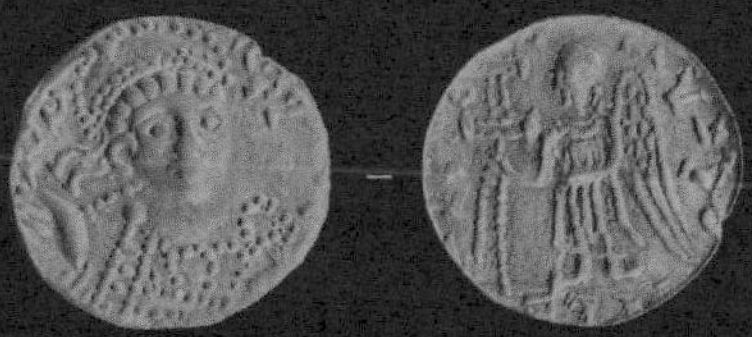

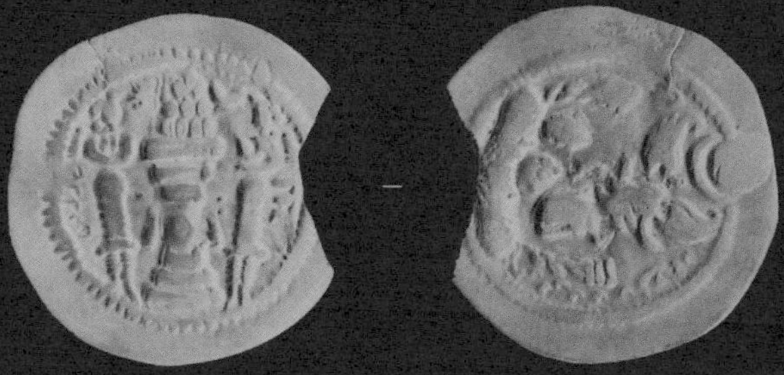

∧ 西安北客站至机场城际线路图（绘图：狄明）

01

笑话不好笑

网上流传一个笑话：西安修地铁最忙的竟然是文物局。据官方公布的数据，西安地铁2号线勘探出174座中小型墓葬，4号线勘探出36座墓葬，5号线又发现了可能是三秦之一的雍王章邯故城和废丘遗址。虽然这个笑话有点夸张和调侃，但也并非完全虚构。

很忙。笑话对考古人是“说多了都是泪”。2019年9月29日12:30，陕西省首条城际铁路——西安北至机场城际轨道项目开通初期运营。这是一条穿越时空的通道，从高铁站出发过渭河，有秦宫、秦汉新城、长陵、摆旗寨、美术城5个站点。按陕西方言形容，“牙长一截”的距离，直接能看到的风景有西汉高祖刘邦、吕后和戚夫人等坟冢，有秦咸阳宫最大的一座宫殿夯土，看不见的有秦咸阳城长兴村遗址和大量古墓葬。

这条线路有一个90°的硬转弯。华商报曾独家报道了西安机场城际线的走向、票价等信息，不少网友和读者在看到机场城际线的走向后，发出来自灵魂的拷问：“规划部门不知道两点之间直线最短吗？”“太绕！你们西安为什么修这样的一条路？”对此，有网友幽默回应：“因为你的脚下埋着王孙显赫。”

长陵站点位于秦都咸阳城西南部，沿重点文物保护区“长陵车站手工业遗址”擦边而过，与西汉长陵半毛钱关系都没有。摆旗寨站点位于秦都咸阳城西部。地名谐音“白起”，传说秦国大将军白起曾在此摆旗点将。周边有大量的古代墓葬，西汉元帝刘奭的渭陵、汉哀帝刘欣的义陵，还有各自的陪葬墓，至今地表仍可见坟丘。站点西北部发掘过北魏皇族后裔、北周车骑大将军拓跋虎夫妇墓[1]。美术城站点位于秦都咸阳城西北部，属于平民墓葬区。2014 年发掘墓葬 68 座，出土了陶、铜、铁、玉、骨等质地文物 293 件。墓群布局规整，错落有序，局部有成排、成列的分布，为战国晚期到秦代[2]。

城际铁路线穿过咸阳塬，网传的笑话就这样不可避免地发生了。张杨率方开祥、武新年上阵冲锋，考古发掘与建设同步进行。显然，这种模式非常有问题。

考古不是简单的挖土，考古小铲永远撵不上施工机械。洛阳铲是考古勘探神器，不是高清透视镜，勘探结果不能保证零误差。一旦有重大考古发现，就需要原址实施文物保护措施，建设将面临进退两难之境。

考古发掘的慢，往往不被局外人理解。“咋不使用机械啊，咋不赶快向下挖啊！”甚至有一些微词：“真 XX 磨蹭，你们挖个坑，就需要建设方掏那么多钱，多磨蹭几天，你们的绩效工资就能多挣点。”张杨和二位师傅受的委屈还很多。

“许老师，你管不管？挖土机的人骂骂咧咧。”方师傅端着饭碗有点气哼哼。

“你玩我啊，刚布置好的探方，你们给推了。”张杨在电话里发飙。这是我第一次也是至今唯一的一次见他发飙。

1　李朝阳、马先登：《咸阳市渭城区北周拓跋虎夫妇墓清理记》，《文物》1993 年第 11 期。
2　咸阳市文物考古研究所：《咸阳花杨战国秦墓群发掘简报》，《文博》2017 年第 1 期。

带着咸阳城考古报告和文物保护法，带着方师傅从挖掘机下捡回来的瓦当，我也是气哼哼地找到项目部。结局比预想的要好。上级文物主管部门力挺，尽管批评擅自发微博影响不好；新闻媒体发内参呼吁；省委领导现场检查；建设方管理层明事理，加强对施工单位文物保护意识教育，落实责任。

与盗墓者“争文物”，与建设方“抢工期”，是考古发掘最现实的难题。然而，配套制度的不完善，行业生态的不健康，社会公众的不理解，是文物保护更深层的症结。请走慢一点吧，不然失去了灵魂再后悔就晚了；快一点吧，挖出一些吸人眼球的宝贝吧，让我们的腰杆再硬一些。

那段时间，我脑子里总是有两个针锋相对的小人在打架。

^ 西魏墓葬全景（摄影：张杨力铮）

02

西魏大墓出了墓志

“赌注”押在了勘探图纸上标明的大墓上。这座墓位于摆旗寨站北数百米、线路桥墩一侧，总长41米多，长长的斜坡墓道上有两个竖井、两个过洞，墓室距现在地表深13.6米。发掘40天之后出了墓志。

数百字的墓志挤干水分，主要内容是说，墓主陆丑，字丑奴，鲜卑族步陆孤氏后裔，改姓为陆。在孝武年间拜冠军将军、中散大夫，大统元年加散骑常侍，后又迁平北将军、大中大夫，拜爵乐陵县开国子，邑三百户。大统四年（公元538年），陆丑病逝于长安，葬平陵塬。他的不幸去世惊动了圣上，“天子震怀，襄赏加隆”，追赠使持节都督雍州诸军事、车骑大将军、仪同三司、雍州刺史、都督、乐陵县开国子。

一口气读不完的名衔，猛一看自带光环。太猛的名衔把人唬住了，又没有标点符号，看得人眼晕。我只能求助碑林博物馆王庆卫博士，按照他做出的断句慢慢地逐行、逐句地细抠，熬了几个晚上之后，方知我被骗惨了。这种放在墓葬里的石刻，除了记录死者生卒年、家世等一些干货之外，往往满篇溢美之词，都是好话。

顺着志文一行一行地扒，虽然满篇结言攀诗的比兴和赞颂之辞，事实上不仅陆丑一生多任闲职，并无卓越功勋和实质性建树，而且从他爷爷到他，祖孙三代，正如鲁迅小说《风波》里九斤老太说的一句话“一代不如一代”。

祖父乞真，使持节、散骑常侍、吏部尚书、青州刺史、河南烈公。使持节，直接代表皇帝行使地方军政权力的官职。散骑常侍，掌规谏，不典事（《通典》）。吏部尚书主要负责低级官员的选拔，组织部的一个小组。青州刺史，地方官，专门负责巡察该区境内的吏政，检举不法的郡国官吏和强宗豪右，类似基层纪律委员会，掌七郡七县（《魏书·地理志》）。

父伐莲，怀朔镇的都督抚军府外兵参军，军事长官。怀朔镇位于今内蒙古自治区固阳县城东北 41 公里，是北魏时期北方边境兴筑的六镇之一，南北交通的咽喉和战略要地，在北魏与柔然的冲突中处于极为重要的地位。

爷爷基本算是有点实权，爹也还可以。这种“可以”，相对于陆丑本人而言。

在陆丑墓的西北部，轨道交通线摆旗寨站附近，1990 年发掘过拓跋虎夫妇合葬墓，也出土了墓志。拓跋虎是北魏皇室后裔，他爷爷的爷爷是北魏太武皇帝拓跋焘，“天资盖世，雄图宏略”。爷爷僧保看破红尘，放弃皇族身份出家为僧。爹仲显，琅琊郡王，“既承匡翊之功，兼席禅河之列”，生前既操心国事，匡正辅佐，又钻研佛学。

至于陆丑本人，履历表面甚是光鲜。北魏太和七年（483 年）出生，呱呱落地。首先是命好。命理上的四柱八字全合、一团和气，命中无冲、无克、无刑。其次是品行好。长大成人是馨成之实，简单说就是品德美好高尚，宛如香气散布很远的果实。鬓发如霜年老之时，温良恭谦，仁爱正义。就是这么光彩照人，人见人爱。

如此而已，实际寒碜。他咋说您咋听，听完就完别当真。

03

还原墓主真人

孝昌二年（526 年），43 岁的陆丑才“解褐”入官，职位是后员外散骑侍郎。解褐一词常见于汉魏六朝碑刻，“释褐”“解褐”“释巾”“解巾”“脱巾”等意思相同，都有脱去布衣担任官职之义。相对于巾，褐更有强调从平民到官员的词义。

出名要趁早，43 岁才从布衣百姓初入仕途也是真够可以的了。看看 700 多年前的甘罗，在咸阳 12 岁就当了上卿，成为著名的少年政治家。他祖父甘茂曾担任秦国的左丞相，将门出虎子，甘罗 12 岁投奔到秦国丞相吕不韦的门下做才客，当时秦国企图联燕攻赵，打算派大臣张唐出使燕国，张唐婉拒不去，吕不韦无计可施。少年甘罗说：“我去劝劝张大人。”少年小嘴一叭叭，大男人张唐俯首帖耳，乖乖答应履职。甘罗后来又到赵国，小嘴又一叭叭，秦国不费一兵一卒得河间之地，甘罗被秦王拜为上卿。(《史记 · 樗里子甘茂列传》)

轨道线的摆旗寨站周边有很多汉陵和陪葬墓。这让我又想起汉代的一位少年将军，卫青。从公元前 129 年被封车骑将军开始，卫青共有 7 次领兵打击匈奴，立下了赫赫战功。文献上没有明确记录卫青做大将军时的具体年龄，但我们根据汉武帝、卫子夫等人的一些线索大致推算不超过 25 岁。卫青就葬在咸阳。与卫青同时期的人还有霍去病，

17 岁为骠姚校尉，随卫青击匈奴，以八百人歼两千人的战功受封冠军侯。霍去病也葬在咸阳，墓前有石刻，非常著名。

傅，著也，言著名籍，给公家徭役也。（唐人颜师古注《汉书·高帝纪》）

秦代有户籍管理制度，傅籍。傅籍的年龄就是开始承担国家义务的年龄，从此以后要向国家交租纳税、服兵役，是当时成年的标志。睡虎地秦简记录了一位名字叫“喜”的人，出生于昭襄王四十五年（公元前 262 年）十二月。在庄襄王四年（公元前 246 年）“喜傅”开始成为户口本的一员，虚岁 17 岁。由于计年龄方法有虚有实，实际上喜从出生到庄襄王三年（公元前 247 年）十二月才年满 15 周岁。

无论如何，陆丑 43 岁“解褐”入官，这个“大器晚成”也忒晚了点儿。是不是这个时代有些特殊？可以看看和陆丑基本同时期的地下邻居拓跋虎。按墓志：

礼年即有大成之志，十一封琅琊郡王，邑五百户。十五除太子洗马、谏议大夫。

“礼年”是指八岁[1]。拓跋虎 8 岁就胸怀大志、少年老成，为 11 岁封琅琊郡王打好了基础，15 岁为太子的侍从官。这样一比，陆丑早年默默无闻实属个人原因。

所谓大器晚成也可以厚积薄发，真有才干，直接跳级、破格提拔也不是不可以，显然陆丑不是，初出茅庐担任后员外散骑侍郎。这个官职于西晋武帝开始设置，主要安置闲退官员、衰老人士，孝文帝太和二十三年从四品下改为七品上。考虑到陆丑 43 岁的年龄，这样的字眼看起来有点尴尬。不过似乎他的状态也还好。志文自吹：

1 《礼记·学记》：比年入学……七年视论学取友，谓之小成；九年知类通达，强立而不反，谓之大成；《汉书·食货志》：八岁入小学，学六甲五方书计之事……十五入大学，学先圣礼乐；《公羊传》僖公十年注：礼，诸侯之子，八岁受之少傅，教之以小学，业小道焉，履小节焉。

出入坍墀，勤禁阁荣，侍贵近礼，沐弥亲至。

攀附。坍墀，政务办公厅、皇帝金銮殿一类的高等级场所，侍奉权贵参与国事，好歹也是官家人。孝武帝永熙二年（公元 534 年），陆丑开始参与宁夷郡事务。宁夷郡在今陕西省咸阳市西北的礼泉县附近。但他不是一把手，只是“参与”基层事务。

从“解褐”入官到行宁夷郡事，8 年间陆丑在干什么，志文没说。永熙三年（534 年）孝武帝带京师宗室、股肱之臣被迫西迁长安，陆丑受拜封成为冠军将军、中散大夫。冠军将军是杂号将军，中散大夫是闲散之官。这次封赏起因是迎奉孝武帝入关，受众面很广，同时受封的人中还有一位，后来任北周柱国大将军大都督的李贤。李贤受封下邽县公，邑一千户，俄授左都督、安东将军，还镇原州。（《周书 · 卷二十五 · 列传第十七》）

永熙三年之后陆丑也有升官封爵。食邑三百户。大中大夫即太中大夫，初设于秦，主要工作是掌论议，汉以后各代多沿置。开国子是爵名，公、侯、伯、子、男五爵中的第四位，郡县里的五等爵都加“开国”，食邑在二百户至两千户之间。邑三百户比最低限二百只高了一点点。还抵不上 11 岁拓跋虎“邑五百户”的一半。

墓志扒到这儿，一股酸腐之气扑面而来。惺惺作态、弄虚作假，牛皮戳破了也就读不下去了。我脑子里那个一直着急挖出宝贝的“小人”接连几天没“闹腾”，好像在等待时机。

^ 胡人俑（摄影：赵震）

04

西安：丝路起点站

1983年宁夏固原发掘李贤夫妇合葬墓，出土了大量金、银、铜、铁、陶、玉等各种质地的随葬品，其中有鎏金银壶、玻璃碗等一批西方输入的手工艺品[1]。陆丑虽然没有李贤受封高贵，竟然也有同样来路的一批器物：胡人俑、金币、银币、玻璃器、装饰珠。

墓葬中共出土器物227件（组）。我非常喜欢胡人俑，深目高鼻络腮胡和披肩卷发的洋人形象，我以前没有亲手发掘过。尤其喜欢金银币。关注它们不是因为值钱。它们来自东罗马和波斯，堪称“丝路瑰宝”，具有政治意义和学术研究价值——丝绸之路融汇了东西方文化交流。

两枚金币属于东罗马拜占庭帝国，叫索里得，一枚发行于阿斯塔纳修斯一世时期，一枚为仿制品。一枚银币属于萨珊卑路斯一世（公元459–484年）货币，可惜出土时已残碎，残掉的碎渣只有芝麻粒大，段朝辉师傅费了九牛二虎之力也没拼凑起来。

在陆丑墓发掘之前，咸阳塬上曾经出土过金币。地点在咸阳机场附近的底张湾村，金币的主人是隋代凉州刺史、赵国公独孤罗。独孤罗，独孤信长子，三位皇帝的大舅哥。大妹北周明敬皇后，嫁给了宇文泰

1　宁夏回族自治区博物馆：《宁夏固原北周李贤墓发掘简报》，《文物》1985年第11期。

∧ 金币及银币（摄影：狄明）

的长子宇文毓，命运不济，仅做了两个月的皇后便死了；四妹唐元贞皇后，嫁李昺，是唐高祖李渊的生母；七妹隋文献皇后，嫁隋开国皇帝、文帝杨坚，集三千宠爱于一身，隋文帝为她“虚嫔妾之位，不设三妃”。这个显赫的家族 2019 年 6 月上了热搜，当年全国高考数学卷有一道题，问：收藏于陕西历史博物馆的独孤信多面体煤精组印共有多少个面？其棱长多少？分值 5 分。

1959 年著名考古学家夏鼐考证，独孤罗墓出土一枚拜占庭皇帝查士二世、统治时间为公元 566–578 年时期的金币[1]。阿纳斯塔修斯一世在位时间为公元 491–518 年，在查士二世之前。两枚金币从拜占庭流传中原被埋入地下，时间跨度都约二十年。

独孤罗下葬时间比陆丑晚了 61 年，超过一个甲子。底张湾就在咸阳机场附近，摆旗寨是通往机场轨道交通线上的一个站点。因为独孤信和陆丑，这两个地点实现了空间对接。

1 夏鼐：《咸阳底张湾隋墓出土东罗马金币》，《考古学报》1959 年第 3 期。

∧ 独孤信印章（陕西历史博物馆藏）

2010 年 6 月 -2012 年 8 月，西安市在长安区清理发掘了四座北周时期的张氏家族墓。四位墓主都是正四品将军，其一张猥曾任京兆郡守，类似市长。张猥的长子张政，公元 572 年在长安乡永贵里家中去世，随葬一枚拜占庭金币[1]。陆丑生前居住地和张政一早一晚属同“社区”。因为同一个地点，陆丑和张政实现了时间对接。

跳过咸阳、陕西地域的空间，目前所知中国境内出土的金币，最

1 《西安航天基地北周张氏家族墓发掘》，陕西省文物局吴晓丛主编，《陕西文物年鉴（2012）年》，陕西人民出版社，2013 年。

早的出土于 2013 年洛阳发掘的一座大墓。墓总长约 58.9 米，墓葬形制和规模应为帝陵级别，出土拜占庭金币一枚。墓主可能是北魏最后一位皇帝节闵帝元恭，卒于公元 532 年[1]。比陆丑早 6 年。

1978 年在河北磁县发掘了东魏茹茹公主墓，出土 2 枚拜占庭金币。年仅 13 岁的茹茹公主本为北方草原柔然族可汗阿那瓌的孙女，卒于公元 550 年[2]。比陆丑晚了 12 年。

全国范围内，陆丑墓出土西方货币的时间位居第二。在没有飞机、高铁的时代，四腿骆驼带来的这些西方货币，原产于地中海东岸的拜占庭金币、伊朗高原的萨珊银币，竟然在万里之遥的中国内陆、昔日的秦都咸阳城辖区最先安身下来，彰显出了大西安在丝绸之路历史上的重要性。

西安和洛阳两地对丝绸之路的起点问题一直互不相让。大家都明白世界遗产对一个城市的提升具有无法估量的价值，两地之争归根结底是为了更新城市名片，争一种历史文化的生产力，争城市发展的文化动力。陆丑墓出土金币如此之早，对西安一方有利。

为何并非显贵的陆丑能拥有 2 枚金币、1 枚银币和一些玻璃制品？一生浮夸的陆丑无权无势，从哪得到的这些洋货？阿纳斯塔修斯一世究竟是怎样的一位君主？他发行的金币如何一路辗转来到西安？又是谁仿版了一枚金币？东罗马与波斯萨珊之间都发生过哪些事？

这些问题我想交给更擅长的研究者来解决。这些金币不仅诉说着昔日拜占庭帝国的光荣，不仅展示了陕西或者咸阳的历史底蕴，其实揭示的也是中华民族的兼容并蓄。

在兵马俑彩绘章节中，我们探索了人工合成颜料的专利问题。公

1 《洛阳疑现北魏节闵帝元恭墓》，《 光明日报 》2013 年 10 月 29 日 09 版。
2 朱全升、汤池：《河北磁县东魏茹茹公主墓发掘简报》，《文物》1984 年第 4 期。

元前一到公元二世纪，大量料器包含中国蓝的珠子和一块玻璃出现在日本。日本考古的发现，曾让我联想起成功忽悠了秦始皇东瀛求仙的徐福。

一心想传位万世的秦始皇在“南登琅邪”“留三月”的海上巡游时，接到了齐人徐福等方士的上书，说海中有蓬莱、方丈、瀛洲三座仙山，于是先后两次派徐福“发童男女数千，入海求仙道”，结果是肉包子打狗有去无归。徐福及他率领的众人去了哪里?

有人猜测是滞留在了日本，至今日本与徐福有关的遗迹有五十多处，新宫还有徐福墓及墓碑。徐福东渡之前，日本没有文字也没有农耕，属于“绳纹文化”的原始社会，之后日本突然进入弥生文化时期，有了金属冶炼、稻种农业和丝织品，而且开始有了文字。也许徐福之流的东渡求仙之举将中国生产的料器带到了日本半岛。

从中西亚铺天盖地的荒漠到东亚日本半岛波涛汹涌的海滨，经过秦汉两代帝国的引入、传播，人工合成颜料辗转的过程告诉我们一条道理：人类文明本来就是共同体。基于这样的共识，联合国设立了世界文化遗产组织。

在破解秦军的宝剑谜团时，我提到欧亚草原通道，这条通道又被称为前丝绸之路；在前文写秦军精锐部队骑兵时，讲过陕西地区的历代宝马良驹，汉武帝的鎏金铜马与大宛国的战争、唐高宗的昭陵六骏马名与突厥语的破译。在不忍又不能不做的陆丑墓发掘之后，我再次触摸到了中西方文化交流的实物。

考古工作者身份有国籍，研究无国界。此时此刻，我好想唱一首歌：我和你心连心，共住地球村。

新丝路线上的起点——西安站，且行且珍惜。

05

留下一份历史记忆

发掘终于结束，现场逐段交予建设方。轨道交通的全线考古发掘从 2016 年 12 月开始，直至 2018 年 7 月结束，除了陆丑墓之外，有助于我们进行咸阳城考古的收获还有以下几则。

发现卜甲。古人以动物的骨、甲制成占卜的器具，根据骨、甲上的“兆纹”判断事情的凶吉。卜甲实物最早出现于距今八千多年的新石器时代，盛行于夏商周三代，到秦代前后已经罕见。

张杨面对采访镜头略显局促。他说这件卜甲发现于秦人墓葬中，方形凿孔沿袭了西周时期的基本风格，但凿孔形状和排列更加规整，体现了发展变化。墓葬主人可能是咸阳城内的一位巫师。

发现装有粮食酿造酒的铜壶和完整铜剑。铜壶密封性极好，壶盖内口缠有一圈植物编制的绳状物，再覆一层平纹组织的麻布。壶内液体约 300 毫升，乳白色，稍显浑浊，无明显气味。科学检测后发现，其中含有多种氨基酸、发酵菌丝、淀粉颗粒。

“能喝一口尝尝吗？”记者朋友好奇地问。没人敢，首先这是文物，另外估计含铜离子，我们也怕中毒。张杨面对采访镜头依然很局促。他说铜壶属于青铜礼器，又可称为锺，是酒类液体的盛储器。按照周礼制度，丧葬墓葬中出土的铜壶多与下葬过程中举行的“献祭”仪式

∧ 卜甲上的兆纹（摄影：赵震）

有关，填埋时应该都盛有酒类，但受时间、铜壶质地等各方面因素影响，能留存下来实属意外。它不仅仅是秦人生前好酒的习俗实证，更透射出秦帝国对周礼制度的延承。

发现民居建筑。这些民居有半地穴式、地面式两种，户型有一居室和三居室，简陋程度与宫殿反差明显，时代延续从战国晚期至西汉初。我面对采访镜头，脸上写满不耐烦。有一些记者看着支离破碎的房址，一个劲地追问："全国首例吗？重大发现吗？"我一边敷衍他们，"这是咸阳城遗址首次发现民居"，一边在想浐河岸边马腾空秦人居址。几百年过去了，半地穴式、铺木底板的民居形式一直未变。

还有一则发现貌似和秦都咸阳城无关。在"长陵车站手工业区"边缘，有一处不早于宋代的公共墓地。

无论对谁，死亡永远是一种沉重的话题，摆在我们面前的这次死亡又是有关小生命的凋零。近 200 座墓葬，墓主年龄普遍偏低，10 岁以下的有 60 余例，其中不乏刚出生的婴儿。甚至还有一尸两命、胎死

∧ 铜壶、麻布及酒（摄影：狄明）

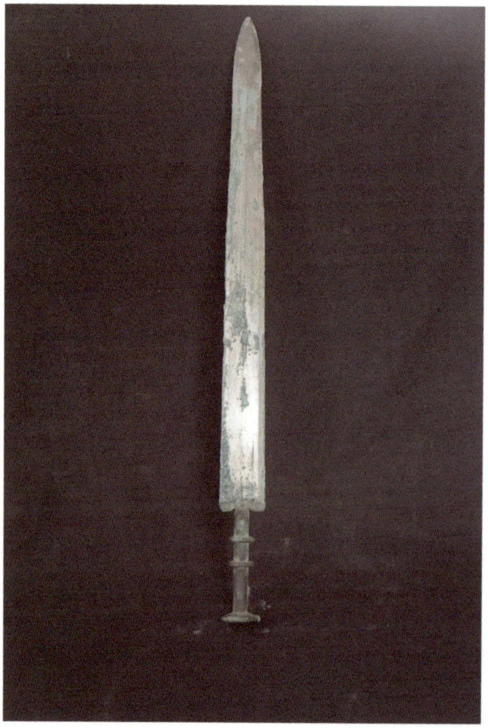

< 青铜剑（摄影：张杨力铮）

腹中的孕妇。“幼吾幼以及人之幼”，纤细的胎儿肢骨、肋骨像牙签，令人不能碰，不忍碰。

这是集中死亡，尤其是弱小的儿童群体。师妹陈靓对骨骸外表进行观察，她说死亡原因不是外力伤害。我心一颤，想到一个可怕的字：疠。

疠，具有强烈传染性的致病邪气。“厉大至，民善暴死”，中国古代历史上有关传染病瘟疫方面的记载很多。秦献公十六年（公元前 369 年）关中地区民大疫（《史记·六国年表》）；秦始皇四年（公元前 243 年）冬十月，秦国大疫，蝗虫从东方来，蔽天，天下疫（《史记 · 秦始皇本纪》）；清同治二年（1863 年）春，咸阳疫疠……

人类是地球上最脆弱也最顽强的生物，遇到无数苦难却从未屈服。早在两千多年前，秦国已经有了防止传染病的立法——封诊式。“封”是指查封；“诊”是指诊察、勘验、检验；“式”是古代法律文书的格式、程式。这是一部秦帝国办案指南，通过实际案例介绍调查、勘验、审讯和查封等方面的方法和程序，里边列举了一桩关于“毒言”的诉讼案件。

某村以甲为代表的 20 名群众集体起诉丙。诉书说丙这个人有“毒言”，影响我们吃饭，请求大人做主裁决。被告丙到庭答辩竟然满腹委屈，原告一直歧视我，聚会不叫我，即使参加集体活动也保持距离，不肯和我共用饮食器具。丙“毒言”并不是有毒的话，案情焦点是“吃”，原告担心丙具有某种能够通过饮食器具传播的病，可能会伤害到自己，希望政府采取措施。

城旦、鬼薪疠，可（何）论？当迁疠所。（睡虎地秦简《法律答问》）

得了传染病，秦国怎么办？迁，隔离，与今天的做法并无不同。

古代医疗条件有限，新生儿的存活率低。扁鹊是司马迁《史记》中记载的第一位医生，他掌握很多医术偏方，创立了中医“望、闻、切、

< 发掘场景（摄影：赵震）

问”的四诊法，名闻天下，来咸阳为秦武王看病，闻秦人爱小儿，于是在城中设儿科门诊。

因为“爱小儿”，秦国设立有未成年人保护法。不许擅自杀子，不能虐待养子，违者必究，孤儿享受政府食物补贴[1]。

咋想着想着又回到秦了呢？这些墓葬的时代远远晚于秦。他们和秦代没关系吗？仅从历史遗存种类上说，以往我们对咸阳城遗址“长陵车站手工业作坊区”片区的理解又需要增加一层。不仅是他们，还包括西魏陆丑，所发生的事就在咸阳这个地方，中华民族的故事是一个整体，他们的故事就像拖长的秦帝国背影。

2017 年 7 月 9 日，站在陆丑墓旁，我发出关于此项目的最后一篇微博。

考古队的日子 # 明天撤离，不久取而代之的是飞驰的轻轨。看着飘扬了近 200 天的队旗，竟是硝烟后战场的悲壮。西魏陆丑，我们会好好读懂你，不枉相逢一场。

回顾这次发掘的经历，我对大家说“这是一场几乎弹尽粮绝的大战”。为了赶工期，挑灯夜战成为一景。老李送晚餐到一线，师妹陈靓、旧搭档小白、休年假的富平文物干部王宝东、其他考古队抽调的技工包括家属，发动了一切能发动的力量。2019 年 1 月 16 日，扬州市考古人员被打事件引起各界一片哗然，我向老李提出加餐“压惊”，老李不以为然地瞥了一眼，慢条斯理地说：“你整天胡思乱想啥吗！”

考古研究不能胡思乱想，关于秦咸阳城的考古探索谈不上是最后的结果，也许其中有对有错，可以肯定的是，无论是修地铁还是盖高楼，不仅施工队累，考古队更累。不惜代价换来的文物保护成果更有价值

1 睡虎地秦简《法律答问》：士五（伍）甲毋（无）子，其弟子以为后，与同居，而擅自杀之，当弃市。婴儿之毋（无）母者各半石，虽有母而与其母冗居公者，亦禀之，禾月半石。

和意义，同时也得到了理解和尊重。轨道线通车当日，建设方送来免费乘坐的体验票。我问谁要去，可以休假半天，突然想起参加发掘的李静儒师傅已经过世。

文物工作者是还原历史的探索者。考古所提供的物质凭证，是沟通古人与现代人的“时光隧道”，能让现代人直观感受到古人的生产和生活场景、创造的绚烂文化，包括他们面对灾难时的哀号和涅槃重生的勇气。

物换星移，岁月在流逝，历史在远走。如果乘坐这条空间隧道，请望望窗外。它更是一条记载历史的时光隧道。

尾页

纸短情长，两次逆行的故事暂告一段，希望此书所写的考古故事既能记录过往的历史，也能体现一位普通考古人与历史发生纠结的现世人生和内心思索。

每一项考古工作都属于团队的行为，本书的写作也同样如此——撰写考古故事，进行公众考古宣传，就应该是考古工作内容的一部分。因此，秦始皇帝陵博物院兵马俑一号坑考古队、陕西省考古研究院秦都咸阳城考古队，这两支团队才是本书的真正作者，感谢赵震、张杨力铮、狄明、吴红艳、肖卫国、张天柱、申茂盛等队友提供照片和插图。

此外，还要感谢省内外多家文博单位和师友的鼎力协助，感谢考古志愿者米芃和我女儿申珅试读初稿并以“考古小白”角度提出的建议；尤其要感谢著名考古学家许宏先生、著名作家马伯庸先生为小书作序；感谢中信出版团队精心地打磨。

这一刻，我突然觉得考古并不是小众行业，因为历史很精彩，考古探索的过程很蛊惑人心。